*Beyazit Tas*

# Vom Wächter zum Übermenschen

ACADEMIC PRESS FRIBOURG

Bibliografische Information der Deutschen Nationalbibliothek

Die Deutsche Nationalbibliothek verzeichnet diese Publikation in der Deutschen
Nationalbibliografie; detaillierte bibliografische Daten sind im Internet
über http://dnb.d-nb.de abrufbar.

Die Druckvorlagen der Textseiten
wurden vom Herausgeber
als PDF-Datei zur Verfügung gestellt.

© 2007 by Academic Press Fribourg / Paulusverlag Freiburg Schweiz
Herstellung: Paulusdruckerei Freiburg Schweiz

ISBN: 978-3-7278-1619-2
ISSN 1422-4496 (Ethik polit. Philos.)

Denke ich [...] an mich selbst, ob ich etwa ein
Ungeheuer bin, noch verschlungener gebildet
und ungetümer als Typhon, oder ein milderes
und einfacheres Wesen, das sich eines göttlichen und edeln Teiles von Natur erfreut
(Phaidr. 230a).

*Für meine Mutter Xané*

# Inhaltsverzeichnis

# Vorrede

Es führt ein Weg von der Philosophie der Antike zum modernen Verständnis von Individualismus. Dieser Weg von Platon über Mill zu Nietzsches Vision des Übermenschen wird in dieser Arbeit nachgezeichnet – nicht mit historischen Zwischenschritten und Details, sondern im Gang von idealtypischen Positionen, mit Blick auf die Lichtseiten des abendländischen Denkens, die in Platons Konzeption der Wächter in der *Politeia*, in Mills Ausführungen über starke Individuen und in Nietzsches Andeutungen zum Übermenschen aufleuchten. Die Absicht des Verfassers ist es, eine philosophische Sprache und Argumente zu finden, welche den Status des Individuums als eines energischen und autonomen Subjekts befestigen und damit dem Individuum die kapitalen Fähigkeiten zuerkennen, dem Druck der Mehrheit zu widerstehen und der Mehrheit neue Richtungen und Ziele zu weisen. Ganz bewusst werden die Schattenseiten der ausgewählten Autoren – Platons Paternalismus und Nietzsches Apologie der Sklaverei und des Kastenwesens – ausgeklammert. Es geht für einmal nicht um Polemik und Belehrung dieser Autoren aus heutiger Sicht, sondern darum, ihre gemeinsamen Tendenzen zur Ermutigung des Individuums in den Vordergrund zu stellen und als Ausgangspunkt zum Widerstand gegen die Untergrabung der Menschenrechte und Menschenwürde ins Spiel zu bringen. Die Darstellung steht also im Brennpunkt der Aktualität, auch im Blick auf europäische Länder und solche, die zu Europa gehören möchten, in denen Schutz von Menschenrechten und Minderheiten nicht zur selbstverständlichen Praxis gehört. Dieser Aktualitätsbezug bildet einen wichtigen biographischen Hintergrund des Verfassers, er wird jedoch nur diskret angedeutet. Philosophische Hauptsache ist hier eine zielgerichtete und genaue Lektüre, ein Durchgang durch repräsentative Texte der grossen Philosophie.

Am deutlichsten und greifbarsten wird das Anliegen des Verfassers in der Deutung von Mill und dessen philosophischem Liberalismus, der die romantische Tradition des exzentrischen Individualismus fortschreibt und das Individuum in den Rahmen einer Gesellschaft integriert, welche sich mit einem Minimum von Interventionen begnügt und dem Individuum und seinen sozialen Lebensformen ein Maximum von Optionen für „experiments of life" einräumt. Selten ist im neunzehnten Jahrhundert eine so präzise Verknüpfung von sozialer Ordnung durch die erlaubte Verhütung der Schädigung anderer (das sog. harm-principle), das strikte Paternalismusverbot und die Anstiftung zur Vielfalt der Lebensexperimente angestrebt und begründet worden. Die Darstellung von Mills Sozialphilosophie bildet nicht nur das Mittelstück der vorliegenden Arbeit, sondern sie war auch der Ausgangspunkt der Orientierung in der Forschungskarriere des Verfassers. Mills geglückte Verbindung von sozialer Verantwortung und exzentrischer Individualität kann als Massstab für diese komparatistische Studie betrachtet werden. Dies setzt allerdings voraus, dass man mit Mills Philosophie vertraut ist und eine Reihe von Vorurteilen überwindet, die in der deutschsprachigen Philosophie immer noch grassieren, insbesondere die herablassende Art, in Mill zwar einen klugen Mann, aber einen mittelmässigen philosophischen Kopf zu sehen. Mill war seit seiner Jugend und durch seine intellektuelle Früherziehung mit den Dialogen Platons und später durch seine Rezensionen der Werke von George Grote zu Platon bestens mit dessen Philosophie bekannt; er hat seinen sog. qualitativen Hedonismus in Augenhöhe mit Argumenten Platons formuliert, die sich im Dialog *Philebos* finden.

Schliesslich kann Nietzsches Polemik gegen Mill den Nietzsche-Forscher nicht darüber hinwegtäuschen, dass es neben den Unterschieden auch tiefere Affinitäten gibt, die im Plädoyer für starke Leidenschaften und die avantgardistische Rolle von exzentrischen Individuen kulminieren. Wer wird heute die polemischen Ausbrüche Nietzsches gegen Platon, Kant oder das Christentum ungeprüft nachplappern? Eine nüchterne Prüfung der Ansätze Nietzsches zu einer demokratischen und liberalen Philosophie wird hier durchgeführt, und sie zeigt Nietzsche im Prisma einer liberalen Wahrnehmung. Niemand wird unterstellen, Nietzsche erfülle das Paradigma einer liberalen Philosophie; so weit geht auch der Verfasser nicht. Die Vieldeutigkeiten und Offenheiten des ästhetischen Experiments, das Nietzsches *Zarathustra* darstellt, geben jedoch zahlreiche Winke und Anregungen, die „Verkündigung" des „Übermenschen" eines „Lehrers" wie Zarathustra, der sich letztlich selber als „Lehrer" parodiert, klug, vorsichtig und wiederholt zu lesen und dabei auch das herauszuhören, was diesen „Lehrer" des „Übermenschen" zu einem Verführer zum Ungehorsam gegen Autorität und Konvention macht. Dabei wird weniger Nietzsches Immoralismus sichtbar als vielmehr das Wirken jener Tugenden der Aufrichtigkeit, der Selbstachtung und des Muts, die Nietzsche nach seinem eigenen Bekunden zu Geburtshelfern der „Selbstaufhebung der Moral" (‚Moral' im pejorativen Sinne) werden liessen.

Kurz: Der Verfasser weiss, wovon er spricht. Er tut den Texten keine Gewalt an, sondern lässt sie in einer für Leserinnen des 21. Jahrhunderts verständlichen und zum eigenen Weiterdenken anregenden Weise sprechen.

Prof. Jean-Claude Wolf, Universität Freiburg in der Schweiz.

# Einleitung

Das Ziel dieser Arbeit besteht darin, ein philosophisches und psychologisches Erziehungs-Programm im Sinne von Platon, Mill und Nietzsche aufzustellen. Sie berufen sich auf die aristokratische[1] Kritik der Massen. Für die Entfaltung und Kultivierung der Menschheit ist sie notwendig. Sie bildet den eigentlichen Baustein für die Entfaltung des Individuums und auch für die Dauerhaftigkeit des gesellschaftlichen Systems. Wenn sie fehlt, fehlt auch die Stabilität des konstituierten Systems. Ohne diese Kritik können auch keine Konflikte, die innerhalb einer Gesellschaft oder zwischen verschiedenen Gesellschaftssystemen auftauchen, gelöst werden. Dieser Punkt ist sehr wichtig und verlangt individuelle und insbesondere philosophische Erkenntnisse.

Ich versuche in dieser Arbeit zuerst die zerstörerische Wirkungskraft der gesellschaftlichen Gewalt auf das Individuum aufzuzeigen, welches sich seiner eigenen Denkart und Individualität nicht bewusst ist. Nachdem es seine eigene Selbstentfaltung erreicht hat, muss es sich mit den gesellschaftlichen Problemen beschäftigen. Dies reicht aber *per se* nicht: Das Individuum muss ausserdem fähig sein, sich gegen alle Bedrohungen der Menschheit zur Wehr zu setzen. Um alle Arten der Gewalt zu bannen, muss es aus seinem „Dornröschenschlaf" erwachen, sich von falschen Gesellschaftskonzepten oder übernommenen politischen Entwürfen befreien.

In diesem Sinne berufe ich mich auf drei philosophische Modelle, welche dem Individuum nötige und nützliche philosophische Erkenntnisse anbieten können, um das Individuum zu einem vernünftigen Wesen zu machen, das fähig ist, Konflikte friedlich zu lösen.

Das Individuum[2] als vernünftiges und konfliktlösendes Wesen bei

- Platon
- Mill und
- Nietzsche

---

[1]  Aristokratisch hier verstanden als „nobel" und „edel".

[2]  „Individuum" heisst hier der einzelne Mann oder die Frau, die sich nicht nur in einem sozialen Kontext bewegen, sondern sich für die gesellschaftliche Entwicklung und Verbesserung verantwortlich fühlen und aktiv werden. Die Begriffe „Individuation" und „Individualisierung" sind eher psychologische Begriffe und bezeichnen die persönliche Entwicklung des Einzelnen zum erwachsenen Individuum. Damit sind nicht einfach „erwachsene Individuen", sondern „erwachsene, vernünftige Individuen" gemeint. Marx und Engels haben das Individuum im Arbeitsprozess, als Proletarier, Sklaven oder als Grundbesitzer, Kapitalisten betrachtet. Ich werde das „Individuum" nur als vernünftigen Wegweiser und konfliktlösend für die gesellschaftlichen Probleme betrachten. Es geht in dieser Arbeit somit nicht nur um das „ontologische", sondern auch um das politisch oder sozial „tätige" Individuum.

Es soll aufgezeigt werden, ob Platons Wächter, Mills Exzentriker oder Nietzsches Übermensch als vorbildliche Individuen zu einer Lösung der heutigen gesellschaftlichen Konflikte beitragen können.

Die Arbeit gliedert sich in drei Teile:

I. Das Individuum als vernünftiges und konfliktlösendes Wesen nach Platon

II. Das Individuum als vernünftiges und exzentrisches Wesen nach Mill

III. Das Individuum als vernünftiges Wesen und als Übermensch nach Nietzsche.

Die ausführlichen Umrisse und weiteren Beziehungen der Phänomene untereinander sind genauer zu untersuchen.

Im ersten Teil geht es darum, wie Platon „Selbstbewusstsein" und „Gerechtsein" des Individuums in der Seele auf die Gesellschaft zu übertragen versucht. Es geht bei ihm um die Erziehung künftiger Führer einer guten (idealen) Polis. Diese Leiter (oder Wächter) sollen aufgrund einer Erkenntnis politische Entscheidungen treffen, nämlich der Erkenntnis der Idee des Guten. Um zur Erkenntnis der Idee des Guten zu gelangen, muss eine Umlenkung, eine Befreiung des Denkens (Höhlengleichnis) stattfinden.

Ich beziehe mich hier also auf das platonische Wächtermodell.

Der zweite Teil der Dissertation beschäftigt sich mit der Individualität, wie sie von Mill verstanden wird.

Man sollte es für selbstverständlich halten, dass eine nützliche Politik nur durch die Existenz einer grossen Zahl von begabten Individuen möglich ist. Das bedeutet, dass die nützliche Politik nicht einfach nur durch eine Menge von Menschen erreicht wird, sondern dass sie vielmehr durch eine exzentrische, individuelle Zwecksetzung möglich wird. Eine nützliche Politik ist also eine Sache der Exzentrizität. Aber in welchem Sinne? Wenn das Handeln nicht aus autonomen Entscheidungen erfolgt, sondern nur Folge eines sozialen Zwangs ist, verlieren da die Taten und deren Folgen nicht ihren Sinn? Exzentrische Individuen können aber nützliche und gute Politik leisten, wenn man ihnen ermöglicht ihre Exzentrizität auszuleben.

Nur Individuen, die Exzentrizität besitzen, können in der Politik und in der Gesellschaft politische Organisatoren sein. Die Aufgabe der Organisatoren präzisiert sich immer erst in Bezug auf den tatsächlichen oder möglichen Konflikt. Ich werde mich hier auf das Millsche Individualitätsmodell beziehen.

Im dritten Teil der Dissertation geht es nicht nur um die Entwicklung der Individualität, sondern auch um ihre Überwindung gemäss Nietzsche.

Das Individuum sollte nicht nur seine Sozialisierung, sondern auch seine Freiheit und Individualität erlangen, d.h. das Individuum muss sich im Sinne von Nietzsche überwinden. Der Mensch ist nach Nietzsche etwas, das sich zum „Übermenschen" überwinden sollte, damit es in gesellschaftlichen Konflikten eine Schlüsselrolle spielen kann.

Hier beziehe mich auf Nietzsche und auf sein Modell vom Übermenschen.

Der Mensch erkennt sich oft nur als Teil einer Rasse, eines Volkes, einer Partei, einer Familie an, aber nicht als sich selbst. Platons „Wächter", Mills „Exzentriker" und Nietzsches „Übermensch" hingegen sind selbstbewusst. Deshalb finde ich ein solches Individuum für die gesellschaftlichen Konflikte, als „Wegweiser" und „Konfliktlöser", von grosser Bedeutung.

In dieser Dissertation soll versucht werden, auf folgende Fragen eine Antwort zu finden:

- Ist es möglich, dass das Individuum im Sinne von Platon ein Wächter wird, damit es mit den gesellschaftlichen Problemen besser umgehen kann?
- Kann das Individuum im Sinne von „Mills Exzentriker" oder „Nietzsches Übermensch" Konfliktlöser sein?
- Wie kann man das autonome Individuum von der Abhängigkeit von der Sklavenkultur befreien, damit es seine historische Rolle spielen kann?
- Kann man die Individualität als notwendiges Element einer reifen Persönlichkeit verstehen?
- Bringt Individualität den Menschen das wahre Glück? Ist sie eine Voraussetzung für das menschliche Wohl?
- Ist das heutige Individuum fähig, diese historische Rolle zu übernehmen? Wenn nicht, welche Massnahmen sollten getroffen werden?

# 1 Das Individuum als vernünftiges und konfliktlösendes Wesen bei Platon

## Einleitung

Das Individuum, welches unter der sozialen Unterdrückung leidet, muss mit einer philosophischen Erkenntnis ausgerüstet werden, damit es in der Gesellschaft als ein vernünftiges und konfliktlösendes Wesen eine Rolle übernehmen kann. Wir wissen, dass das Individuum von den traditionellen Ordnungswelten (Religion, Staat, Familie und gewöhnliche Alltags-Kultur) eingeschränkt wird. Es wird heute von den modernen Ordnungswelten (politischen Ideologien, anderen Nationalstaaten und Terrororganisationen) noch zusätzlichen Zwängen unterworfen.

Meine Fragestellung lautet: Wie kann man das Individuum von diesen beiden Ordnungswelten befreien? Kann eine platonisch-philosophische Erkenntnis dabei hilfreich sein? Wieweit kann sein Wächtermodell dafür nützlich sein?

Platon hat das Konzept des Philosophenkönigs in einer Zeit, in der er selbst unter politischer Instabilität und Unsicherheit litt, entwickelt. Er lebte in einer Zeit von Kriegen und politischen Erschütterungen. Als er heranwuchs, hat er den Zusammenbruch des Staatslebens der Athener miterlebt, welcher in eine Periode der Tyrannei und Oligarchie mündete. Der Peloponnesische Krieg dauerte mit Unterbrechung achtundzwanzig Jahre. Er brachte grosse Seuchen, Hungersnot, Bürgerkrieg und zuletzt eine Herrschaft, welche auch die Herrschaft der Dreissig Tyrannen genannt wird. In dieser hoffnungslosen Lage Athens schrieb Platon seine „Politeia".[3] Obwohl sie offensichtlich eine Utopie[4] ist, kann man sie trotzdem, was soziale Konflikte betrifft, als Modell betrachten. Es ist demnach nicht falsch, wenn man die „Politeia" sogar als ein politisches Programm auffasst, welches für gesellschaftliche Probleme ein Lösungsweg sein könnte. Es muss hervorgehoben werden, dass Platons politisches Programm im Grunde genommen ein Plan zur Errichtung eines vollkommenen Staates ist, in welchem jeder Bürger wirklich glücklich wäre. In diesem Programm geht es um die Dauerhaftigkeit des Staates, nicht aber um das Individuum. Die Dauerhaftigkeit des Staates aber hängt von den speziell ausgebildeten Einzelnen (Wächtern) ab, das heisst, die Beständigkeit des Staates wird durch die Wächter garantiert. Die Entwicklung des Einzelnen ist demnach sehr wichtig für den Staat.

---

[3]   Der Begriff der „Politeia" steht in enger Wechselbeziehung zum Gesetz (nomos), dessen Quelle sie ist. „Politeia" markiert ein Zentrum des klassischen politischen Denkens. Platons Dialog, der den Titel „Politeia" trägt, erörtert das Problem der Gerechtigkeit am Massstab der Polis.

In diesem Sinne würde es sich lohnen, sein „Wächtermodell" zu untersuchen, bei dem man weniger eine Staatslehre als vielmehr eine Lehre zur Erziehung des Einzelnen findet, welche für die Entwicklung des Individuums ein Modell darstellt.

Der Mensch ist nach Platon eigentlich ein gefährliches Wesen, wenn dieses nicht sich selbst beherrscht und unter Kontrolle bringt. Platon hat diese Gefahr des Einzelnen in seinem Buch Phaidros ausdrücklich betont:

> Denke ich nicht an diese Dinge, sondern an mich selbst, ob ich etwa ein Ungeheuer bin, noch verschlungener gebildet und ungetümer als Typhon, oder ein milderes und einfacheres Wesen, das sich eines göttlichen und edlen Teiles von Natur erfreut.[5]

Um das Ungeheure und seine Einfachheit zu sehen, braucht der Einzelne unbedingt eine philosophische Erkenntnis, damit er nicht nur sich selbst, sondern auch die gesellschaftlich relevanten Werte erkennen kann. Aber Erkennen an sich ist nach Platon ungenügend, es muss auch entsprechend gehandelt werden. Ein gerechter Mann soll „das Seine nicht nur erkennen, sondern auch tun".[6] Nach dieser Auffassung ist der Einzelne ein tätiges Wesen, welches im Rahmen seiner Natur seine Tätigkeit und Rolle in der Polis[7] übernimmt und ausübt. Anders gesagt: Der Einzelne als vernünftiges und konfliktlösendes Wesen heisst bei Platon, dass der Mensch als Einzelperson zwar oft als soziales und tätiges Wesen, aber auch in seiner Funktion als Entscheidungsträger und eigenständig entscheidendes, autonomes Wesen betrachtet wird, das bei Konflikten selbständig Lösungsmodelle finden und anwenden kann. Um das Individuum[8] bei Platon genauer zu untersuchen, wird primär das Platonische Wächtermodell dargestellt, da es zur Konfliktlösung beiträgt. Die dazu notwendigen Eigenschaften wie die Tugend und die Idee des Guten sind dabei von besonderer Bedeutung.

Folgende vier Fragestellungen werden hierbei genauer untersucht:

1. Wenn Platons Wächtermodell heute angewendet würde, könnte das heutige Individuum sich gerecht und tugendhaft entwickeln?

---

[4] Vgl. Rep. 592b; White 2002, 201.
[5] Phdr. 230a.
[6] Vgl. Rep. 433b.
[7] Der Begriff „Polis" umfasst nach Platon die Einheit der Gesellschaft. Sie ist ein permanenter Kampfplatz, auf den die Bürger ihr Leben in Sicherheit führen können. Ohne Dauerhaftigkeit der Polis gibt es keine Dauerhaftigkeit des Menschen. Sie ist für die gesellschaftliche Einheit notwendig. Die Polis ist ein Mittel, um eine gesellschaftliche Einheit erreichen zu können. Die Polis muss Herrschaft besitzen, sie muss dominant sein, damit in der Gesellschaft Ordnung erreicht werden kann (vgl. Rep. 423c-d).
[8] Die Seele (psychê) des Individuums wird bei Platon als „einfach", „unteilbar", und „unzusammengesetzt", verstanden. In „Phaidon" steht eben diese Einfachheit der Seele zur Debatte. Aus dieser Eigenschaft wird ihre Unsterblichkeit abgeleitet (vgl. Phaid 78cf.). Platon spricht der von dem Körper getrennten Seele ein „unteilbares" Sein zu (vgl. Ti. 37a).

2.  Wenn jemand die platonischen Tugenden (Weisheit, Tapferkeit, Besonnenheit und Gerechtigkeit) hätte, kann er dann gegenüber sich selber und auch gegenüber seinen Mitmenschen gerecht sein?

3.  Wenn das Individuum sich wie die platonischen Wächter (Philosophenkönige)[9] entwickeln würde, folgte daraus automatisch eine Lösung für die sozialen Probleme der heutigen Gesellschaft?

4.  Wenn das heutige Individuum im Sinne Platons als Leiter (oder Wächter) mit der Erkenntnis, das heisst der Idee des Guten, ausgerüstet wäre, könnte es ein Konfliktlöser sein?

## 1.1  Das Individuum bei Platon

Beim Lesen der platonischen Dialoge kann man feststellen, dass Platon sich sehr oft auf eine individuelle Person bezieht. Entweder spricht er in den Briefen über sich selbst, oder er lässt Personen, z.B. Sokrates, als Dialogpartner sprechen. Im Dialog wird das Individuum als denkende Person vorgeführt, um dem Leser vorzuzeigen, dass er selber diese Eigenschaft ausüben soll. Die einzelnen Personen, die im Dialog vorkommen, sind begabte Männer, die sich nicht nur selbständig und rational ausdrücken können, sondern auch eine philosophische Erkenntnis besitzen, um die konfliktverursachenden Fragen besser lösen zu können. Der platonische Dialog ist mehr als nur eine rhetorische Form. Er ist eine Gedankenbewegung, welche die Selbsterziehung des Einzelnen anstrebt.

Einige Personen in den platonischen Dialogen vertreten einen sehr individuellen Standpunkt, ein Beispiel ist dafür Kalliles. Sein Konzept ist das individuelle Gut. Im „Gorgias" wendet er sich mit seinem starken Egozentrismus gegen Sokrates: „[E]benso alle andern Begierden soll man haben und befriedigen können und so Lust gewinnen und glückselig leben".[10]

Thrasymachos setzt sich gegen Sokrates für die individuelle Gerechtigkeit ein:

> Du weißt noch nicht, dass die Gerechtigkeit und das Gerechte eigentlich ein fremdes Gut ist, nämlich des Stärkern und Herrschenden Nutzen, des Gehorchenden und Dienenden aber eigener Schade; die Ungerechtigkeit aber ist das Gegenteil und herrscht über die in der Tat Einfältigen und Gerechten, die Beherrschten aber tun, was jenem, dem Stärkeren, zuträglich ist, und machen ihn glücklich, indem sie ihm dienen, sich selbst aber auch nicht im mindesten.[11]

---

[9]   Platon charakterisiert die „Philosophenkönige" in der Politeia als weisheitsliebende Menschen (vgl. Rep. 484b). Er nennt seine „Philosophenkönige" Helfer und Unterstützer, Gebieter für die Aufrechterhaltung der Satzungen (vgl. Rep. 414b). Die Wächter sollen eine Gerechtigkeitsordnung entwerfen und nach geeigneten Massnahmen suchen, um in den Bürgern eine Ordnung schaffende, tugendhafte Gesinnung zu erwecken (vgl. Kersting 1999, 113).

[10]  Gorg. 494c-d; White, 166.

[11]  Rep. 343c.

Bei der Gerechtigkeit nach Thrasymachos geht es also um ein fremdes Gut, welches andern zuträglich ist. Bei der Ungerechtigkeit aber geht es um ein eigenes Gut, welches dem Individuum zuträglich ist.[12] Das Ego steht bei ihm also noch mehr im Zentrum als bei Kalliles, denn je ungerechter man zu den anderen Mitgliedern des Sozialwesens ist, desto besser ist es für die einzelne Person.

Das Philosophieren ist das Hauptthema des platonischen Dialogs. Es ist ein Prozess, der zwischen Individuen abläuft. Platon ist überzeugt, dass durch wirkliches Philosophieren, welches eine sachliche Argumentation beinhalten muss, der Einzelne seine Begehrlichkeit, welche für ihn grenzenlos und zugleich konfliktträchtig ist, zügeln und seine sinnlichen Antriebe und Bedürfnisse überwinden kann.[13] Denn diese Begehrlichkeit führt die Einzelnen in eine Unzufriedenheit. Diese platonische Überzeugung des Philosophierens, die fast alle Dialoge charakterisiert, drückt sich mit besonderer Klarheit im *Lysis*, im *Symposium*, im *Phaidros* und in der *Politeia* aus.

Im Dialog fällt meist ein platonischer Dialektiker auf, der sich stets als unbesiegbar erweist und der an Ideenwissen und Vertrautheit, d.h. die platonische Dialektik[14]gebunden ist. Die Unbesiegbarkeit des Dialektikers wird auch direkt ausgesprochen. Sokrates, sagt Alkibiades, besiege im Gespräch alle Menschen, und zwar immer[15] und wegen der Unbesiegbarkeit von Sokrates sagt Thrasymachos in der Politeia: „Wie soll ich dich überzeugen? Denn wenn du durch das eben von mir Gesagte nicht überzeugt worden bist, wie soll ich dir dann noch beikommen? Soll ich meine Worte etwa in die Seele stopfen und sie dir so beibringen".[16]

Der Dialog hat also einen souveränen Gesprächsleiter mit Autorität, der sich durch Konzentration auf ein Thema gegen seinen Partner durchsetzt. Aber diese Autorität des Gesprächsleiters kommt eigentlich von einer philosophischen Weisheit. In den Briefen, die unter Platons Namen veröffentlicht wurden, wird die Notwendigkeit der Autorität der Weisheit folgendermassen beschrieben:

> Und dass ich zu der Äusserung mich gedrungen sah, dass, indem ich die echte Weisheit lobpries, nur aus ihr alles, was im Bezug auf die öffentlichen Angelegenheiten sowie die aller einzelnen das Recht erheische, sich erkennen lasse, und dass demnach die Bedrängnis der menschlichen Gattung nicht aufhören werde, bis entweder die Genossenschaft der echten und wahren Weisen zur Herrschaft im Staate gelange oder bis die Machthaber in

---

[12] Vgl. White 2002, 167.
[13] Vgl. Rep. 430c-432b.
[14] Nach Platon kann die philosophische Kenntnis der Dinge und der Seele nicht durch den gesunden Menschenverstand und eigene Klugheit erworben werden, sondern allein durch die mühevolle Forschung der Ideenphilosophie, die Platon als „Dialektik" bezeichnet (vgl. Phdr. 266c-276e).
[15] Symp. 214e.
[16] Rep. 345b.

dem Staate durch eine göttliche Fügung wirklich der Weisheit sich befleissige.[17]

Der Einzelne soll nach Platon eine philosophische Weisheit besitzen, damit er „das Seinige" am besten für seine Polis leisten kann. Die Polis ist für jeden Einzelnen eine offene Bühne, in der jeder das „Scinige tut" und leistet. Mit Sokrates Worten:

> Eine Stadt entsteht, wie ich glaube, weil jeder einzelne von uns sich selbst nicht genügt, sondern vieler bedarf [...] Auf diese Weise also, wenn einer den anderen, den zu diesem und den wieder zu jenem Bedürfnis, hinzunimmt und sie so, vieler bedürftig, auch viele Genossen und Gehilfen an einem Wohnplatz versammeln, ein solches Zusammenwohnen nennen wir eine Stadt.[18]

Platon ist der Meinung, dass der Staat für die Erziehung und Entwicklung des Einzelnen notwendig ist. Der Einzelne kann durch eine staatliche Erziehung seine Entwicklung fortsetzen. Platon versteht unter dem Einzelnen einen Mann oder eine Frau, der/die sich nicht nur in einem sozialen Kontext bewegt, sondern sich für die gesellschaftliche Entwicklung und Dauerhaftigkeit verantwortlich fühlt und mit seinem/ihrem erworbenen Wissen eine Führer-Persönlichkeit darstellt (wie z.B. einen Wächter): „Also philosophisch, mutig, behend und stark muss uns von Natur der sein, der ein guter und tüchtiger Wächter der Stadt sein soll".[19]

Platon fordert sodann Wächter, die philosophische Naturanlagen besitzen und willig sind, alle tatsächlich gegebenen gesellschaftlichen Zustände in Frage zu stellen. Eine philosophische Naturanlage hilft dem Einzelnen das Seine, welches seine Identität ausmacht, am besten in der Seele zu verrichten. In diesem Sinne kann man sagen, dass mit Platon am Anfang der abendländischen Philosophiegeschichte eine politische Theorie der Individualität steht.

Carl Burckhardt hat behauptet, dass es bei Platon keine Kategorie der Individualität gibt: „[B]ei seiner grossen Kunst Menschen zu individualisieren gibt es für ihn nicht die Kategorie der Individualität".[20] Wenn Burckhardt mit dem Begriff „Individualität" den modernen Individualismus meint, hat er tatsächlich Recht, dass Platon (eigentlich) den „Individualismus" im modernen Sinne nicht kennt. Dieser ist für Platon ein kompliziertes Begriffsgebilde mit vieldeutigem Inhalt. Wenn wir aber heute unter dem Individuum eine körperliche „Einheit" und „Unteilbarkeit" verstehen, sieht Platon diese in der Seele des Einzelnen. Mit dem Worten von Enno Rudolph:

> Der Grund ist vielmehr darin zu suchen, dass in der Philosophie Platons eine Figur von Individualität zu entdecken ist, die ebenso von ontologischer wie

---

[17]  Briefe, 326a-b.
[18]  Rep. 369b-c.
[19]  Ebd., 376c.
[20]  Burckhardt [1913] 1981, 10.

von politischer Bedeutung ist. Es handelt sich um Platons Begriff der Seele.[21]

Die Seele ist eine Bestimmung eines Lebewesens, eine zugrundeliegende Vielheit des Seienden, ein in sich differenziertes Individuelles, das von keinem anderen mehr ausgesagt werden muss. Platons Bezeichnung *das Seine* wird nicht aus einem ökonomischen Prinzip der Güterverteilung abgeleitet, sondern aus einer Idee von dem, was in einem jeden das *suum,* das seine Selbigkeit oder Identität Ausmachende ist.[22] Identität wird bei Platon metaphorisch erläutert. Sie soll das „Freund-Sein" der Einzelseele mit sich selbst bezeichnen, das eine innere Übereinstimmung zum Ausdruck bringt, die auch Harmonie oder Wohlklang heisst und die von einer spezifisch dialektischen Struktur ist.[23] Die Seele ist durch einander ausschliessende gegenstrebige Konstituenten strukturiert, deren Fügung die Einheit der Seele ausmachen soll. Diese Einfachheit und nicht die zusammengesetzte Einheit der Seele wird im Buch „Phaidon" hinreichend betont:

> Und nicht wahr, dem, was man zusammengesetzt hat und was seiner Natur nach zusammengesetzt ist, kommt wohl zu, auf dieselbe Weise aufgelöst zu werden, wie es zusammengesetzt worden ist; wenn es aber etwas Unzusammengesetztes gibt, diesem, wenn sonst irgend einem, kommt wohl zu, dass ihm dieses nicht begegne? [...] Und nicht wahr, was sich immer gleich verhält und auf einerlei Weise, davon ist wohl am wahrscheinlichsten, dass es das Unzusammengesetzte sei; was aber bald so, bald anders und nimmer auf gleiche Weise, dieses das Zusammengesetzte.[24]

Diese Auffassung zeigt uns, dass die Seele nicht zusammengesetzt, sondern eine Einheit und elemantar wie ein Atom ist. Sie verhält sich immer gleich und ist nicht veränderlich, im Gegensatz zum Leib, der veränderlich und zusammengesetzt ist. Platon hat in seinen „Gesetzen" zudem betont, dass die Seele das Ursprünglichste von allem ist. Sie ist der Anfang der Bewegung, „da die Seele nichts anderes ist als der erste Anstoss des Werdens und der Bewegung alles dessen, was ist und was gewesen ist und was sein wird, und auch von allem, was dem entgegengesetzt ist, nachdem sie sich für alle Dinge als die Ursache jeder Veränderung und jeder Bewegung erwiesen hat".[25]

Die Seele selber ist nicht veränderlich, aber sie ist fähig etwas anderes zu verändern: Während die Seele einerseits im Sinne der Atome eine Einheit bildet, bildet sie auf der anderen Seite eine Einheit im Sinne der Vereinigung der Vielheit. Diese Vielheit ist in der Seele und in den Dingen. Wenn nach Platon die Seele der erste Anstoss zur Bewegung aller Dinge ist, kann

---

[21]   Vgl. Rudolph 1991, 18.
[22]   Vgl. Ebd., 25.
[23]   Vgl. Rep. 443d.
[24]   Phd. 78c.
[25]   Lg. 896a-b.

man davon ausgehen, dass sie auch Grundelement der Vielheit ist. Wenn die Seele Ursprung ist, heisst das, dass die Seele nicht nur vor dem Körper entstanden ist, sondern sie hat ihn auch geschaffen. So sind auch Wesenszüge, Charaktereigenschaften, Überlegungen, Meinungen und Erinnerungen als eine Komponente der Seele zu sehen. Aber auch das Gute und das Schlechte, das Schöne und das Hässliche, das Gerechte und das Ungerechte muss man dann als einen Ausdruck der Vielheit in der Seele ansehen.[26] Auch die Tugenden sind nach Platon nur *eins*. So der Athenische Fremde:

> Wir behaupten nämlich, die Tapferkeit sei eine Tugend, und die Weisheit Tugend, sowie auch die beiden anderen Gattungen [Besonnenheit und Gerechtigkeit], als seien sie in Wahrheit nicht viele, sondern nur *eine* Tugend.[27]

Ein Gesetzgeber sollte imstande sein, seinen Blick nicht nur auf das Viele zu richten, sondern der *einen* Tugend nachzustreben, sie zu erkennen und nachdem er sie erkannt hat, alles dementsprechend zu ordnen.[28] Die Tüchtigkeit und die Schlechtigkeit zeigen sich durch Lust und Unlust in der Seele des Einzelnen. Die Lust und Unlust muss durch Bildung, welche nach Platon auch eine Tugend ist, in der Seele unter Kontrolle gebracht werden. Denn die Unordnung der Lust und Unlust sind nach Platon in der Seele eine grosse Unwissenheit, welche ihren Hauptteil erfasst.[29] Aus diesem Grund geht Platon von der Seele des Einzelnen aus und versucht Rückschlüsse auf die Gesellschaft zu ziehen. Deshalb hat Platon in der „Politeia" die Bestandteile der Seele des Individuums untersucht.[30] Denn die Seelenteile (das Vernünftige, das Triebhafte und das Muthafte) bilden nach Platon das ontologische Fundament für die vier Tugenden. Sokrates hat nachgewiesen, dass die Seele wie das Gemeinwesen dreigeteilt ist. Er wendet das Grundprinzip der Gerechtigkeit umgekehrt auf die Seele an. Sokrates sagt Folgendes:

> Was sich uns also dort gezeigt hat [in der Stadt], das lass uns auf den einzelnen übertragen; und wenn es übereinstimmt, soll es gut sein, wenn sie sich aber in dem einzelnen als etwas anderes zeigt, so sollen wir wieder auf die Stadt zurückgehen, um die Sache noch einmal zu prüfen.[31]

Hier ist ganz klar, dass Platon die „Individualität" kennt. Wenn er sie nicht gekannt hätte, könnte er die Tugenden im Individuum nicht prüfen.

---

[26]  Vgl. Ebd., 896c-d.
[27]  Lg. 963a-d. Im Protagoras findet sich eine Parallelestelle: vgl. Prot. 349b-c.
[28]  Vgl. Lg. 965b.
[29]  Vgl. Ebd., 689a-b.
[30]  Vgl. Rep. 436c; White 2002, 193.
[31]  Rep. 434e.

## 1.2  Die Dichtkunst

Eine weitere Entfaltung der Individualität zeigt sich bei der platonischen Dichtkunst. Sie ist für die Formung des Charakters des Einzelnen sehr wichtig. Aus diesem Grund hat Platon der Dichtkunst in der „Politeia" eine wichtige Stelle eingeräumt.

Nach Platon kann weder durch geerbte Ideen oder Glaube, noch mit Werten oder Erkenntnis eine gerechte Gesellschaft gegründet und regiert werden, wenn nicht gleichzeitig eine „materielle Kultur"[32] gepflegt wird. Ja, eine ideale Gesellschaft ist bloss durch eine „materielle Kultur" möglich. Ohne sie gibt es keine Gerechtigkeit, keinen gerechten Menschen und keinen guten Charakter. Sie besteht darin, dass man wohl spricht, die Stimme wohl klingt, dass man sehr anständig ist und sich angemessen verhält, so wie es der Gesinnung der Seele des Einzelnen entspricht. „Materielle Kultur" ermöglicht uns eine eigene Bildung und Erziehung, welche für die Formung und Entwicklung des Charakters, des Leibes und der Seele sehr wichtig sind. Bei der „materiellen Kultur" geht es um die Umlenkung der Seele des Menschen, damit sie eine bessere Naturanlage bekommt. Aus diesem Grund will Platon vor allem die „falsche Dichtkunst" aus dem Staat und dem Individuum verbannen.

Er stellt in der Politeia fest, dass die nachahmende Kunst für die Erziehung des Einzelnen eine grosse Gefahr darstellt. In diesem Sinne spricht er in der „Politeia" als ein Erzieher, der die grosse Bedeutung der Nachahmung im guten wie im schlechten Sinne betont.[33] Eine solche Art der Erziehung ist nach Platon eine grosse Macht, welche den Einzelnen negativ beeinflusst und beherrscht.

### 1.2.1  Die Dichtung und ihr negativer Einfluss auf den Einzelnen

Platon wendet sich nicht allgemein gegen die Dichtkunst, sondern nur gegen jene, welche falsches Wissen und eine scheinbare Wahrheit vermittelt. Für ihn ist sie eine Nachahmung,[34] die den Verstand negativ beeinflussen kann. Die Werke von Homer und Hesiod stellt Platon als Beispiele mit negativem Einfluss hin. Die Dichtkunst kann vor allem im Bereich der Erziehung eine negative Wirkung auf den Einzelnen haben. Platon hat bei seiner Betrachtung des Einflusses, den die Allgemeinheit auf das menschliche Individuum ausübt, die Bedeutung des Nachahmungstriebes erkannt und in den Vordergrund gerückt. Er hat auch erkannt, dass die Einzelnen unter falschem dichterischem Nachahmungswissen leiden und dadurch beeinflusst werden können. Platon führt als Beispiel für die negative Dichtkunst einen Ausschnitt aus Homers Odyssee an:

---

[32]  Materielle Kultur besteht aus Gymnastik und musischer Kunst. Sie strebt die Pflege, Bildung und Erziehung des Leibes und der Seele an (vgl. Rep. 424b-d).
[33]  Vgl. Rep. 395a-d.

> Der Alte aber wurde, als er dies hörte, von Furcht erfasst und ging schweigend davon; als er aber aus dem Bereich des Lagers heraus war, flehte er inständig zu Apollon, indem er ihn bei seinen Beinamen anrief und an seine Schuldnerpflicht gemahnte, nämlich an alles, was er ihm jemals durch Erbauung von Tempeln und Darbringung von Opfern Wohlgefälliges getan habe; zum Dank hierfür, so flehte er, sollten die Achaier durch seine Geschosse büssen für seine Tränen.[35]

Nach Platon stellt die Homerische Dichtung eine Meinung dar, nicht aber die Wahrheit. Vor solcher Dichtung muss man sich nach Platon hüten, weil sie die Zuhörer negativ beeinflussen. Nach Platons Ansicht muss eine Dichtung, welche ein Phänomen erklärt, dem Wesen der Dinge entsprechen. Wenn eine Darstellung eine scheinbare Darstellung der Dinge ist, ist sie eine nachahmende Darstellung. Die nachahmende Dichtung ist schädlich und muss unter allen Umständen aus dem Staat ausgewiesen werden, denn sie ist Gift für den Verstand der Zuhörer:

> Wenn ich an die Dichtkunst denke [...] scheint mir dergleichen alles ein Verderb zu sein für die Seelen den Zuhörer, so viele ihrer nicht das Heilmittel besitzen, dass sie wissen, wie es sich damit verhält.[36]

Somit kann die nachahmende Dichtung nur Philosophen nicht schaden, für alle anderen hingegen ist sie schädlich aus mehreren Gründen:

1. Die nachahmende Dichtung ist weit von der Wahrheit entfernt: Zum Beispiel existieren dreierlei Stühle: der wahrhaft existierende Stuhl, der vom Tischler hergestellt wurde, und der Stuhl, der vom Maler angefertigt wurde. Von denen ist nur ein Stuhl, welcher von Gott geschaffen wurde, wahr und existiert wirklich. Gott ist der Schöpfer aller Ideen, und er hat auch die Idee „Stuhl" erschaffen.[37] Die Idee „Stuhl" ist natürlich von dem Stuhl zu unterscheiden, den der Tischler herstellt. Die anderen sind nachahmende, künstlerisch geformte Objekte. Sie haben mit der Wahrheit nichts zu tun.[38]

2. Die nachahmende Dichtung besitzt kein Wissen über die Dinge, die der Dichter schildert. Platon beschreibt dessen Tätigkeit so:

> Aber doch wird er drauflos nachbilden, ohne zu wissen, wie jedes gut oder schlecht ist, sondern, wie es scheint, was dem Volk und den Unkundigen als schön erscheint.[39]

---

[34]  Bei Platon werden Nachahmung und Erzählung unterschieden (vgl. Rep. 392c ff.).
[35]  Rep. 394a.
[36]  Ebd., 595a-b.
[37]  Platon weicht hier von seiner im „Timaios" entwickelten Theologie ab. Dort kennt er keinen göttlichen Ideenschöpfer, und der göttliche Demiurg wird als Weltenschöpfer vorgestellt, der die Materie nach dem Bild der Ideen erschafft. Während der „Timaios" also von Gott und Ideen ausgeht (vgl. Ti. 29ff.), lässt er in der Politeia Gott und Ideen auseinander fallen.
[38]  Vgl. Rep. 596-597.
[39]  Ebd., 598-602a.

3. Die nachahmende Dichtung übt ihre eigentümliche Wirkung auf die unedlen und niedrigen Seelenteile aus. Diese falsche Dichtkunst paktiert mit der Sinnlichkeit und stellt sich gegen die Vernunft. Sie spricht die Affekte und Emotionen an und führt sie zum Aufruhr gegen die Gesetze der vernünftigen Einsicht:

> Sie weckt und nährt diesen niedrigen Teil der Seele und verdirbt durch dessen Kräftigung ihren vernünftigen Teil, ganz so wie wenn einer in einem Staat die Schurken mächtig werden liesse und den Staat in ihre Hände brächte, den anständigen Teil der Bürgerschaft aber zugrunde richtete.[40]

Dies sind also die Gründe, weshalb Platon eine Dichtung ablehnt, welche die materielle Kultur des Leibes und der Seele für den Staat und für das Individuum ausser Acht lässt. Er stellt fest, dass wir „die Dichter allein in Aufsicht halten und sie nötigen" müssen, „dieser guten Gesinnung Bild ihren Dichtungen einzubilden oder überhaupt bei uns nicht zu dichten".[41] Nachbildende Dichtkunst wird aus seiner „Politeia" fern gehalten, weil sie sowohl im Staat als auch in der Seele des Einzelnen das Schlechtere hervorbringt und Schattenbilder hervorruft, von der Wahrheit aber weit entfernt bleibt.[42] Dichtkunst ist verboten, weil sie auch die Tugend des Menschen verdirbt. Um die Gerechtigkeit und die übrigen Tugenden nicht zu vernachlässigen, sollte man die falsche Dichtkunst vermeiden. Sie ist eine Verwirrung der menschlichen Seele.[43] Diese Verwirrung der Seele zeigt sich später in den Handlungen der Einzelnen, welche dadurch glauben, Gutes oder Schlimmeres zu erreichen. Wer sich in einer solchen Nachbildnerei befindet, stimmt mit sich selbst nicht überein, „er schwankt [...] ebenso auch in seinen Handlungen und liegt mit sich selbst im Streit".[44] Das Individuum kann durch falsche Dichtkunst kein Wissen erhalten, weil es kein Seiendes, sondern eine Erscheinung des Seienden ist, und der Dichter besitzt selbst auch keine wahre Erkenntnis:

> Der Dichter als Nachbilder hat weder Erkenntnis noch [...] richtige Meinung von dem, was er nachbildet.[45]

Damit ist also klar, weshalb die nachahmende (epische und dramatische) Dichtung aus dem Platonischen Staat ausgeschlossen ist.[46]

Wir haben gesehen, dass die unwahre Dichtkunst sowohl für den Staat als auch für den Einzelnen eine Gefahr für die Erziehung darstellt. Wenn diese Kunst für die gesellschaftliche Entwicklung und Erziehung eine Gefahr bildet, wie kann man sie verbannen? Die Antwort ist:

---

[40] Rep. 605b.
[41] Ebd., 401b.
[42] Vgl. Ebd., 605bc; Burnyeat 1997, 255.
[43] Vgl. Rep. 602d.
[44] Rep. 603c-d.
[45] Ebd., 600c.
[46] Vgl. Ebd., 605b.

durch die Hüter des Gemeinwesens und der Seele. Ihre Aufgabe ist es, Schaden von ihren Schutzbefohlenen abzuwenden, indem sie die nachahmende Kunst verbannen.

Nachdem die Gefahr der falschen Dichtkunst nach Platon aufgezeigt wurde, wird im Folgenden die Frage gestellt, ob es für den Staat eine erlaubte Dichtkunst gibt oder nicht.

## 1.2.2  Die lyrische Dichtkunst

Platon achtet beim Inhalt der Dichtkunst besonders auf den religiösen Gehalt. Wenn durch sie die Götter ihrem Wesen nach dargestellt werden, sollte man solche Darstellungen nicht aus dem platonischen Staat verbannen. Platon lässt Sokrates zustimmen, wenn diese im „Epos [...] oder in Liedern oder in der Tragödie" stattfinden.[47] Warum ist dies erlaubt? Die Antwort ist, dass „Gott gut und nur Ursache des Guten" ist.[48] Wenn die Nachahmung tugendhaft, ungemischt und entsprechend ist, ist sie im idealen Staate erlaubt.[49] Die Dichter dürfen mit der Voraussetzung dichten, dass sie es diesem Gesetz entsprechend tun und die Vorschriften des Staates beachten. Wenn ein Dichter, so erklärt Sokrates, „den Vortrag des würdigen Mannes nachahmend darstellt und, was er sagt, nach jenen Vorschriften redet", ist es akzeptabel.[50] In diesem Sinne ist nur lyrische Dichtung, also Gesänge an die Götter und Loblieder auf treffliche Männer vertretbar und annehmbar.[51] Deshalb muss der Zuhörer sich aus Furcht um seine eigene Seelenverfassung vor der nachahmenden Dichtung in Acht nehmen und die Ansicht über die Dichtkunst, die Platon im Staat entwickelt hat, als massgebend anerkennen.[52]

Zweitens ist die Musik nach Platon gut geeignet für die Erziehung der Seele des Individuums. Aus diesem Grund ist sie die schönste Kunst und muss auch in seinem idealen Staate vorhanden sein, denn musische Kunst hat mit Reden und Fabeln zu tun. Platon ist der Meinung, dass Musik für die Erziehung des Einzelnen einen wichtigen Beitrag leisten kann. Denn die Wohlklänge der Musik können am besten in das Innere der Seele eindringen und sich ihr auf das Kräftigste einprägen, indem sie zu Wohlständigkeit führen, wenn jemand richtig erzogen wird.[53] Eine gute Rede wäre dementsprechend eine Folge der Gesinnung der Seele:

> Also Wohlredenheit und Wohlklang und Wohlständigkeit und Wohlgemessenheit, sagt Sokrates [...] folgt der Wohlgesinntheit und Güte der Seele.[54]

Der ideale Staat entspricht einem Symphonieorchester, in dem jeder Spieler nur ein Instrument spielt, damit der gewollte schöne Harmonieklang erreicht werden kann. Die musische

---

[47]  Vgl. Rep. 379a.
[48]  Vgl. Ebd., 380cd; Euthph, 6ac.
[49]  Vgl. Rep. 397d.
[50]  Ebd., 398b.
[51]  Vgl. Ebd., 607a.
[52]  Vgl. Ebd., 608.
[53]  Vgl. Ebd., 401de.

Kunst wird im Kapitel 1.5.3 unter dem Titel „musische Wächtererziehung" weiter behandelt werden. Zuerst aber ist die Frage nach der Erziehung zu klären.

## 1.3  Die Erziehung

Alle haben verschiedene Anlagen und wachsen unter unterschiedlichen Bedingungen auf. Um möglichst gemeinsame Verhaltensweisen zu erreichen, bedarf es vor allem der richtigen Erziehung. Das betont Sokrates indem er feststellt:

> Keiner ist nämlich absichtlich schlecht, sondern nur infolge [...] einer mangelhaften Erziehung wird der Schlechte schlecht.[55]

Die Erziehung oder Bildung hat für sich selbst keine Bedeutung, wenn nicht Jeder möglichst eifrig darauf bedacht ist. Die Bildung kann hilfreich sein, wenn man sich bemüht, seine „schlechte" Beschaffenheit zu ändern. In der *Apologie* sagt Sokrates: „Der Mensch ist ohne Bildung nicht imstande, nützlich und schädlich zu unterscheiden".[56] Platon versteht unter der Erziehung keine Schule, sondern eigene Bildung, die durch verschiedene Wege erreicht wird. Was wir „Schule" nennen, kennt Platon nicht. Er denkt bei Erziehung und Bildung an die Eltern, Haussklaven, an Verwandte und Freunde, an Privatlehrer in allen damals möglichen Künsten, die jeder sich nach Belieben auswählt. Er denkt an das ganze öffentliche Leben, wie es sich auf dem Markt, besonders in Volksversammlungen und im Theater abspielt:

> Es gibt bei uns Lehren vom Gerechten und Schönen, unter denen wir von Kindheit an erzogen worden sind wie von Eltern, ihnen gehorchend und sie ehrend.[57]

Aber diese Bildung genügt an sich nicht, sie muss durch eigene Bemühungen erweitert werden bis die Umlenkung der Seele erreicht wird. Diese Bildung nennt Platon die wahre Philosophie. Philosophie besteht in einer Wendung, Konversion oder Revolution, die plötzlich geschieht.[58] Es handelt sich also um eine Revolution der Seele, das heisst um Wissen und Willen, dass Tugend Wissen ist, eben wesentlich im Intellektuellen besteht. Aber intellektuelle Fähigkeit allein genügt nicht. Verlangt ist eine innere Verwandtschaft zwischen der Sache, die vermittelt werden soll, und der Seele, der sie vermittelt werden soll.[59] Aber nur die Seele, welche vom Werden zum Sein gebracht wird, kann sie vermitteln. „Jeder muss das Seinige tun" heisst nichts anders, als eine Umlenkung der Seele und eine Entwicklung der eigenen Natur. Das Ziel der Bildung ist es also, Leib und Seele zu den Schönsten und Besten zu ma-

---

54   Rep. 400e.
55   Ti, 86c-87a.
56   Apologie, 36c.
57   Rep. 538c.
58   Vgl. Ebd., 515c-b; Symp, 210e.
59   Vgl. Szlezák 1993, 18.

chen. Es geht um die Selbstbildung des Individuums, das ein tüchtiger Mensch werden soll.[60] Ungebildet nennt Platon den, der nur Schattenbilder (Unwahrheit) sieht und ihnen nachjagt, gebildet aber den, der die sonnenhelle Wirklichkeit (Wahrheit) sieht und nach dem „Guten" (Echten) strebt. Zu dieser Bildung ist aber nicht ein lebenslanges eifriges Lernen und Streben erforderlich, sondern eine Art göttliche Bestimmung.[61] Durch zielvolle Arbeit und Erziehung hebt sich der Mensch aus der Verblendung heraus, die er mit den Tieren gemeinsam hat. Die Erziehung soll nun jedem sein Arbeitsziel geben, durch das er in einem gemeinsamen Arbeitsaustausch der Polis in richtiger Weise eingegliedert ist.

Platonische Erziehung kennt keine Gewalt: „Lass die Kinder spielend lernen, damit du auch besser imstande bist zu sehen, wozu ein jeder von Natur geeignet ist".[62] Lernen und Besserung erwartet Platon nur von der Konzentration des Einzelnen auf seine Berufsarbeit und von der Erziehung zur Selbstbeherrschung.

Die griechische Ethik beruht grundsätzlich auf dem Prinzip der Reziprozität und der Ethik der Tugend. Das betont auch Christopher Bobonich: „A person has a virtue if and only if the person has every virtue".[63] Das heisst mit anderen Worten, dass eine Person, die eine Tugend besitzt, dadurch noch nicht zwangsläufig tugendhaft ist. Zusätzlich muss sie auch andere Tugenden haben, weil eine Tugend allein nicht ausreichend ist. In diesem Sinne stellt Platon in der „Politeia" einen Tugendkatalog auf, der für die Selbsterziehung einen Massstab darstellt.[64] Es ist daher notwendig die Tugenden: Weisheit, Tapferkeit, Besonnenheit und Gerechtigkeit, die für die Selbsterziehung wichtig sind, erkenntlich zu machen, damit die eigene Kraft des Individuums klarer sichtbar wird.

## 1.3.1 Weisheit

Die Weisheit ist eine der Kardinaltugenden und bezieht sich bei Platon auf die Ideen des Guten und Schönen und ist somit göttlichen Ursprungs. Wahrhaft weise sind nur die Götter; für den Menschen erreichbar ist nur die Philosophie.[65]

Die Weisheit (Schleiermacher übersetzt: „Wohlberatenheit") steht für die Fähigkeit, klug mit sich und den anderen umzugehen. Sie ist wohl am ehesten mit der Fähigkeit zu vergleichen, ein Mass für das wechselseitige Verhalten der Menschen zu finden. Die Weisheit gilt wesentlich auch für den Teil der Seele, den Platon „logistikon" (Schleiermacher: *das Vernünftigarti-*

---

[60] Vgl. Lg. 716d-717c.
[61] Vgl. Men. 99e.
[62] Rep. 536d-e.
[63] Bobonich 2002, 289.
[64] Vgl. Rep. 427d-434d.
[65] Vgl. Phdr. 278d.

*ge in der Seele*) nennt, eine Funktion, welche die Begierden diszipliniert.[66] Platon hat in den „Gesetzen" die Bedeutung der Weisheit für die Seele folgendermassen beschrieben: „Eine Seele wird nämlich ganz ihrer Natur gemäss ohne Überlegung zu einer tapferen; nie aber wurde eine Seele ohne Überlegung zu einer einsichtsvollen und vernünftigen, noch ist sie oder wird sie es je in der Folge werden, da diese etwas von jener Verschiedenes ist".[67] Die Weisheit ist also nicht nur eine einfache Tugend, sondern sie ist sogar Führerin aller Tugenden:

> Man müsse dagegen ihre Gesamtheit ins Auge fassen, und vor allem die erste und die Leiterin dieser Gesamtheit, das sei aber Weisheit.[68]

Die grenzenlose und zugleich konfliktträchtige Begehrlichkeit wird durch vernünftige Zügelung der sinnlichen Antriebe und Bedürfnisse überwunden. Platon will die Begierde[69] durch Vernunft unter Kontrolle bringen für die Harmonie der Seele. Sonst führen die unvernünftig begehrenden Teile der Seele einen Aufstand und es entsteht eine Disharmonie. Dieser Aufstand ist für Platon die Quelle der Ungerechtigkeit.[70] Die Vernunft bringt den begehrlichen Teil der Seele durch die Selbsterziehung zu einer Harmonie, welche man auch Schönheit nennt. Diese wird also durch Vernunft vermittelt. Um Vernunft sichtbar zu machen, findet Platon es nötig, einen Unterschied zwischen dem unqualifizierten Begehren und dem qualifizierten Streben nach einer Sache zu machen:

> Durst aber selbst weder nach Vielem oder Wenigem, noch nach Gutem oder Schlechtem, noch mit einem Wort nach irgendwie bestimmtem Getränk, sondern Durst selbst und für sich seiner Natur nach nur nach Getränk selbst und für sich.[71]

Gerade darin zeigt sich für Platon die Gegensätzlichkeit zwischen der Vernunft und der Begierde, dass die Vernunft nicht dem qualifizierten Begehren widerspricht, sondern dem Begehren überhaupt.

Die Seele des Individuums besitzt zwei Vermögen, das Begehrende, das treibt und drängt, und das Verweigernde, das verhindert und zurückhält. Beide Vermögen sind fremdbezüglich; das erste richtet sich auf Gegenstände, die Befriedigung versprechen, das zweite hingegen bezieht sich auf das erste und versagt ihm die Befriedigung seiner Wünsche. Das Verhindernde, Verweigernde ist die Vernunft, der „Teil der Seele, mit dem sie überlegt", den wir „als

---

[66]  Vgl. Rudolph 1991, 26.

[67]  Leg. 963e.

[68]  Ebd. 688a-b.

[69]  Die Begierde ist wie Lust dreierlei: Das eine ist „Weisheitsbegierde", das andere ist „Ereiferung" und das dritte ist „das Begehrliche auf Essen, Trank und Liebessachen" (vgl. Rep. 580d-e, 581b-c). Aber von diesen Begierden ist die weisheitsliebende die Hauptbegierde (vgl. Rep. 581b-c), welche in der Seele aktiviert werden muss.

[70]  Vgl. Rep. 444b.

vernünftig denkenden" bezeichnen, das „logistikon". Das andere hingegen, „mit dem die Seele liebt und hungert und dürstet und der beständigen Erregung aller sonstigen Begierden
preisgegeben ist", ist der „unvernünftige und begehrende Teil", das „alogiston".[72] Das „logistikon" und das „alogiston" sind gegensätzliche Prinzipien. Das Begehrliche und Unüber-
legte ist der Widersacher der Vernunft und die Vernunft ist die Widersacherin des sinnlichen
Begehrens. Deswegen kann man den innerseelischen Frieden nicht durch Freundschaft erreichen, weil diese Feindschaft nie in Freundschaft übergehen kann, da das „logistikon" und das
„alogiston" keine Gemeinsamkeiten haben. Hier kann es nur Sieg oder Niederlage geben; die
Dauerhaftigkeit kann nur durch Herrschaft und Unterwerfung bereinigt werden, die Seele nur
im Rahmen einer fest etablierten Herrschaftsverfassung Frieden finden.

Nach Platon muss in der Seele das logistikon herrschen:

> Weil es weise ist und für die gesamte Seele Vorsorge habe, dem Eifrigen
> [steht es zu], diesem folgsam zu sein und verbündet.[73]

Aber die Frage lautet: Womit wird diese Weisheit erreicht? Oder wer besitzt sie? Platons
Antwort ist:

> Das ist die Wächterkunst, und es besitzen sie die Regierenden, die wir eben
> vollendete Wächter nannten.[74]

Ein zum Herrschen Berufener besitzt die Weisheit, den richtigen Mann an die richtige Stelle
zu setzen, jedem zu geben, was ihm zukommt und jeden zu verpflichten, das Seine zu tun.
Wie Xenophon in seinem Buch „Erinnerungen an Sokrates" mit Recht erwähnte, dass man
wenigstens seine Sachen verstehen sollte:

> Wer seine Sache nicht versteht, ist weder ein Feldherr noch ein Arzt, auch
> wenn er von allen Menschen dazu gewählt wird.[75]

Die Weisheit ist also eine Sache der Verantwortlichkeit des Bewusstseins. Nur der Weise
kann sich mit dem Seinen beschäftigen und sich seinen Mitmenschen gegenüber verantwortlich fühlen. In der Politeia geht es nicht nur um eine Staatsweisheit, sondern auch um eine
„Weisheit des Individuums". Selbstverständlich muss das Wissen, welches man besitzt, nicht
für das eigene Wohl, sondern für das Wohl des Gemeinwesens gebraucht werden.

## 1.3.2 Tapferkeit

Die „Tapferkeit" ist eine der Kardinaltugenden, die im platonischen „Laches" die auf Einsicht
gegründete Beharrlichkeit der Seele bezeichnet.[76] Die Tapferkeit ist das Wesen eines Seelen-

---

[71] Rep. 439a.
[72] Vgl. Ebd., 439d.
[73] Ebd., 441e.
[74] Ebd., 428d.
[75] Men. III.1, 4.

teils, des Mutartigen nämlich, der „durch Lust und Unlust hindurch immer treu bewahrt, was von der Vernunft als furchtbar angekündigt worden ist, und was nicht".[77] Es ist dies das „thymoeides" (wörtlich: das „Mutartige"), das auch als „Leidenschaft" zu übersetzen ist. Bei Platon bildet dieses Element der Leidenschaft das Verbindungsglied zwischen den Sinnen einerseits und der Vernunft andererseits, also zwischen den Trieben und der massorientierten Disziplin. Platon nennt diese Seelenteile (thymoeides) auch Bundesgenossen der Vernunft.[78] Aufgabe des Mutes ist es also, energisch der Vernunft zu gehorchen und in der Seele die Grundstruktur des Charakters zu verankern:

> Tapfer nennen wir also einen Menschen nach diesem Seelenteil dann, wenn sein Mut durch Leid und Freud hindurch seinen Glauben an das Furchtbare und seinen Gegenteil unerschüttert bewahrt, wie es ihn die Vernunft gelehrt hat.[79]

Die Definition der Tapferkeit im Dialog „Laches" und im Dialog „Politeia" ist unterschiedlich. Im „Laches" bestimmt Sokrates, „nicht jede Beharrlichkeit als Tapferkeit, sondern nur die schöne und verständige Beharrlichkeit der Seele als Tapferkeit".[80] Klugheit und Beharrlichkeit werden nicht bestimmt durch das, was klug ist, sondern durch das, was die Seele für klug hält. Die Tapferkeit des Sokrates in der „Politeia" dagegen ist abhängig von der richtigen Meinung, vom Auftrag des Logos, womit sie etwas von der Seele Unabhängiges bewahrt.

Im Buch „Protagoras" beschreibt Sokrates die Tapferkeit als „Wissen" und sie besteht demnach in der Weisheit.[81] Die Tapferen sind bedenkenlos nicht in Bezug auf das, was sie für furchtbar, sondern in Bezug auf das, was sie für unbedenklich halten.[82] Damit entfällt aber auch der Unterschied zwischen den Tapfern und den Feigen. Die Bedenkenlosigkeit wird hier positiv erwähnt. Wenn die Tapferen bedenkenlos sind, sind sie im guten Sinn bedenkenlos, wenn aber die Feigen bedenkenlos sind, sind sie es im schlechten Sinn; denn die Feigen verhalten sich schlecht aus Unwissenheit. Ihre Feigheit ist also Unwissenheit in Bezug auf das Furchtbare und Nicht-Furchtbare. Die Tapferkeit dagegen setzt Wissen des Furchtbaren und Nicht-Furchtbaren voraus.[83] Sokrates stellt dieselbe Behauptung über die Tapferkeit im Dialog „Laches" auf. Die Tapferkeit ist „Erkenntnis, bzw. Kenntnis des Furchtbaren und Unbedenklichen, denn sie weiss nicht nur von dem künftigen Guten und Übeln, sondern auch von

---

[76]   Vgl. La. 192b.
[77]   Vgl. Rep. 442b; Phd, 68c.
[78]   Vgl. Ebd., 440b.
[79]   Rep. 442c.
[80]   La. 192b.
[81]   Vgl. Prot. 349e-350b.
[82]   Vgl. Ebd., 359b.
[83]   Vgl. Ebd., 360a.

dem geschehenen und geschehenden, und dem auf jede Weise sich verhaltenden, wie die anderen Kenntnisse".[84]

### 1.3.3  Besonnenheit

Die Bedeutung von Besonnenheit schliesst sich an die Begriffbestimmung von „sophrosyne" an. Das Wort *sôphrôn*, zusammengesetzt aus dem Adjektiv *sôs* mit den Bedeutungen heil, gesund, unversehrt und sicher, gewiss und dem Substantiv *phrên* (Verstand, Einsicht und Wille), bedeutet: von heilem, gesundem unversehrtem Verstand und Gemüt sein, unversehrten Willen haben.[85] Auch die Eigenschaften, die dem Besitz eines gesunden Verstandes entsprechen, werden unter dem Begriff *sôphrôn* erfasst. Das heisst: Kontrolle über sinnliche Begierden besitzen, mässig, enthaltsam, frei von überwältigenden Leidenschaften sein.[86]

Platon definiert „sophrosyne", was im Deutschen mit „Besonnenheit" übersetzt wird, in seinem Buch „Politeia" als Mässigung gewisser Lüste und Begierden.[87] „Besonnenheit" ist die Fähigkeit, in seinem Urteil von momentanen Gefühlsregungen unabhängig zu sein und somit das Handeln von vernünftigen Überlegungen bestimmen zu lassen.

Charmides beschreibt die Besonnenheit als (ruhige) Handlungen, die in Ruhe gemacht werden; wie z.B. ruhig auf die Strasse gehen, angenehm diskutieren.[88] Sokrates ist mit dieser Antwort nicht zufrieden und hält ihm entgegen, dass die Besonnenheit nicht ruhige Handlungen, sondern aktive und schnelle Handlungen erstrebt.[89] In einer zweiten Definition sagt Charmides: „Also meiner Meinung nach ruft die Besonnenheit Bescheidenheit hervor und macht den Menschen bescheiden. Daher ist sie dasselbe wie Zurückhaltung".[90] Sokrates widerlegt ihn durch Homers Zitate: *„Es ist nicht gut, wenn sich bei einem Notleidenden Zurückhaltung befindet"*.[91] Sokrates meint damit, dass Besonnenheit nicht Zurückhaltung ist, selbst wenn sie etwas Gutes ist, da Zurückhaltung genauso gut wie schlecht sein kann.[92] In einer dritten Definition formuliert Charmides die Besonnenheit als „das Seinige tun", wobei das Besonnene nur zugleich gutes Handeln erstreben sollte. Er sagt zu Sokrates, dass diese Behauptung auf Kritias zurückgeht. Daraufhin fragt Sokrates diesen, ob seiner Behauptung zustimmen und sie übernehmen wolle:

---

[84]   La. 199b.
[85]   Vgl. Horn Christoph und Rapp Christoph 2002, 400-401.
[86]   Vgl. Gorg. 491d. Leg. 665e-728e.
[87]   Vgl. Rep. 430e.
[88]   Vgl. Charm. 159b.
[89]   Ebd., Charm. 159e.
[90]   Ebd., 160e.
[91]   Ebd., 161a.
[92]   Vgl. Ebd., 161b.

Wer nichts Gutes, sondern Schlechtes macht, ist nicht besonnen; sondern wer Gutes und nichts Schlechtes macht, ist besonnen. Denn als ‚Gutes tun' bestimme ich jetzt in aller Deutlichkeit für dich die Besonnenheit.[93]

Besonnenheit hat also mit Wissen zu tun. Wer besonnen bzw. gut handelt, ist zugleich auch davon überzeugt, oder glaubt zu wissen, dass er besonnen bzw. gut handelt. Man kann einen Arzt als einen guten und besonnenen Arzt bezeichnen, wenn er wirklich etwas Gutes tut. Er muss die Ziele seiner Behandlung überprüfen, die er für gut oder nützlich für sich und für den Patienten hält. Wissen zu haben bedeutet, sich selbst zu erkennen: das heisst von sich selbst zu wissen, ob man gut oder schlecht handelt. In diesem Sinne kann „das Seinige tun" für Sokrates nur die Verwirklichung der eigenen Natur (physis) bedeuten. Wer seine Natur besser entwickelt, kann seine körperlichen Lustaffekte, welche die Freuden des Trankes, der Liebe und des Mahles sind, besser kontrollieren.[94] Diese Definition macht nach Wolfgang Kersting deutlich, dass es schwer ist, für das, was bei Platon „sophrosyne" heisst, einen angemessenen deutschen Ausdruck zu finden. Seine Affekte zu kontrollieren, sein Temperament in den Griff zu bekommen, sich nicht von seinen Trieben und Begierden leiten zu lassen, all das meint „sophrosyne", all das meint Besonnenheit, Mässigung, Selbstbeherrschung. Kersting ist der Meinung, dass die deutsche Sprache uns keinen Begriff zur Verfügung stellt, der die Bedeutung von Selbstdisziplin und Loyalität, von Selbstbeherrschung und Gehorsam zusammenfassen könnte. Kersting übersetzt „sophrosyne" als „Herrschaftsfreundlichkeit".[95] Besonnen oder herrschaftsfreundlich ist nach Kersting jemand, der in sich der Vernunft zur Herrschaft über seine Triebe und Begierden verhilft und die in der Gesellschaft vorhandene Herrschaftsordnung durch Gehorsam stabilisiert und kontinuiert. In diesem Sinne heisst Besonnenheit soviel wie gut bei Verstand bleiben.[96] Platon hat in seinem Buch *Phaidros* erwähnt, dass es in jedem von uns zwei herrschende und führende Triebe gibt, welchen wir folgen, wie sie uns eben führen, eine eingeborene Begierde nach dem Angenehmen und eine erworbene Gesinnung, welche nach dem Besten strebt. Diese beiden sind bald übereinstimmend und bald nicht übereinstimmend. Wenn nun die Gesinnung uns durch Vernunft zum Besseren führt und regiert, so heisst diese Regierung Besonnenheit.[97] Sie verlangt eine Mässigung sehr starker Lüste und Begierden. Wenn man diese nicht in den Griff bekommt, könnten sie in der Seele einen Konflikt verursachen. Um das zu vermeiden, müssen die Begierden der Seele rehabilitiert werden.[98] In diesem Sinne ist die Besonnenheit, nach North, eine personale Haltung. Sie beschäf-

---

[93] Ebd., 163d.
[94] Vgl. Rep. 389e.
[95] Vgl. Kersting 1999, 116.
[96] Vgl. Prot. 21a.
[97] Vgl. Phdr. 237d-e.
[98] Vgl. North 1966, 152.

tigt sich mit den seelischen Konflikten.[99] Der Besonnene hat sich im Griff, lässt sich nicht hinreissen, hat sich unter Kontrolle. In jedem anfallenden innerseelischen, motivationalen Konflikt erweist sich der Besonnene als Sieger über sich selbst, als stärker als er selbst, als sich selbst überlegen. Wenn aber infolge einer schlechten Erziehung oder eines schlechten Umgangs das kleinere Bessere von der Menge des Schlechteren überwältigt wird, so wird Zügellosigkeit, d.h. „Selbstunterlegenheit" da sein.[100] Besonnenheit also zeigt ein Mensch, wenn der bessere Teil seiner Seele über den schlechteren Seelenteil die Oberhand gewonnen hat, und wenn der bessere Teil eine dauerhafte Herrschaft über den schlechteren Teil erreicht hat. Besonnenheit hat also mit dem Richtigen zu tun. Dort, wo das Richtige herrscht, herrscht Besonnenheit; dort, wo das Richtige unterlegen ist und beherrscht wird, findet sich Unbesonnenheit und Zügellosigkeit. Besonnenheit zeigt sich auf dem Boden der Seele des Individuums genauso wie am Boden der Polis nur im Gehorsam gegenüber der Vernunft:

> Besonnen nennen wir ihn doch wegen der Freundschaft und des Einklangs dieser Teile, wenn das Herrschende und die beiden Beherrschten sich darüber einig sind, dass dem vernünftig denkenden Teil die Herrschaft gebühre und wenn jede Auflehnung gegen ihn unterbleibt.[101]

Die Besonnenheit ist also nach Platon eine Tugend der Selbstbeherrschung. Diese braucht, wie er schreibt, eine von der Tugend bestimmte Ordnung:

> Die Tugend [...] einer Seele und jegliches Lebenden findet sich nicht so von ungefähr aufs Schönste herzu, sondern durch Ordnung, richtiges Verhalten und durch die Kunst, welche eben einem jeden angewiesen ist.[102]

Die Besonnenheit entspricht also dem Prinzip der Ordnung. Dieses hält die Erde und den Himmel, Gott und die Menschen zusammen.[103] Die Besonnenheit ist die Ordnung der Lust, des Appetites und der Gesundheit der Seele, welche keinen Arzt braucht. In diesem Sinne geht es darum, die Begierden das Ihrige verrichten zu lassen, ebenso wie die Vernunft selbst, die ihnen das Mass der Schönheit vermittelt. Aber wer kann einfach auf Begierde und Lust verzichten? Die Antwort lautet nach Platon: Nur der Philosoph ist wahrheitsgemäss *sôphrôn*, weil nur er fähig ist, auf die Befriedigung von Begierde und auf Lust zu verzichten.[104]

## 1.3.4  Gerechtigkeit

Die „Gerechtigkeit" ist die höchste Tugend sowohl des Staates als auch des einzelnen Menschen und bildet eine Harmonisierung aller Tugenden. Sie ist ein Begriff, der nur in Bezug

---

[99]  Vgl. Ebd., 7.
[100]  Vgl. Rep. 431a-b.
[101]  Ebd., 442d.
[102]  Gorg. 506d.
[103]  Vgl. Ebd., 506d- 508c; North 1966, 29.
[104]  Vgl. Phd. 82c; North 1966, 165.

auf Individuen Sinn macht. Das zeigt sich im Tausch, in welchem zwei Partner gegenseitige Leistungen vereinbaren. Die Tugend, die nach Platon das Wesen der Gerechtigkeit bestimmt, wird im folgenden Lehrsatz Sokrates' beschrieben:

> Ja das war allerdings, mein Glaukon – und darum erwies es sich auch so förderlich – eine Art Bild der Gerechtigkeit, dass der zum Schuster geborene recht tue, wenn er nur schustere und nichts anderes treibe, und der zum Zimmermann Geborene, wenn er nur zimmere und so weiter [...] Alle diese hat er fest verbunden, so dass er nicht mehr eine Vielheit darstellt, sondern völlig Einer geworden ist, besonnen und wohlgeordnet. So erst schreitet er dann zum Handeln, wenn er sich etwas vornimmt, mag es sich um Erwerb von Hab und Gut handeln oder um Körperpflege oder um eine Staatsangelegenheit oder um Privatgeschäfte. In allen diesen Dingen hält und erklärt er nur diejenige Handlung für gerecht und schön, welche dieser grundsätzlichen Gesinnung treu bleibt und an ihr mitwirkt, und für Weisheit nur dasjenige Wissen, das einer solchen Handlung als Wegweiser dient [...].[105]

Sokrates fasst das Ergebnis in einer für ihn typisch metaphorischen Rede zusammen in deren Zentrum die Begriffe der Identität, der Harmonie der inneren Praxis stehen. Diese abschliessende Rede erläutert wie die Ausgangsdefinition von Gerechtigkeit zu verstehen ist: Sie findet ihr Wesen darin, einem Jeden „das Seine" (prosekon oder *suum cuique*) zukommen zu lassen.[106] Das Resultat zeigt aber, dass die Bestimmung dessen, was für Jeden das *Seine* ist, nicht aus einem ökonomischen Prinzip der Güterverteilung abgeleitet werden kann, sondern aus einer Idee von dem, was in einem Jeden das *Suum*, das seine Selbigkeit oder Identität Ausmachende ist. Die Identität wird im Kontext metaphorisch erläutert. Mit der Identität ist eine innere Übereinstimmung der Seele der Einzelnen gemeint. Sie bringt eine innerliche Übereinstimmung zum Ausdruck, die auch Harmonie oder Wohlklang heisst und von einer spezifisch dialektischen Struktur ist. Man kann von einem doppelten „Selbstverständnis" sprechen, welches nicht vorgegeben, sondern gegeben ist und das die Seele jeweils in sich selbst zu finden und zu entwickeln hat. In diesem Sinne spricht Sokrates von einer „inneren Praxis in Betreff seiner Selbst und in betracht des Seinigen",[107] einer Tätigkeit, die man als Quelle und als Bedingung der Möglichkeit für die Errichtung einer auf dem Prinzip der Gerechtigkeit ruhenden Gesellschaft verstehen muss.

Gerechtigkeit, dies ist Platons Grundprinzip, herrscht dann, wenn „jeder das Eigene und Seinige tut".[108] Aber was bedeutet „das Seinige tun"? „Das Eigene und Seinige tun" heisst, das zu tun, was man aufgrund seiner natürlichen Begabungen am besten kann.

---

[105] Rep. 443c-e.
[106] Vgl. Rudolf, 25.
[107] Vgl. Rep. 443d.
[108] Vgl. Ebd., 434a.

Es scheint gerecht zu sein, wenn jeder das Seinige verrichtet. Zum Beispiel ist es eine Art der Gerechtigkeit, wenn ein Schuster nur schustert und nichts anderes treibt, und ein zum Zimmermann Geborener nur zimmert und so weiter. Auch die Seele des Individuums hat nach Platon eine Funktion. Diese ist allgemein die Lebensführung, d.h. das Planen, Lenken und die Fürsorge, damit Gerechtigkeit erreicht werden kann. In diesem Sinne kann man die Gerechtigkeit als Lebensführungstüchtigkeit definieren. Anders gesagt: Gerechtigkeit liegt dann in einem Menschen vor, wenn „jedes Vermögen seiner Seele das Seine tut, was das Herrschen und Beherrschtwerden betrifft".[109] Nun aber wissen wir, dass die wahre Bedeutung der Gerechtigkeit nicht im Bereich der äussern Tätigkeiten liegt, sondern vielmehr im inneren Wirken der Seele des Menschen. Gerechtigkeit herrscht, wenn alle Seelenteile die ihnen zukommende Aufgabe und Tätigkeit im rechten Mass erfüllen.

Kurz, Gerechtigkeit ist nach Platon ein ausgezeichneter innerseelischer Zustand. Platon stellt fest, dass die Seele des Individuums verschiedene Teile hat:

> Wollte nämlich jemand von einem Menschen, der stillsteht, aber seine Hände und seinen Kopf bewegt, behaupten, dass ein und derselbe zugleich stillstehe und sich bewege, so würden wir diese Behauptung nicht als statthaft gelten lassen, sondern nur die, dass ein Teil an ihm stillstehe, der andere dagegen sich bewege.[110]

Sokrates bezeichnet den Teil der Seele, mit dem sie überlegt, als den vernünftig denkenden (das Vernünftige) und den, mit dem sie liebt und hungert und dürstet, als den unvernünftigen und begehrenden Teil (das triebhaft Begehrende). Der Mut ist der dritte Teile der Seele (das muthaft Wollende):

> Entweder lernen wir mit einer unserer Fähigkeiten, ereifern wir uns mit einer anderen, und mit einer dritten wiederum erstreben wir die mit der Nahrung und Zeugung verbundenen Lustgefühle und was dem verwandt ist, oder wir verrichten immer mit der ganzen Seele jede einzelne dieser Tätigkeiten, wenn wir uns dazu angeregt finden.[111]

Später hat Platon diese Seelenarten des Individuums auf den Staat übertragen. Sokrates sagt dazu Folgendes:

> Es wäre doch lächerlich, wenn man annähme, der Mut sei nicht aus den Einzelnen in den Staat eingedrungen, aus solchen nämlich, die tatsächlich in diesem Ruf stehen, wie z.B. die Bevölkerung Thrakiens und Skythiens.[112]

Der Mensch ist nach Platon ein furchtbares Wesen. Wenn er seinen eigenen Trieb nicht einschränkt, kann er immer Konflikte verursachen und gegen seine Mitmenschen ungerecht han-

---

[109] Vgl. Ebd., 443b.
[110] Ebd., 436c.
[111] Ebd., 436a-b.
[112] Vgl. Ebd., 435e.

deln. Um Konfliktlöser zu sein, müssen die Einzelnen sich entwickeln, d.h. sie müssen sich selbst in der Seele erziehen. Diese Erziehung sollte also in den geteilten Teilen der Seele anfangen. Wie man bemerken kann, haben wir es hier mit einer „Selbsterziehungsmethode" zu tun. Das heisst, Gerechtigkeit und Ungerechtigkeit sind nicht äusserliche Sachen, sondern innerliche. Wie wir gesehen haben, haben alle Teile der Seele eine Aufgabe: Diejenige des Vernünftigen in der menschlichen Seele ist es, weise zu werden; ihre Tugend ist die Weisheit. Aufgabe des Mutes ist es, energisch der Vernunft zu gehorchen; seine Tugend ist die Tapferkeit. Wenn jedes Individuum diese „Selbsterziehungsmethode" in seinem Leben zustande bringen würde, würde es nicht nur gegen sich selbst, sondern auch gegen die anderen gerecht handeln und gerecht leben. Dann wird durch diese Selbsterziehung eine innere und äussere Harmonie der Gerechtigkeit erreicht. Zur Erläuterung dieser These entwickelt Platon eine weitere Fassung seines ontologischen und epistemologischen Schichtenmodells. Er beginnt mit der Erinnerung an die Idee. Das „gewöhnlich Verfahren ist [...] dies, das wir für eine jede Gruppe vieler Einzeldinge, die wir mit dem selben Namen belegen, je eine Idee setzen".[113]

## 1.4  Die Idee des Guten

Wie wir oben gesehen haben, hat Platon die Gerechtigkeit als die oberste Tugend bestimmt. Aber Gerechtigkeit allein reicht nicht aus. Es muss noch „Schöneres" und „Besseres" errichtet werden. Was ist dieses „Schönere" und „Bessere"? Es ist die Idee des Guten. Denn ohne Idee des Guten gibt es keine Gerechtigkeit. Nach Sokrates fehlt bei den Tugenden noch etwas, nämlich eine Wissenschaft, welche zur grössten Erkenntnis führt. Sokrates führt das folgendermassen aus:

> Dass die Idee des Guten den höchsten Gegenstand des Wissens darstellt, hast du oft gehört; durch ihre Mitwirkung wird das Gerechte und alles sonstige dieser Art überhaupt erst heilsam und nützlich.[114]

Nur durch das „Mitwirken" der Idee des Guten werden also das Gerechte und alles andere überhaupt erst nützlich und heilsam. Die Kenntnis der Idee der Gerechtigkeit ist also nicht ausreichend, um ein gerechtes Gemeinwesen aufzubauen und zu leiten. Es bedarf zusätzlich der Kenntnis der idea tou agathou[115] (Idee des Guten), um die Gerechtigkeitskenntnis nützlich

---

[113]  Ebd., 596a.
[114]  Rep. 596a.
[115]  Die Idee des Guten wird von Platon in drei Gleichnissen (vgl. Rep. 507c-517c) explizit, wenn auch nicht vollständig behandelt. In der Auslegung des Sonnengleichnisses (vgl. Rep. 508e) dient sie als Bedingung der Möglichkeit von Erkenntnis, Wahrheit und Sein. Im Liniengleichnis (vgl. Rep. 510b) gilt die Idee des Guten sowohl als Bedingung der Erkenntnis der „Voraussetzungen" des Geraden und Ungeraden, als auch der „Voraussetzungen" selber, die eben Formen des Guten sind. In der platonischen Auslegung des Höhlengleichnisses (vgl. Rep. 717c) fungiert die Idee des Guten als Ursache von allem Richtigen und Schönen, indem sie im Sichtbaren das Licht und seinen Herren, die Sonne, erzeugt, im Denkbaren aber selber als Herrin Wahrheit und Geist bewahrt.

und heilsam anwenden zu können. Obwohl die Gerechtigkeit selbst als integrierendes, den drei Tugenden der Weisheit, der Tapferkeit und der Besonnenheit übergeordnetes Konzept eingeführt wird, ist sie doch nicht der höchste Gegenstand im Kosmos des praktischen Wissens. Deswegen muss eine angemessene Erkenntnis der Gerechtigkeit notwendigerweise über sie hinausweisen und ihr Verhältnis zum Guten umfassen. Erkenntnis heisst nach Platon also, die Prinzipien (Ideen) zu erfassen. Platon trennt die Welt in die wahre Welt und die scheinbare Welt. Die wahre Welt ist die Welt der Ideen. Diese Welt, in der wir leben, ist nur ein Bild davon. Alles Vergängliche ist nur ein Gleichnis, nämlich des Ewigen.

Das griechische Wort eidos leitet schon zum Begriff der „Idee" hin. Eine Idee ist eine Form (ein Wesen oder ein Wissen), welche unabhängig von uns existiert. Platon bezeichnet mit Idee das Wesen und die Ursache der Dinge. Die Ideen sind angeborene Begriffe oder ein Wissen, das im Bewusstsein vor und unabhängig von der Erfahrung enthalten ist. Die Ideen sind *Eins* und unteilbar. Diese Einheit und Unteilbarkeit der Idee wurde von Platon im seinem Buch „Euthyphron" entwickelt.[116] Nach Platon sind eigentlich alle Begriffe, wie gerecht, ungerecht, gut, schlecht sie sein mögen, an sich *Eins*. Es gilt nur eine Gerechtigkeit, nicht aber viele. Diese Vielheit haftet nur an den Dingen, die durch die Gemeinschaft, die mit ihnen das Gerechte eingeht, als gerecht erscheinen.[117] Die Verachtung der Idee von den Dingen ist nach Platon ein grosser Irrtum, denn die Erkenntnis ist nicht bei den Dingen, d.h. nicht bei den abgebildeten Formen, sondern bei der Idee. Die Idee selbst ist ein Wissen, das Schauen der Ideen ist waches Leben. Die Idee ist sowohl Objekt (Ziel) als auch Subjekt des Wissens. Über dies ist Idee Ursprung bzw. Ursache der Dinge.

Platon sucht die Ursachen der Dinge in ihrem intelligiblen Urbild, welche er Idee nennt. Ideen sind Urbilder der Realität, nach der die Gegenstände der sichtbaren Welt geformt wurden. Diese Ideen existieren objektiv, d.h. sie sind unabhängig von unserer Gedankenwelt. Wir kennen z.B. unterschiedliche Gestalten von Fliegen, Fischen und Pferden. All diese Einzelwesen „Tiere" lassen darauf schliessen, dass es ein gemeinsames Urbild „Tier" gibt, das allen Tieren gemeinsam ist und ihre Wesensform bestimmt. Sokrates behauptet dasselbe auch für einen gemachten Stuhl:

> Es ergeben sich uns also folgende drei Arten von Stühlen: erstens der in der Natur vorhandene, als dessen Schöpfer uns doch wohl Gott[118] gilt [...] Zweitens derjenige Stuhl, den der Tischler herstellt [...] Drittens derjenige Stuhl,

---

[116] Vgl. Euthphr. 6d.
[117] Rep. 476a
[118] Gott sollte hier nur als Demiurg (Schaffer) verstanden werden. Man sollte dem Wort „Gott" hier nicht allzu viel theologisches Gewicht beilegen, damit ist vielmehr der Schöpfervorgang des Tischlers gemeint (vgl. Rep. 597b).

> den der Maler anfertigt, nicht war? [...] Also Maler, Stuhlmacher, und Gott,
> das sind drei Meister für drei Arten von Stühlen.[119]

Nach dieser Auffassung sind zwei Stühle, jene nämlich, die von Tischler und Maler gemacht worden sind, Abbilder. Nur der Stuhl, welcher vom Schöpfer geschaffen worden ist, ist wirklich und wahrhaft und eine Form. Der Tischler und der Maler haben keine Idee des Stuhls, worunter wir den wirklich existierenden Stuhl verstehen, sondern nur die irgendeines Stuhls. Das Werk eines Tischlers oder eines Malers hat keine vollendete Wahrheit, weil es nicht echt, sondern Nachahmung ist (das Werk des Malers ist eine Nachahmung der Werke der Handwerker). Die Idee des Guten wird sowohl als Quelle der Existenz anderer Ideen als auch als Quelle der Erkenntnis bezeichnet.

Also existieren nicht nur Ideen, sondern auch Sinnesdinge und Schatten. Der Unterschied liegt darin, dass die Ideen omnitemporal (zeitlich gesehen immer ewig und unveränderlich), während die Sinnesdinge transienttemporal (veränderlich und vergänglich) sind.[120] Die Sinnesdinge sind gegenwärtig, die Ideen hingegen sind ewig. Die Sinnesdinge sind etwas mit Dunkelheit Gemischtes und trübe im Vergleich zur Wahrheit.[121] Die Ideen dagegen werden nicht gesehen, sondern gedacht. Denn offensichtlich bilden die Ideen nichts Sichtbares, sondern etwas Denkbares. Dieses unsinnliche Denken nennt Platon „Episteme".[122] Der Begriff deutet von seiner Etymologie her darauf hin, dass sich die Episteme auf das Unbekannte und Stehende richtet, das sich dem Zugriff der Erkenntnis nicht entzieht.[123] Die Erkenntnis (Episteme) ist für Platon eine *Téchne*, die Denkvorgänge auslöst, welche zu Wissen führen.[124] Wie ein Tischler die Idee der Weberlade vor Augen haben muss, wenn er eine Weberlade macht[125] und wie der Handwerker die Idee des Tisches vor Augen hat, so hat der königliche Philosoph das Muster des Guten (Echten) vor sich,[126] wenn er das Gutartige, z.B. etwas Gerechtes verwirklicht. Man muss also ein Muster der Gerechtigkeit haben.[127] Erkenntnis und Wahrheit gelten bei Platon als gutartig oder boniform.[128] Wahrheit ist für Platon nicht ein Sein, welches erkannt, sondern auch ein Wert, der geliebt wird. Was geliebt wird, wird auch gewertet. Das Bewusste und die Ideen sind das positiv Gewertete, weil sie das Omnitemporale sind. Das Nichtbewusste und nur Gemeinte, die Sinnesphänomene hingegen, sind das nega-

---

[119] Rep. 597b.
[120] Vgl. Ebd., 516c-d.
[121] Vgl. Ebd., 508c-514a-517a.
[122] Vgl. Ebd., 477b.
[123] Vgl. Krat. 437a.
[124] Vgl. Prot. 352b-d.
[125] Vgl. Krat. 389b.
[126] Vgl. Rep. 540a.
[127] Vgl. Ebd., 472c-d.
[128] Vgl. Ebd., 509a.

tiv Gewertete, weil sie das Transienttemporale sind. Die Idee des Guten ist der Schlüsselbeg-
riff der Gleichnisfolge. Die Gleichnisfolge handelt von der Erziehung künftiger Führer eines
guten (idealen) Staates. Das Ziel Platons ist nicht nur die Idee des Guten zu erreichen, sondern sie für das Leben nützlich zu machen. Es geht hier um die Nützlichkeit der Ideen im
praktischen Leben. Wie wir im Höhlengleichnis sehen werden, steigt ein gefangener Höhlenmensch nach oben, um die Wirklichkeit der Welt zu sehen. Aber er bleibt nicht dort, sondern
kehrt in die Höhle zurück, um sein Wissen, das er im Bereich der denkbaren Welt erfahren
hat, an die Höhlenmenschen weiterzugeben.[129]

Aus der Existenz der Idee des Guten, welche ewig und unveränderlich ist, folgt, dass es immer gültige, objektive ethische Werte gibt. Sie begründen zwischen Denken und Sein nicht
nur materiale Werte, sondern auch sittlich richtiges Handeln, das nach Platon ebenfalls auf ein
Wissen der Ideen beruht. Im platonischen Sinne fungieren die Ideen des Guten auch als ein
politisches Prinzip. In diesem Sinne ist die Kenntnis der Idee des Guten eine notwendige und
hinreichende Bedingung für moralisch richtiges Handeln. Wer die Idee des Guten kennt, ist
selbst gut. So ist (auch) ein Individuum dann gut und weise, wenn es die Idee des Guten in
seinem Leben praktisch umsetzt. Um ein besseres Verständnis über die Idee des Guten erreichen zu können, wird diese nach der Darstellung des Sonnen- und Höhlengleichnisses erörtert.

## 1.4.1 Das Sonnengleichnis

Platon erklärt im Sonnengleichnis, dass Gesichtssinn und die sichtbaren Dinge an sich nicht
genügend sind, um uns eine Erkenntnis zu vermitteln. Deswegen bedarf es eines Dritten zwischen dem Sichtbaren und dem Gesichtssinn. Dieses Dritte ist das Licht (z.B. Sonne), welches
Gesicht und Sichtbares verbindet.[130] Die Stellung des Guten innerhalb des Denkbaren wird
mit der Sonne im Bereich des Sichtbaren verglichen. Die Sonne verleiht den Dingen Sichtbarkeit und dem Auge Sehkraft, während das Licht als Medium zwischen beiden vermittelt.[131]
Platon stellt im Sonnengleichnis dar, dass der Mensch nur im Lichte des Guten das Sein zu
erkennen vermag:

> Das also, was dem Erkannten Wahrheit verleiht und dem Erkennenden die
> Kraft zum Erkennen gibt, ist [...] die Idee des Guten. Betrachte sie als die
> Ursache der Erkenntnis und Wahrheit, soweit die letztere erkannt wird.[132]

---

[129]  Vgl. Ebd, 520a.
[130]  Vgl. Rep. 507a-b.
[131]  Vgl. Ebd., 509b.
[132]  Ebd., 508e.

Die Sonne ist also nicht nur epistemologische, sondern auch ontologische Ermöglichungs-Bedingung. Ohne sie würde nicht nur alles in der Finsternis versinken, sondern auch unter leblosem Eis begraben sein. Die Sonne verleiht Sichtbarkeit, aber die Idee des Guten verleiht *Sein*, Erkennbarkeit und Erkenntnis.

Wie das Sonnengleichnis uns deutlich zeigt, können wir ohne Sonne die Gegenstände der sichtbaren Welt nicht erkennen. Was wir in Bezug auf die Sonne gesagt haben, können wir auch auf die Idee des Guten anwenden. Sie ist wie die Sonne und ohne sie sind wir blind und ahnungslos. Denn man kann die Ideen nicht sehen, sondern nur denkend erfassen. Platon ist der Meinung, dass nicht jeder im Stande ist, diese Idee des Guten zu vollziehen. Um zur Erkenntnis der Ideen zu gelangen, muss eine Umlenkung, eine Befreiung des Denkens (Höhlengleichnis) stattfinden, ein Übergang von den Sinneswahrnehmungen zur Erkenntnis.

## 1.4.2 Das Höhlengleichnis

Täglich sehen wir im Fernsehen Landschaften, Tiere, Menschen und Konsumgüter. Wir hören Nachrichten, Berichte und Werbeslogans. Die meisten von uns gehen davon aus, dass das, was sie sehen und hören, wirklich sei. Was ist überhaupt wirklich? Ist das, was wir sehen und hören wirklich?

Wir haben erwähnt, dass die Idee des Guten der vornehmste Gegenstand des Wissens ist. Sie ist die disziplinierteste und reifste Gestalt des menschlichen Wissens. Die platonischen Gleichnisse versuchen die Bedeutung der Idee des Guten für das menschliche Wissen und das menschliche Leben zu veranschaulichen. Im Höhlengleichnis wird die Idee des Guten durch die Sonne symbolisiert. Die Funktion der Sonne im Reich des Seienden und des Erkennbaren wird zu der Funktion der Idee des Guten im Reich des Individuellen und öffentlichen Handelns in Beziehung gesetzt.[133]

Nach dem Höhlengleichnis wohnen wir Menschen in einer Höhle. Mit Sokrates Worten:

> Stelle dir Menschen vor in einer unterirdischen, höhlenartigen Wohnstätte mit lang nach aufwärts gestrecktem Eingang, entsprechend der Ausdehnung der Höhle. Von Kind auf sind sie in dieser festgebannt mit Fesseln an Schenkeln und Hals; sie bleiben also immer an der nämlichen Stelle und sehen nur geradeaus vor sich hin, denn durch die Fesseln werden sie gehindert, ihren Kopf herumzubewegen. Von oben her aber aus der Ferne leuchtet hinter ihnen das Licht eines Feuers. Zwischen dem Feuer aber und den Gefesselten läuft oben ein Weg hin, dem entlang eine niedrige Mauer errichtet ist ähnlich der Schranke, die die Puppenspieler vor den Zuschauern errichten, um über sie weg ihre Kunststücke zu zeigen [...] Längs dieser Mauer [...] tragen Menschen allerlei Geräte vorbei, die über die Mauer hinausragen, Statuen verschiedenster Art aus Stein und Holz von Menschen und anderen

---

[133] Vgl. Kersting 1999, 224.

Lebewesen, wobei, wie begreiflich, die Vorübertragenden teils reden, teils schweigen.[134]

Wir Gefangenen aber sehen von uns selbst, von einander und von dem, was hinter uns vorbei getragen wird, nichts anderes als die Schatten, welche das Feuer auf die uns gegenüberliegende Wand der Höhle wirft. Diese Schatten nun halten wir für wirklich. Auch die Stimmen, die wir von den Vorübergehenden hören, schreiben wir den Schatten zu. Wir sehen also nicht nur nichts von der Sonne Erleuchtetes, sondern auch kein Licht, weder das des Feuers noch das der Sonne. „Sonderbare Gefangene"[135] nennt Glaukon diese Höhlen-Menschen. Darauf antwortet Sokrates: „uns ganz ähnliche".[136] Das Leben in der Höhle repräsentiert einmal die Welt unserer sinnlichen Wahrnehmung, aber auch die Welt der faktisch politischen Institutionen. Es ist eine Welt, welche die platonische Idee der Gerechtigkeit nicht kennt, also eine ungerechte Welt. Diese Welt ist deshalb ungerecht, weil sie diejenigen, die aus der oberen Welt wieder hinabsteigen, umbringt. Platon spielt damit auf das Schicksal von Sokrates an. Er ist von den Menschen zum Tode verurteilt worden, die nicht wissen, was Gerechtigkeit ist.

Das Gleichnis handelt offenbar von uns. Platon bedient sich einer Verfremdung unserer menschlichen Situation, damit wir uns über sie wundern. Meistens leben wir nicht nur in einer falschen Vertrautheit mit der Welt, sondern auch mit uns selbst. Wir wundern uns über aussergewöhnliche menschliche Situationen. Wir wundern uns aber nicht über unsere gewöhnliche, menschliche Situation. Diese letztere fällt uns nicht mehr auf. Insofern sind wir uns nicht die Nächsten, sondern die Fernsten. Wir selbst sind es doch, die hier gemeint sind. Wir sehen nur Schatten, aber nicht die Dinge selbst. Wir befinden uns von Geburt an in dieser Lage, aber uns fällt es gar nicht ein, uns unfrei und gefesselt vorzukommen. Was uns Platon mit seinem Höhlengleichnis liefert, ist wohl in der menschlichen Geistesgeschichte die erste Darstellung eines falschen Bewusstseins, welches sich nicht gelegentlich, sondern konstitutionell irrt. Es ist ein Irrtum, Schein für Sein zu halten, den gesehenen Schein für gesehenes Sein, den erkannten Schein für erkanntes Sein und die Benennung von Schein für eine Benennung von Sein. Platon trennt nicht nur zwischen Schein und Sein; er trennt zusätzlich noch zwischen künstlichem und lebendigem, hergestelltem und wirklich authentischem Seienden. Die Menschen verkennen die Wirklichkeit; sie meinen, dass sie mit der Welt und ihren Dingen vertraut seien, aber in Wahrheit ist ihnen die Welt fremd. Auch sich selbst kennt der Mensch nicht besser. Mit sich selbst ist er keinesfalls vertrauter als mit den Dingen. Damit uns das Gewöhnliche unserer menschlichen Lage bewusst wird, brauchen wir eine aussergewöhnliche

---

[134] Rep. 514a-b-c.
[135] Vgl. Ebd., 515a.
[136] Vgl. Rep. 515a.

philosophische Kenntnis, welche Platon die Idee des Guten nennt. Die Kenntnis der Idee des Guten ist Voraussetzung dafür, im eigenen oder im öffentlichen Leben vernünftig und moralisch richtig handeln zu können.

Das platonische Höhlengleichnis hat auch eine ethische Dimension: Die Höhlenmenschen sehen eben nur Kopien von artifiziellen Mustern, deshalb werden sie Unrecht tun. Man kann davon ausgehen, dass Nichtswissen Nichtstun heisst. In diesem Sinne sind Höhlemenschen nicht nur physikalisch, sondern auch geistig in der Dunkelheit der Unwissenheit. Weil die Höhlenmenschen nur die unterste Stufe des Gerechten *sehen*, handeln sie auch ungerecht.

Auf der ersten Stufe wohnt der Höhlenmensch gefesselt in der Höhlenwohnung und hält seinen Kopf unbeweglich.[137] Auf der zweiten Stufe sieht der von den Fesseln Gelöste, zum Aufstehen, den Nacken zu drehen und gegen das Licht zu sehen Gezwungene die Dinge, von denen er vorher nur die Schatten sah.[138] Er ist jetzt dem Seienden näher und dem ‚mehr Seienden' zugewandt.[139] Auf der dritten Stufe sieht der Höhlenmensch in das Licht selbst, womit ohne Zweifel das Höhlenfeuer gemeint ist.[140] Auf der vierten Stufe wird er durch den unwegsamen und steilen Aufgang geschleppt und an das Licht der Sonne gebracht.[141] Auf der fünften Stufe erkennt er die Originale, zudem sieht er die Sonne selbst. Dann wird er schon herausfinden, dass sie es ist, die alle Zeiten und Jahre schafft und alles im sichtbaren Raum ordnet und auch von dem, was er dort sah, gewissermassen die Ursache ist.

Das Höhlengleichnis umfasst einen Sozialkonflikt. Es zeigt, dass die Menschen in der Höhle unbewusst leben. Es ist gleich wie der Gesichtssinn, von dem man auch nur ein scheinbares Wissen erhält, welches durch Schatten erworben wird. Wegen ihrem scheinbaren Wissen kennen sie die wirkliche Welt, insbesondere die Idee des Guten nicht. Die Idee des Guten zu kennen heisst, bessere Lebensformen zu haben. Ein Philosoph kann nur gute Gesetze für sich selbst und für die Polis machen, weil er sich am besten kennt.

Der hinabsteigende Philosoph wird tausendmal besser sehen als die Leute dort, wenn er sich an das Dunkle und die Schattenbilder dort unten gewöhnt hat und alle besonderen Bilder erkennt und weiss, woher sie kommen und was sie bedeuten, weil er das Wahre im Bereich des Schönen, Richtigen und Vortrefflichen gesehen hat.[142] Die Frage ist: warum will der Philosoph in die Höhle zurückkehren? Der Philosoph steigt hinab um durch sein erworbenes Wissen Konflikte zu beseitigen, welche zwischen dem abgestiegenen und dem Höhlenmenschen

---

137 Vgl. Ebd., 514a-515a.
138 Vgl. Rep. 515c-d.
139 Vgl. Ebd., 515d.
140 Vgl. Ebd., 515e.
141 Vgl. Ebd., 515e-b; 516a.
142 Vgl. Ebd., 515e-b; 516a.

existieren. Der hinabsteigende Philosoph muss sein Wissen in der Höhle in die Tat umsetzen, denn es sollte nicht Theorie bleiben, sondern gebraucht werden und nützlich sein. Obwohl der Philosoph mit der Rückkehr in die Höhle sein Leben riskiert, muss er dorthin gehen, da es um die Rettung dieser Höhlenmenschen geht. Wenn diese den Philosophen „irgendwie in ihre Hand bekommen und umbringen könnten, so würden sie solches ohne Zögern auch tun". Der Philosoph will mit seiner Rückkehr in die Höhle autonome Denken aktivieren, damit die Höhlenmenschen sich befreien können. So bringt der Aufstieg eine fortschreitende Enthüllung der Wirklichkeit und steigert auch deren Erkenntnis der Wirklichkeit.

Die Aufgabe ist klar: der Philosoph versucht das, was er gesehen hat, „in das persönliche und staatliche Leben der Menschen einzupflanzen".[143] Dafür braucht man eine speziell angeborene philosophische Natur. Denn nur eine philosophische Natur kann sich aus der Gebundenheit der Welt des Scheins, d.h. aus der Welt der Meinungen befreien.

Im vierten Buch der Politieia folgt eine Darstellung der Erziehung der Wächter, ihrer Aufgabe und ihrer gesellschaftlichen Rolle.

## 1.5  Die Wächter als konfliktlösende Wesen in der Polis

Die moderne Psychiatrie lehrt uns, dass der „normale" Mensch in Wirklichkeit nicht existiert. Der normale Mensch wird so zu einem Ziel für die Heilkunde, welche die Annährerung für den wirklichen Menschen anstrebt, der mehr oder weniger weit von diesem Ziel entfernt ist. Jemand, für den die Heilkunde kein erstrebenswertes Ziel ist und der sich für die Probleme der Gesellschaft nicht interessiert, kann sowohl für sich selbst als auch für die Gesellschaft nur unnütz und sogar sehr schädlich sein, genau so wie es die Gefangenen in der Höhle sind.

Auch Platon geht von einem normalen Zustand der Polis und des einzelnen Menschen aus. Die Gerechtigkeit ist zugleich die natürliche Gesundheit in der Struktur des Einzelnen wie in der Polis selber. Gerechtigkeit, das war Platons Grundprinzip, herrscht dann, wenn jeder „das Eigene und Seinige" tut.[144] Das „Eigene und Seinige" zu tun heisst zum einen das zu tun, was man aufgrund seiner natürlichen Begabungen am besten kann; und es heisst zum anderen, nur das zu tun, was man kann. Gerechtigkeit ist ein Kooperationssystem von Spezialisten (wie z.B. Wächter), die sich jeweils zum Nutzen des Ganzen auf ihre natürlichen Fähigkeiten konzentrieren und beschränken.

---

[143]  Ebd., 500d.
[144]  Vgl. Rep. 500d.

Das platonische Sozialmodell basiert auf drei Prinzipien: Das erste ist das *Prinzip der natürlichen Begabungsungleichheit*,[145] das zweite das *Prinzip der Kompetenz*. Jemand kann in Platons Staat nur dann ein Wächter werden, d.h. er kann nur dann ein Amt in Verwaltung, Polizei, Armee und Regierung erhalten, wenn er die erforderliche natürliche Kompetenz und Eignung besitzt. Das dritte ist das *Prinzip der Konzentration*. Nach diesen Prinzipien muss festgestellt werden, wozu jemand von Natur aus geeignet ist, welchem Ausbildungs- und Qualifikationsgang er zuzuordnen ist. Platon geht von der richtigen Beschaffenheit des einzelnen Menschen, wie z.B. des Arztes und des Wächters, und der richtigen Beschaffenheit der Menschengemeinschaft aus. Soweit es sich um das Idealbild der richtigen Beschaffenheit handelt, wird sich ein richtig beschaffener Mann von einer richtig beschaffenen Gesellschaft gar nicht unterscheiden. Um eine richtige und gerechte Gesellschaft zu stiften, muss man sich zuerst mit dem „Seinigen" beschäftigen, damit nicht nur die Gerechtigkeit hergestellt wird, sondern auch Konflikte in der Gesellschaft vermieden werden. Um diese Konflikte zu vermeiden, teilt Platon seine Polis in drei Klassen ein: Die Klasse der Erwerbstätigen (Handwerker, Bauern und Kaufleute), die Klasse der Krieger (Wächter) und die Klasse der Herrscher (Philosophenkönige). Jede Klasse hat ihre spezifische Macht, bedarf aber gleichzeitig der Hilfe anderer Klassen: Die Wächter haben z.B. politische Macht, aber sie dürfen „keinen eigenen Besitz haben".[146] Die Wächter brauchen Hilfe von den Handwerkern und Bauern, weil sie sonst nichts zum Leben haben. Diese Klassenteilung etabliert die Gerechtigkeit in der Polis. Je grösser nun die Polis wird und je mehr Berufe entstehen, desto mehr werden Leute da sein müssen, deren Beruf es ist, darüber zu wachen, dass „jeder das Seinige tut und erhält". In der Gemeinschaft entsteht neben dem Frieden auch Streit, weil Nahrung, Reichtum, Armut und Neid übergreifendes Unrecht hervorrufen. Er herrscht nicht nur zwischen den Städten untereinander, sondern auch zwischen den einzelnen Dörfern, Häusern und den Menschen selbst. Es entsteht ein Bedarf, die „Konflikte" zwischen den Menschen zu verhindern. Deshalb wählt man durch Weisheit ausgezeichnete Männer (Wächter), die den Streit schlichten und das Richtige und Geltende festsetzen sollen.[147] Nach Platon sind es die Wächter, welche zur grössten Erkenntnis gelangen können und für die Leitung der Polis fähig sind.

Die Wächter müssen die politischen Entscheidungen aufgrund der Erkenntnis der Idee und besonders der Idee des Guten treffen. Wie steht es aber nun mit dem Zusammenspiel von Begabung, Ausbildung und Lebensweise der Wächter? Welche Begabung muss die Natur dem

---

[145]   Dazu gibt es zwei Thesen: Die erste definiert, dass die Talente, Begabungen und Grundfertigkeiten natürlichen Ursprungs sind; Die zweite besagt, dass die natürliche Eigenschaftsverteilung ungleich ist (vgl. Kersting 1999, 90).

[146]   Vgl. Rep. 500d.

[147]   Vgl. Krit. 109cd; Rep. 372b-373d.

Wächter mitgeben? Wie ist der von der Natur zum Wächter Begabte auszubilden und zu erziehen? Auf welche Weise muss er leben, damit er ein zuverlässiger Wächter zu sein verspricht? Beginnen wir mit der ersten Frage: Was ist eine natürliche Wächterbegabung?

## 1.5.1 Die Natur des Wächters

Die Wächter sind Krieger. Bei der Auswahl der Krieger, welche die ‚Besten' sein sollen, muss zuerst ihre Natur in Betracht gezogen werden. Diese Natur soll folgende Qualitäten aufweisen: Schnelligkeit und Kraft, Angrifflust, aber auch die Freude daran, Philosophie zu lernen und zu betreiben.[148] Sokrates vergleicht in der Politeia die Natur eines Wächters mit der Natur eines Hundes. So sagt Sokrates:

> Dass das edler Hunde Art ist, von Natur gegen Hausgenossen und Bekannte
> so sanft zu sein wie nur möglich, gegen Unbekannte aber ganz das Gegenteil.[149]

Jeder weiss, welche Naturanlagen ein Hund besitzen muss, damit er ein guter Wachhund werden kann. Er muss edel sein und einen guten Stammbaum haben. Durch diese Eigenschaften wird er herausgehoben aus der grossen Menge der Hunde. Nicht viel anders verhält es sich bei den menschlichen Wächtern. Sie sind nicht irgendwelche Bürger, sie sind die Wachhunde des Gemeinwesens, von besonderer Art, von Natur aus ausgezeichnet für diese Tätigkeit. Damit sie gute Wächter werden können, müssen sie ähnliche Naturanlagen besitzen wie sie ein guter Wachhund hat. Der Wächter ist ein politischer Wachhund, der die Menschenherde gegen äussere Feinde verteidigt und im Inneren zusammenhält. Was zeichnet nun einen guten Wächter aus? Hinsichtlich seiner körperlichen Beschaffenheit ein „scharfes Wahrnehmungsvermögen", „Behändigkeit" und „Stärke" und hinsichtlich seiner seelischen Beschaffenheit „Beherztheit".[150] „Beherztheit" ist nach Wolfgang Kersting die gelungene Apeltsche Übersetzung des für die Staats- und Seelenkonzeption Platons so wichtigen Begriffs *thymos*. Andere Übersetzungen sprechen von „Eifer", „Zorn" und „Mut".[151] Wenn jemand beherzt ist, also ein Herz besitzt, dann zeigt er Moral, Tatkraft, Durchhaltewillen, Stehvermögen, Beharrlichkeit und leidenschaftliche Einsatzbereitschaft. Dann zeigt er, dass er Mut hat. Aber Tapferkeit an sich ist nicht ausreichend. Ein Wachhund muss auch von sanfter Natur sein; er muss beides in sich vereinen, Tapferkeit und Sanftmütigkeit. Denn ein Wachhund, der den Hirten anfällt und die eigenen Tiere frisst, nützt nichts und ist gefährlich. Es muss sichergestellt sein, dass er seine Fähigkeiten nur zum Schutz der Herde einsetzt, dass seine Aggressivität, seine überle-

---

[148] Vgl. Canto-Sperber 1997, 98ff.
[149] Rep. 375e.
[150] Vgl. Rep. 375a.
[151] Vgl. Kersting 1999, 96.

gene Körperkraft und Kampftüchtigkeit sich nur gegen den äussern Feind richtet und seine Schutzbefohlenen nicht bedroht. Der Wachhund muss sich tapfer dem äusseren Angreifer stellen und ihn verjagen, aber der Herde und dem Hirten gegenüber sanftmütig und gehorsam sein. Nur wer Tapferkeit und Sanftmütigkeit in sich vereint, kann ein guter Wachhund sein. Dies genügt aber nicht, um ein guter Wächter zu werden. Sokrates besteht auch darauf, dass ein guter Wächter neben einer guten körperlichen Verfassung und einer angemessenen Mischung aus Sanftmütigkeit und aus angriffslustiger Tapferkeit auch eine philosophische Naturanlage besitzen solle.[152] Eine philosophische Natur zu haben heisst, eine tiefere Erkenntnis zu erreichen im Sinne des ewigen Strebens. Ein solcher Mensch kann nicht nur die Idee des Guten kennen, sondern auch die Gerechtigkeit als „Idealbild in seiner Seele" tragen.[153] Der Wächter, der eine philosophische Naturanlage besitzen muss, muss eben diese Eigenschaften in herausragender Weise besitzen. Dazu gehören eine auf Vollständigkeit und Genauigkeit zielende Erkenntnis und eine Unbeirrbarkeit durch den Lauf der Zeit und das Auf und Ab der Dinge, aber auch Gedächtnisstärke.[154] Weiterhin muss ein solcher Wächter-Philosoph natürlich einen lauteren Charakter besitzen und in all seinen Handlungen von Wahrheitsliebe durchdrungen sein. Ebenfalls wird er „besonnen" sein müssen und „jeder Gewinnsucht abhold". Auch jede „niedrige Sinnesart", jede „Kleinlichkeit" wird ihm fremd sein.[155] Anders gesagt. Der Wächter-Philosoph ist ein Mustermensch, ein Mann der Tugend, ein charakterliches Vorbild. Er erscheint als eine ethische Exzellenz. Seine Leidenschaften dienen der Wissbegierde, der Wahrheitsliebe und der Gerechtigkeit, sein Temperament ist gemässigt, beherrscht. Er ist so vollkommen, dass selbst „der Tadel daran nichts tadeln könnte".[156]

Wie wir gesehen haben, bedarf der Wächter einer Ausbildung, obwohl er von Natur aus fähig ist, ein Führer zu werden. Wie aber, so fragt Sokrates weiter, sollen diese Wächter nun erzogen und gebildet werden? Damit die Naturanlage sich optimal entfalten kann, muss sie durch eine ausgeklügelte Erziehung entwickelt werden.

## 1.5.2  Die Erziehung der Wächter

In seinem pädagogischen Roman „Erziehung des Kyros" nennt Xenophon drei Bedingungen, die einen guten Herrscher ausmachen: Die Abstammung, die natürliche Anlage und die Er-

---

[152]  Vgl. Rep. 376b.
[153]  Vgl. Ebd., 484c.
[154]  Vgl. Ebd., 486d.
[155]  Vgl. Ebd., 485e.
[156]  Vgl. Ebd., 487a.

ziehung.[157] Diese drei Bedingungen wurden von Platon ins Leben gerufen, d.h. man findet sie auch in Platons Erziehung.

Gute Pflanzen müssen einen besonders guten Boden haben. Eine gute Naturanlage, welcher die entsprechende Erziehung fehlt, pflegt ins Gegenteil umzuschlagen. So wird aus der königlichen Natur der grösste Verbrecher, ein Tyrann, der nur auf den eigenen Vorteil bedacht ist. Je grösser die Arbeitsaufgabe der Wächter ist, umso mehr bedürfen sie der sorgfältigsten Ausbildung und umso freier müssen sie sein von den geringeren technischen Arbeiten und von störenden und schädlichen Einflüssen.[158] Für die angehenden Wächter soll eine Sondererziehung und eine Erziehungsgemeinschaft geschaffen werden.

Wir haben schon oben erwähnt, dass die Natur den Wächter mit dreierlei ausgestattet hat: Mit guten körperlichen Eigenschaften, mit Mut und mit Wissbegierde. Die Erziehung muss folglich dreifach aufgebaut sein. Einer jeden Naturanlage muss die ihr angemessene Bildung und Kultivierung widerfahren. Die guten körperlichen Eigenschaften müssen zur körperlichen Tüchtigkeit ausgeformt werden. Die Neigung zur Tapferkeit, zur Unverzagtheit und zur mutigen Einsatzbereitschaft muss den Bedürfnissen der Gesellschaft entgegenkommend entwickelt und gefestigt werden. Die Wissbegierde muss zielgerichtet angestachelt, wissenschaftlich diszipliniert und systematisch geleitet werden. Mit anderen Worten: Es bedarf einer gymnastischen *Erziehung des Körpers*, einer charakter-ethischen *Erziehung des Mutes* und einer kognitiv-wissenschaftlichen *Erziehung des Verstandes und der Vernunft*. Warum sollte eine planmässige Erziehung, wie es sie bei Pferden und Hunden gibt, nicht auch bei Menschen möglich sein, um das Unedle auszuscheiden?

Die musische und die gymnastische Erziehung ist nach Platons Politeia die Grundausbildung der Wächter. Nach ihm dient die Gymnastik der Erziehung des Körpers und die „Musik" der des Geistes.[159] Während man durch eine gymnastische Erziehung *eine gute körperliche Verfassung* (eine angemessene Lebensweise: die Ertüchtigung des Körpers und die Zucht der Begehrlichkeit) erreicht, erreicht man durch die musische Erziehung eine *affektive Verfassung der Seele* (die Kultivierung des thymos).

## 1.5.3  Die Musische Wächtererziehung

Es muss zuerst erläutert werden, was die Griechen unter „mousik" (*Musik*)[160] verstanden haben. Der griechische Ausdruck „mousik" bezeichnet alle künstlerischen Tätigkeiten, welche

---

[157]  Vgl. Burckhardt [1913] 1981, 58.
[158]  Vgl. Rep. 374e.
[159]  Vgl. Rep. 376c.
[160]  Musik bezeichnet im weiten Sinne die gesamten freien Künste, denen die Musen vorstehen, (einschliesslich Philosophie) und die Erziehung des Geistes (vgl. Rep. 409d-412e).

auf die Musen zurückgehen, d.h. nicht nur die Rede in Versen, sondern auch die Melodie und den Tanz. Im Athen des 5. Jahrhunderts wurden die Werke der Dichter gesungen und von Tanz begleitet. Auch das platonische Wort „mousik" steht für die Musik, die Dichtung und den Gesang.[161] Ihr Rhythmus und Einklang übertragen die verbale Mitteilung der Seele. Mit Sokrates' Worten:

> Beruht nun nicht eben [...] das wichtigste in der Erziehung auf der Musik, weil Zeitmass und Wohlklang am meisten in das Innere der Seele eindringen und sich ihr auf das kräftigste einprägen, indem sie Wohlanständigkeit mit sich führen und also auch wohlanständig machen, wenn einer richtig erzogen wird, wenn aber nicht, dann das Gegenteil?[162]

Die Musik ist für die Seele entscheidend, weil ihre Wirkung für die Harmonie der Seele eine beachtliche Rolle spielt. Sokrates erinnert daran, dass „die Melodie (oder der Gesang: *melos*) aus drei Elementen besteht: Der Rede (*logou*), der Harmonie (oder Melodieführung: *harmonias*) und dem Rhythmus (*rhytmou*)".[163]

Sokrates' Darstellung der Erziehung der Wächter beginnt zuerst mit der musischen, der seelenformenden Erziehung, denn „mit den Märchen kommen wir den Kindern früher als mit der Gymnastik".[164] Die musische Erziehung hat aber zwei Seiten: sie ist entweder wahr oder falsch. So sind z.B. Märchen, welche wir den Kindern erzählen, in Wirklichkeit unwahr. Um diese unwahren Märchen (falsche Lieder, Gedichte und Erzählungen) vom Leben der Kinder fern zu halten, muss die musische Erziehung der Wächter bereits in der Kinderstube beginnen. Denn man kann es, so Sokrates, „nicht zulassen, dass die Kinder beliebige Märchen anhören, wie sie der erste beste ersinnt, und dass sie so in ihre Seele Ansichten aufnehmen, die vielfach in Widerspruch stehen mit denen, die sie in reiferen Jahren unserer Meinung nach haben sollen".[165]

Schlecht sind nach Sokrates' Überzeugung nahezu alle der „jetzt geläufigen Märchen" vor allem die, welche Hesiod und Homer uns erzählt haben. Diese sind nach Sokrates „Lügen-Märchen".[166] Diese unwahren Märchen dürfen in einem gerechten und um den Bestand seiner Gerechtigkeit besorgten Gemeinwesen nicht erzählt werden, denn sie üben einen verhängnisvollen Einfluss aus. Sie bringen die Kinder auf einen falschen Lebensweg, den sie nie mehr verlassen können. Sokrates ist der Meinung, dass solche falschen Erzählungen im Haus, in der Familie und in der Gesellschaft Gewaltdarstellungen hervorbringen. Gewaltdarstellungen ma-

---

[161]  Vgl. Burnyeat 1997, 222.
[162]  Rep. 401d; Burnyeat 1997, 218.
[163]  Vgl. Ebd., 398c-d; Canto-Sperber 1997, 99ff.
[164]  Ebd., 377a.
[165]  Ebd., 377b.
[166]  Ebd., 377d.

chen die Kinder gewalttätig, Darstellungen blutiger Familienfehden machen unfreundlich und streitlustig und verhindern die Ausbildung von Gemeinsinn und politischer Solidarität. Sie unterhöhlen allen sozialen Zusammenhalt. Es geht hier um die seelische Wirklichkeit. In der Wirklichkeit der Seele wird das Vorbild der Erzählung nachgebildet, die Seele imitiert die Darstellung, nimmt Gewalt und Hass, Laster und Streit in sich auf und wird gewalttätig und hässlich, lasterhaft und streitsüchtig. Solche irreführenden Erzählungen formen die Seelen nach ihrem Bilde. Insbesondere auf die nachgiebige und formbare Seele der Jungen nehmen sie Einfluss. Die in dieser Zeit der frühen Prägung erhaltenen Eindrücke bleiben ein Leben lang haften und wirksam. Denn das Leben ist eine Einheit und die Seele ist ihr einheitsstiftendes Element. Wenn die Seele von äusserlichen Episoden wie unwahren Erzählungen geprägt wird, wird diese Einheit des Lebens zerstört. Aus diesem Grund darf man sie, so sagt Sokrates, „in seinem Staat nicht erzählen".[167] Nachdem unwahre Erzählungen aus dem Staat „gestrichen" worden sind, fragte Adeimantos Sokrates, „aber nun wenn man uns weiter fragte, wie es mit dieser Sache bestellt sei und welche Erzählungen das seien, welche würden wir dann angeben".[168]

„Mein Adeimantos", so sagt Sokrates, „wir sind [...] nicht Dichter, sondern Gründer eines Staates". Den Staatsgründern obliegt es „die Grundsätze zu kennen, die für die Darstellung der Dichter massgebend sein sollen und von welchen sie nicht abweichen dürfen", [...] „so muss sie auch immer dargestellt werden, mag einer im Epos von ihm dichten oder in Liedern oder in Tragödie[n]".[169] Es ist eine völlig neue Vorstellung der Gottheit, die Platon hier entwickelt. Der Gerechtigkeitsstaat benötigt ein neues Gottesbild, d.h. Gott ist das Gute und das Gute bringt nur Gutes hervor. Gott ist moralisch vollkommen, ein ungetrübtes Vorbild für das menschliche Leben und Gegenstand von Verehrung und Bewunderung. Mit Göttern, die wie Menschen täuschen und lügen, freveln und morden, die zu allem fähig sind und denen alles zuzutrauen ist, kann man keinen gerechten Staat bilden. Solche Götter taugen nicht als pädagogische Leitsterne einer ethischen Erziehung. Die Dichter müssen angewiesen werden von allen bösartigen Verzerrungen des Göttlichen abzulassen und die in den gängigen Mythen durchwegs vorherrschende, „grundverkehrte Vorstellung von den Göttern" zu revidieren. Die Politik muss darauf dringen, dass die Dichtung die wahre Natur Gottes zur Darstellung bringt. In Platons moralischer Theologie wird das Verhältnis zwischen Menschenwelt und Götterwelt neu bestimmt, und Erzählungen, in denen die Götter Menschen täuschen und betrügen, ihnen das Leben schwer machen und Wunden nicht heilen, können nicht mehr geduldet werden. In

---

[167] Rep. Ebd., 378b.
[168] Ebd., 378e.
[169] Ebd., 379a.

diesem Sinne wurden neben der *Theogonia* Hesiods also auch Homers *Illias* und *Odyssee* von der Literaturliste der Wächter gestrichen.

## 1.5.4 Die Todesfurcht

Nachdem die Grundsätze einer ethisch-politisch zuträglichen Gottesdarstellung gewonnen wurden, wendet sich Sokrates den furchterregenden Vorstellungen vom Tod zu. Die Todesfurcht stellt nach Sokrates eine grosse Gefahr für die Entwicklung der Wächter dar. Das Thema ist für die Gestaltung eines richtigen Programms der seelischen Ertüchtigung der Wächter von zentraler Bedeutung, denn Todesvorstellungen nehmen nachhaltig Einfluss auf die Ausbildung der Wächter, auf ihre Tapferkeit: „Oder glaubst du, es könne einer tapfer sein, der diese Furcht in sich hat?"[170] Tapferkeit bedeutet zumindest in letzter Konsequenz auch Todesbereitschaft. Die Todesbereitschaft kann durch Todesvorstellungen gefördert oder verhindert werden. Der Hadesmythos entwickelt nun eine Todesvorstellung, die nach Sokrates getadelt werden muss, da sie für die charakterliche Ausbildung der Wächter schlechthin furchtbar ist, denn, so Sokrates, „wenn einer an die Dinge im Hades und an ihre Schrecken glaubt", dann wird er schwerlich von Todesfurcht frei werden und in der „Schlacht den Tod der Niederlage und der Knechtschaft vorziehen".[171]

Die Aufgabe des Wächters ist es, das Gemeinwesen zu verteidigen und dessen Freiheit gegenüber räuberischen Angriffen von aussen zu schützen. Wer aber der Freiheit dienen will, der „muss die Knechtschaft mehr fürchten [...] als den Tod".[172] Der Wächter kann nicht tapfer sein, wenn er seine Furcht vor dem Tod nicht verliert. Mannhaft muss der Wächter nicht nur dem eigenen Tod begegnen, er muss auch eine gefasste Haltung zeigen im Umgang mit dem Tod von Freunden und Angehörigen: „das Jammern und Klagen aus dem Munde angesehener Männer müssen wir abstellen".[173] Dasselbe gilt auch für emotional entgegengesetzte Äusserungen: auch die „Lachlust" darf durch die Dichtungen nicht gereizt werden. Jeder Ausschlag ins emotional-affektiv Extreme ist schädlich und verhindert die Ausbildung einer stabilen, in sich ruhenden affektiven Seelenverfassung. Die Dichter dürfen nicht von Göttern, Helden und Männern berichten, die schluchzend zusammenbrechen oder von unbändigem Lachen geschüttelt werden. Sie dürfen nicht ausser sich geraten und alles Mass verlieren; sie müssen als nachahmenswürdige Vorbilder entworfen werden und ein Muster der Selbstbeherrschtheit sein.[174] Wie man hier merken kann, misst Platon der Dichtkunst eine grosse Bedeutung bei.

---

[170] Ebd., 386b.
[171] Rep. 386b.
[172] Ebd., 387b.
[173] Ebd., 387d.
[174] Ebd., 388d-e.

Die Kunst ist für Platon Seelenformerin und Weltsichtbildnerin. Nur die Seelenformung und Weltsichtbilder sind von politischer Bedeutung, wenn die Legitimation politischen Handelns wahrheitsbegründet ist.

### 1.5.5  Die Erziehung zur Selbstbeherrschung

Nach der Erörterung der Todesfurcht, die für die Erziehung der Wächter eine Gefahr darstellt, führt Sokrates diesmal eine Rede über die Nützlichkeit der Erziehung zur Besonnenheit. Die Mässigung ist nicht nur für die Wächter, sondern für jedermann wichtig. Die Mässigung zeigt sich darin, so Sokrates, „dass man einerseits den Vorgesetzten Gehorsam leistet, andererseits sich selbst zu beherrschen weiss hinsichtlich der Freuden des Trankes, der Liebe und des Mahles".[175]

„Sophrosyne" hat nach dieser Definition jedoch auch die Bedeutung von Gehorsams-Bereitschaft und Loyalität. Auf der andern Seite macht sie deutlich, dass der Wächter seine Affekte, (seine) Triebe, Begierden und Neigungen unter seine Kontrolle bringen muss. Die Mässigung ist nicht beschränkt auf die Regierten, sondern sie gilt auch für die Regenten, die alle Macht in der Hand halten. Gerade darin zeigt sich ein Wächter als guter Herrscher, wenn er sich selbst genauso gut beherrscht, wie er über seine Untergebenen herrscht. In diesem Sinne müssen auch Dichter Mässigung üben, und ihre Erzählungen dürfen nicht mehr von der Auflehnung der Heroen und Menschen gegen die Götter berichten. Wenn man die Götter verflucht und mit ihnen hadert, dann ist das ein Angriff auf die Ordnung. Die Dichtkunst hat für Platon eine ethische und politische Dimension, denn sie will entweder einen neuen Wert vermitteln oder alte Werte beibehalten oder modifizieren. In diesem Sinne äussert Sokrates seine Vermutung, dass sich die Dichter und ihre Erzählungen „gerade über die wesentlichsten Punkte im Irrtum befinden" und die üblichen Geschichten vom unglücklichen Gerechten und erfolgreichen Ungerechten falsch sind und durch Darstellungen ersetzt werden müssen, die genau den „entgegengesetzten Standpunkt vertreten".[176] Die Tonarten, Instrumente und Rhythmen der Dichtung müssen sich der Einfachheit und Bescheidenheit des Wächterlebens anpassen und dürfen die Wächterseele nicht aufregen. Eine Musik die übermütig macht und überschwängliche Gefühlsregungen erzeugt, ist unerwünscht. Alle Elemente der Musik: also Tonart, Instrumentierung, Rhythmus müssen auf die innere Ruhe und Einfachheit der Besonnenheit abgestimmt sein. Besonnenheitsmusik ist einfach, ruhig und massvoll. Wenn wir Mässigung und Besonnenheit haben wollen, müssen sich alle musischen Ausdrucksmittel ins

---

[175]  Vgl. Ebd., 389e.
[176]  Vgl. Ebd., 392b.

„Bild der guten Sinnesart" fügen.[177] Eine solche harmonische Musik wird die Seele sammeln, mässigen und zur Ruhe bringen. Diese Anpassung der Seele an das äussere Vorbild bringt in der Seele selbst das Ordnungsmuster hervor, das ihr durch die äussere Wohlgestaltetheit der Dinge, der Rede und des Klangs vorgegeben wird. Die sprachliche und musikalische Äusserung, d.h. die ganze Kultur der Äusserung ist ästhetisch so zu organisieren, dass sie der Ausbildung einer tugendhaften Seelenverfassung dienlich ist:

> [...] damit unsere Junglinge, wie in einer gesunden Gegend wohnend, von allen Seiten gefördert werden, woher ihnen auch immer gleichsam eine milde ,aus heilsamer Gegend Gesundheit herwehende Luft irgend etwas von schönen Werken für das Gesicht oder Gehör zuführen möge und so unvermerkt gleich von Kindheit an sie zur Ähnlichkeit, Freundschaft und Übereinstimmung mit der schönen Rede geleitet.[178]

## 1.5.6  Die gymnastische Wächtererziehung

Nachdem wir die musische Musik erörtert haben, versuchen wir nun, uns auf die gymnastische Erziehung zu konzentrieren. „Unsere Jünglinge", so sagt Sokrates, „müssen von Kindheit auf ihr Leben lang sorglich in der musischen, und auch in der gymnastischen Musik erzogen werden".[179] Das Ziel der gymnastischen Musik ist eine diätetische Ernährung des Leibes, damit die Seelenregionen unter Disziplin gebracht werden können.

In der Metaphorik ist der Leib der Sprachbildner der Seele; in Wirklichkeit ist aber die Seele der Baumeister des Leibes. Denn nicht so steht es, „dass ein tüchtiger Leib durch diese seiende Tätigkeit auch die Seele gut macht, sondern umgekehrt, dass eine rechtschaffene Seele durch ihre Tüchtigkeit dem Leib die beste Ausbildung gibt".[180]

Die Einheit des Menschen wird durch die Seele konstituiert und regiert. Das körperlich Äussere spiegelt das seelisch Innere. In diesem Sinne erstreckt sich die platonische gymnastische Erziehung nicht auf Körperertüchtigung, Kraft und Ausdauertraining, sondern auf die Disziplinierung der appetitiven Seelenregionen durch eine diätetische Ernährungslehre.[181] In Analogie zur musischen Erziehung geht es Platon um die Beaufsichtigung dessen, was der Körper zu sich nimmt und um die Erörterung der Abhängigkeit der Körperverfassung von seiner Ernährung. Die Grundregeln einer gesunden Ernährung sind im gymnastischen Bereich dieselben wie im musischen. Immer ist die Vielheit und „bunte Mannigfaltigkeit"[182] abzulehnen, die in der musischen Erziehung „Zuchtlosigkeit" und in der gymnastischen Erziehung

---

[177]  Vgl. Ebd., 401b.
[178]  Rep. 401cd.
[179]  Ebd., 403d.
[180]  Ebd., 403d.
[181]  Vgl. Kersting 1999, 131.

„Krankheit" erzeugt, Einfachheit hingegen führt zu „Besonnenheit in der Seele" und zu „Gesundheit im Körper".[183] Um die Gesundheit der Seele und des Leibes zu bewahren, muss man auf derartig reichbesetzte Tafeln verzichten. Beide Erziehungsstränge zielen auf eine umfassende Gesundheit von Seele und Leib. Wenn jeder sich im Rahmen des platonischen Erziehungsprogramms um die Gesundheit der Seele und des Leibes kümmern würde, hätte man weniger das Bedürfnis zum Arzt zu gehen. Ärzte, Richter und Rechtsanwälte sind für Platon die Nutzniesser einer schlechten seelischen und körperlichen Erziehung. Sie werden erst Heiler, wenn der vollkommene Zustand nicht mehr oder noch nicht vorliegt. Medizin ist für Platon sinnvoll, wenn sie zur Heilung genau umgrenzter Krankheiten und bestimmter einzelner Wunden verwendet wird, sie ist jedoch nicht hilfreich, wenn sie sich des ganzen Menschen und seines Lebens bemächtigen möchte, um durch geeignete Therapien, Kuren und Tinkturen sein Leben zu verlängern. Für die Behandlung inkurabler Kranker hat Platon kein Verständnis. Eine vernünftige Medizin muss nach Platon davon abrücken:

> [...] den völlig durchseuchten Körper durch Diätvorschriften Schritt für Schritt auszuschöpfen und wieder zu füllen und so dem Menschen ein langes, elendes Dasein zu schaffen und Nachkommen von wahrscheinlich derselben Art aus ihnen entstehen zu lassen; vielmehr glaubt sie den, der die Kraft nicht hat für ein Leben von natürlicher Länge, nicht ärztlich behandeln zu müssen. Da dies weder für ihn selbst noch für den Staat von Nutzen ist.[184]

Die Medizin und auch das Rechtswesen beschränken sich auf eine sorgsame Förderung der „an Leib und Seele wohlgeratenen Bürger", dann hat auch der Gerechtigkeitsstaat für sie Verwendung und wird die „Heilkunst" und die „Richterkunst" zu einer „festen Einrichtung im Staat gemacht".[185] Nach Sokrates kann dem Wächter nur durch musische und gymnastische Erziehung ein tugend-ethisches Bildungswerk gelingen. Nur wenn sich beide pädagogischen Dimensionen wechselseitig korrigieren, wenn zum einen die gymnastische Erziehung die Verweichlichung der musischen Erziehung auffängt und zum anderen die musische Erziehung die Verhärtungseffekte einer einseitigen gymnastischen Erziehung verhindert, gewährleisten sie eine Wächterausbildung. So sollen sich die Naturanlagen der Wächter harmonisch entwickeln und zu einem wohlabgestimmten Verhältnis von Tapferkeit und Besonnenheit führen. Die Wächter werden wegen ihrer musischen und gymnastischen Erziehung fortwährend herausforderungsvollen Prüfungen unterworfen, um die Besten unter ihnen zu ermitteln. Diese Besten sind als eigentliche und vollkommene Wächter sowohl gegenüber den Feinden draus-

---

[182]  Als Beispiel dafür nennt Platon „syrakusische Schmausereien", eine „sizilische reichbesetzte Tafel", „korinthische Mädchen" und „attisches Backwerk" (vgl. Rep. 404d).

[183]  Vgl. Rep. 404e.

[184]  Rep. 407de.

sen wie in Bezug auf die Freunde drinnen zu bezeichnen. Sie nehmen den Freunden den Willen und den Feinden die Macht, Böses anzurichten. Schliesslich will Sokrates mit seiner Erziehung die Gefahr des Missbrauchs der Macht der Wächter bannen.[186]

## 1.5.7 Die Verhinderung der Konflikte durch die Erziehung und die Aufgaben der Wächter

Neben der Erziehung und dem Legitimitätsglauben tritt die Aufgabe der Wächter als drittes Element in der sokratischen Schilderung hinzu. Die Wächter sind verpflichtet, sich um das allgemeine Glück zu sorgen, nicht aber um das eigene, weil ihr Glück im Glück des Gemeinwesens liegt. Es geht hier nicht darum, ob die Wächter glücklich sind oder nicht. Von Belang ist allein, ob der ganze Staat, ob das politische Gemeinwesen als Ganzes glücklich ist. So sagt Sokrates:

> Wir müssen also überlegen, ob wir das Leben der Wächter im Hinblick darauf gestalten wollen, dass ihnen möglichst viel Glück zuteil wird, oder ob wir [...] im Hinblick auf den Staat als Ganzes darauf achten müssen, dass er glücklich wird.[187]

Die gesellschaftlichen Konflikte werden hier also dadurch verhindert, dass auf das Glück des Ganzen gezielt wird.

Was aber macht nun nach Sokrates einen glücklichen Staat aus? Worauf müssen die Wächter und Regenten, die sich nicht um ihr privates Glück kümmern dürfen, achten, wenn sie das Glück des Gemeinwesens im Auge behalten wollen? Platons Staat ist ein Gerechtigkeitsstaat. Ein Gerechtigkeitsstaat verlangt nach einer Politik, die eine Spaltung der Bürger in Reiche und Arme verhindert, denn übermässige ökonomische Ungleichheit führt zu einer Verschlechterung der Güterproduktion, zu Faulheit und Servilität und letztlich zu Aufruhr und Revolution. Ein gesundes Bürgertum, so lehrt Sokrates, kann nur auf dem Sockel eines hinreichenden sozioökonomischen Egalitarismus gedeihen. Wenn sich die Bürger in Arme und Reiche aufteilen, leidet das bürgerliche Ethos, entstehen prassende Herren und faule Knechte sowie ein wachsendes Unbehagen am Bestehenden und die Bereitschaft, es umzustürzen und Neues zu errichten.

Die Beschäftigung mit der lyrischen Dichtung, welche die gymnastische und die musische Kunst umfasst, ist die „zweite Aufgabe" der Wächter. Sokrates und Adeimantos sagen dazu folgendes:

> Hier müssen also die Wächter, wie es scheint, ihr Wachhaus bauen, auf dem Grunde der musischen Bildung. [Die Wächter müssen verhüten. Ergänzung

---

[185]  Vgl. Ebd., 410a.
[186]  Vgl. Ebd., 416b.
[187]  Rep. 421b.

von B.T.] dass sie sachte Schritt für Schritt sich einführt und in die Sitten und Betätigungsweisen eindringt, von da aus wendet sie sich, schon erstarkt, dem öffentlichen Geschäftsverkehr zu, von dem Geschäftsverkehr aus aber macht sie sich dann mit grosser Unverschämtheit an die Gesetze und staatlichen Einrichtungen heran, mein Sokrates, bis sie schliesslich alles in persönlichen wie in öffentlichen Verhältnissen auf den Kopf stellt.[188]

Die Wächter müssen sich um die wahre Kunst bemühen, damit die falsche, nachbildende Dichtung im Staat und in der Seele des Individuums beseitigt werden kann. Während die Wächter einerseits für die Einhaltung der Gesetze sorgen, müssen sie sich andererseits besonders um die Dichtkunst kümmern, damit die Gerechtigkeit im Staate und der gute Charakter im Individuum erreicht wird. Die wahre Dichtungskultur (zum Beispiel: Musik) ist also im Staate ein wichtiges Instrument, um Gerechtigkeit zu erreichen.

Die Wächter haben eine „dritte Aufgabe": Sie müssen auf jede Weise verhindern, dass Reichtum und Armut in den Staat eindringen, „denn der Reichtum erzeugt Üppigkeit und Faulheit und Neuerungssucht, die Armut ausser der Neuerungssucht auch knechtische Gesinnung und minderwertige Arbeitsleistung".[189]

Die sozioökonomische Basis des platonischen Gemeinwesens bildet also eine Mittelstandsgesellschaft. Die gesellschaftliche und politische Einheit des Gemeinwesens ist von einer ausbalancierten Vermögensverteilung abhängig. Die Konflikte werden hier durch das Gerechtigkeitsprinzip, das die Spaltung der Bürger in Reiche und Arme verhindert, vermieden. Die Gerechtigkeit hat also eine ökonomische Voraussetzung. Sie verlangt eine ausgewogene, hinreichend homogene Wirtschaftsordnung, welche die destruktive Dynamik expandierender ökonomischer Ungleichheit unter Kontrolle bringt. Nur ein Staat, der nicht in Arme und Reiche zerfällt, ist überhaupt ein Staat. Nur ein solcher besitzt den notwendigen Zusammenhalt und stellt eine politische Einheit dar. Staaten, die durch spannungsvolle ökonomische Ungleichheit geprägt sind, sind eher „eine Vielheit von Staaten", „Auf alle Fälle sind es mindestens zwei, die feindlich gegeneinander stehen, einer der Armen und einer der Reichen".[190]

Platons Staat ist ein Erziehungsstaat, und kein Gesetzgebungsstaat. Nicht durch verhaltensnormierende Gesetze, sondern durch charakterbildende Erziehung soll die politische Einheit erreicht werden, denn Gesetze sind ein Zeichen des Mangels. Zum einen können sie grundsätzlich nicht die Innenwelt der Menschen erreichen, nicht die erforderlichen Einstellungen erzeugen, die sittlich verlangt und erwünscht sind; zum anderen sind sie aufgrund ihrer notwendigen Allgemeinheit nicht in der Lage, das ganze Spektrum ethisch erwünschten Verhal-

---

[188] Rep. 424d.
[189] Ebd., 422a.
[190] Ebd., 422e- 423a.

tens abzudecken. Die Erziehung schafft dagegen Dispositionen, die von sich aus und mit einer an Naturgesetze erinnernden Zuverlässigkeit das Verhalten erzeugen, das von Gesetzen verlangt würde und führt darüber hinaus zu einer Bürgerlichkeit, die durch die Schadensabwehr durch spezialisierte Gesetze ohnehin nicht erzwungen werden könnte. Der Gesetzgeber ist für Platon dem Arzt vergleichbar; beide beschäftigen sich mit den Konsequenzen einer verfehlten Lebensführung, einer verfehlten Selbstsorge. Menschen, die an Leib und Seele gesund sind, bedürfen nicht des Arztes und nicht des Gesetzgebers. Erziehung hat die Menschen mit dem Wissen über die richtige Behandlung ihres Körpers und ihrer Seele zu versehen; und ist die Erziehung erfolgreich, bedarf es weder der Medikamente noch der Gesetze. Die Konflikte werden hier durch die richtige Erziehung, die das Gemeinwesen auf den richtigen Weg bringt, verhindert. Die wichtigste Aufgabe der Wächter ist die Beaufsichtigung des Erziehungswesens. Der Staat kann seinen Weg nur durch die richtige Erziehung finden. Sokrates sagt dazu Folgendes:

> Und wenn ein Staat einmal auf dem richtigen Weg ist, dann geht es mit ihm wie in einer Kreisbewegung voran. Denn gute Erziehung und Bildung, ununterbrochen nach den nämlichen Grundsätzen gehandhabt, schafft tüchtige Naturen, und wenn diese wiederum eine solche Bildung erlangen, so werden sie noch trefflicher als die früheren.[191]

Wir haben gesehen, dass es nicht die erste Aufgabe der Wächter ist, die Stadt gegen äussere Feinde zu schützen, sondern die Aufgabe der Organisatoren präzisiert sich immer erst in Bezug auf den tatsächlichen oder möglichen Konflikt.

## 1.5.8 Die Verhinderung der seelischen Konflikte durch die Vernunft

Wir haben im Buch IV von „Politeia" gesehen, dass die Seele des Individuums dreifach aufgeteilt ist. Sokrates bezeichnet den Teil der Seele, mit dem sie überlegt, als vernünftig denkend, und den, mit dem sie liebt, Hunger und Durst verspürt, als unvernünftig und begehrend. Der Mut ist der dritte Teil der Seele. Sokrates sagt, dass wir mit einem Teil lernen, mit einem anderen uns mutig erweisen, und mit einem dritten wiederum die mit der Ernährung und Erzeugung verbundene Lust verspüren.[192] Warum gliedert Platon die Seele in drei Teile auf? Er begründet diese Aufteilung als für die Verrichtung der Seele notwendig. So vergleicht er die triebhaften Begierden mit einem wilden Pferd. Wenn sie durch Vernunft nicht kontrolliert würden, würden sie einen Konflikt verursachen. Hunger und Durst sind die stärksten Begierden.[193] Wenn man diesen triebhaften Be-

---

[191]  Ebd., 424a.
[192]  Vgl. Ebd., 436b.
[193]  Vgl. Ebd., 437d.

gierden nicht nachgibt, könnte es zum Schaden für Seele und Leib kommen. In der Seele gibt es einen Teil, der das Trinken befiehlt und einen, der es verhindern will.[194] Diese zwei entgegengesetzten Befehle müssen in der Seele bereinigt werden, wenn man das Gute erreichen will. Falls man dem Befehl zu trinken ohne Überlegung folgt, befindet man sich in einem leidenden und krankhaften Zustand. Wenn man aber einem Befehl zu trinken mit der Überlegung folgt, befindet man sich in einem gesunden Zustand und kommt auf das Gute. Denn ohne Vernunft werden die starken Begierden unsere Handlungen schlecht bestimmen, weil sie nach Sokrates einen der Teile der Seele bilden:

> Nicht ohne Grund also werden wir sie für zweierlei und voneinander verschieden erklären, indem wir den Teil der Seele, mit dem sie überlegt, als vernünftig denkenden bezeichnen, den dagegen, mit dem sie liebt und hungert und dürstet und beständigen Erregung aller sonstigen Begierden preisgegeben ist, als unvernünftigen und begehrenden Teil, der gewissen Sättigungen und Lustempfindungen zugetan ist.[195]

Trinken muss man also auf Grund der Vernunft, welche es befiehlt, nicht aber auf Grund der motivationalen Begierden. Wenn wir diese Begierde unter die Kontrolle der Vernunft bringen, können wir diese gedankenlosen motivationalen Konflikte in uns in Ordnung bringen.[196] Platon macht in seinem Buch X der „Politeia" eine zweite Aufteilung der Seele. Er meint damit die kognitiven und motivationalen Konflikte der Seele. Die Nachbilderei zum Beispiel, welche diese Art von Konflikt in der Seele verursacht, wird durch die Vernunft beseitigt.[197] Sokrates erklärt, dass damit eine schlechte Struktur auf die Seele ausgerichtet wird. Beide Arten der Konflikte beruhen auf falscher Erkenntnis der Seele. Platon versteht eine Erkenntnis, die durch eigenes Erleben erlangt wird als eine echte, kognitive Erkenntnis, eine durch Dichtung vermittelte „Erkentnis" dagegen als eine motivationale Pseudoerkenntnis.[198] Mit Sokrates Worten:

> Ebenso bewirkt [...] der nachahmende Dichter in der Seele jedes Einzelnen eine schlechte Verfassung, indem er ihrem unvernünftigen Teil zu Willen ist, der Gross und Klein nicht voneinander zu unterschieden weiss, sondern dasselbe bald für gross hält, bald wieder für klein, ein blosser Bildner von Bildern, der vom Wahren aber sehr weit entfernt ist.[199]

Auf diesem Grund ist nachbildende Dichtung sowohl für das Individuum als auch für den Staat nicht erlaubt.

---

[194] Vgl. Ebd., 439c-d.
[195] Rep. 439d.
[196] Vgl. Burnyeat, 223
[197] Vgl. Rep. 602c.
[198] Vgl. Burnyeat 1997, 226
[199] Rep. 605c.

## 1.6 Schlussbemerkungen

Es ist nicht schwer, bei Platon zu beobachten, dass er von einem echten Widerstreit zwischen dem Einzelnen und der Allgemeinheit ausgeht. Ein Konflikt, der zudem zeigt, dass er seinen Ursprung an der tiefsten Stelle der Natur hat, nämlich in der Natur der Seele selbst. Es geht bei Platon um strenge Erziehungsmethoden der Seele, welche sich im Sinne der Gerechtigkeit verwandeln soll. In diesem Sinne hat Platon das Problem der Gerechtigkeit und Ungerechtigkeit in der Seele untersucht, damit sowohl die Gerechtigkeit des Individuums als auch im Staate erreicht werden kann. Nach seiner Untersuchung sah er, dass es in der Seele des Einzelnen einen Widerstreit zwischen dem vernünftigen und dem triebhaftbegehrenden Teil gibt. Diese seelischen Konflikte,[200] welche innerliche und äussere Ursachen haben, werden gemäss Platon durch eine selbstbeherrschende Erziehungsmethode bewältigt, ohne sie allerdings gänzlich tilgen zu können. Man kann die Disharmonie der Seele zur Harmonie verwandeln, wenn alle Teile der Seele das Ihrige verrichten. Wenn jeder Teil der Seele das Seinige tut, herrscht Gerechtigkeit, wenn aber nicht, dann herrscht Ungerechtigkeit. „Das Seinige tun" heisst damit letztlich nichts anderes als Verwandlung der eigenen Seele und Beseitigung der Konflikte der Seele. Wenn diese aber nicht unter die Kontrolle der Vernunft gebracht werden, werden sie die Harmonie der Seele des Individuums zerstören.

Obwohl wir alle mit den gleichen Sitten, Gewohnheiten und Gesetzen aufwachsen sind, sind unsere natürlichen Anlagen nicht gleich. Die natürlichen Anlagen des Menschen müssen auch nicht gleich sein, sie können aber immer durch die Selbstbildung verbessert werden. Denn der Mensch ist nach Platon ohne Kontrolle ein furchtbares Wesen, wenn er seine eigenen Triebe nicht sublimiert, kann er wegen der Disharmonie seiner Seele gegen seinen Mitmenschen ungerecht handeln und eine Gefahr für die Freiheit der anderen darstellen.

Eigentlich ist niemand schlecht, aber man kann durch eine schlechte Erziehung schlecht werden.[201] Deswegen brauchen wir eine Erziehung, welche uns positiv in allen Bereichen des Lebens beeinflusst und uns vor den verschiedenen schädlichen nachahmenden Kunsttätigkeiten schützt. Jede solche Kunsttätigkeit, welche sich in der Gesellschaft etabliert, kann das Individuum tief beeinflussen so wie die Dichtkunst, die nach Platon die Einzelnen zu seiner Zeit negativ beeinflusst hat. In diesem Sinne hat Platon diese nachahmende Dichtung aus dem Staat und vom Individuum verbannt, damit das trügerische Wissen beseitigt werden kann. Gegen diese falsche Dichtung, die sowohl in der Seele der Einzelnen als auch in ihrem Geist Verwirrung verursachte, hat Platon für den Einzelnen seine eigenen Erziehungsmodelle ent-

---

[200] Die hier gemeinten Konflikte sind eine Disharmonie der Seele.
[201] Vgl. Ti. 86c-87a.

wickelt: die musische und die gymnastische Erziehung. Während man durch musische Erziehung die innere Ruhe der Seele erreichte, strebte man durch die gymnastische Erziehung eine diätetische Ernährung des Leibes an, damit die Seelenregionen unter Disziplin gebracht werden konnten. Ausser dieser besonderen Erziehung müssen die Einzelnen sich mit den platonischen Kardinaltugenden ausstatten, d.h. sie müssen weise, tapfer, besonnen und gerecht werden. Das platonische Erziehungsmodell verlangt noch mehr. Das Individuum muss noch weiter gehen und die Idee des Guten verstehen. Weil die Einsicht in der Idee des Guten liegt, hat der, welcher über diese verfügt, alles. Nur ein solches Individuum kann sich von der Beeinflussung und Unterdrückung der Gesellschaft nicht nur befreien, sondern wie die platonischenn Wächter (Philosophenkönige) für die Gesellschaft sogar eine Führungsrolle übernehmen. Wenn das heutige Individuum im Leben ein tätiges Wesen sein will, muss es wie die platonischen Wächter eine Funktion haben, eine pädagogische, politische, soziale und ökonomische. Um diese Funktion zu haben, muss das heutige Individuum sich um seine Seele sorgen, muss sich selbst in der Seele befreien. Zweitens muss es fähig sein, sich von den in der Gesellschaft etablierten machthabenden Institutionen, welche politische Parteien, Ideologien, Terrororganisationen, Religion und Presse sind, zu befreien, damit es seine Vernunft anwenden kann. Es kann unter allen schlechten Umständen seine Naturanlage bewahren und sich für die Gerechtigkeit der Menschheit entscheiden. Ein solches Individuum wird sich nicht von den gesellschaftlichen Problemen isolieren und nutzlos sein, sondern es wird für alle sozialen Konflikte seiner Gesellschaft ein kluges, konfliktlösendes und vollkommenes Wesen sein. Es ist fähig und intelligent genug, für alle privaten und gesellschaftlichen Probleme eine Lösung zu finden.

# 2 Das Individuum als vernünftiges und exzentrisches Wesen bei Mill

*Einleitung*

Es gibt gute Gründe, die individuelle Freiheit als Grundvoraussetzung des Denkens, Schaffens und Handelns des Einzelnen anzunehmen.

Die Aberkennung der individuellen Freiheit kann sowohl für die Entfaltung der Einzelnen als auch für die Entwicklung der Gesellschaft ein grosses Problem darstellen. In diesem Sinne bedeutet Freiheit ein Zustand, in welchem die Menschen nicht daran gehindert werden ihre Art zu leben selbst zu wählen.

Die individuelle Freiheit ist nicht nur nötig für die Verwirklichung der Individualität, sondern auch für die gesellschaftliche Entwicklung. Aus diesem Grund soll die Gesellschaft den Einzelnen viel Freiheit bieten, damit sie die Möglichkeit haben ihre Persönlichkeit zu entwickeln, wie z.B. der Exzentriker. Ein exzentrisches Individuum, welches Originalität und Individualität besitzt, kann für die Gesellschaft Verantwortung übernehmen. Wenn die Gesellschaft die Entwicklung erreichen will, sollte sie Denk- und Handlungsfreiheit für jene ermöglichen, die sie nutzen können, damit die Originalität[202] und Persönlichkeit jedes Individuums zum Vorschein kommen kann.

Mill beharrt konsequent auf Originalität, die für die Menschen wertvoll und nützlich ist. Diese Originalität kann den Menschen vor allen fremden Mächten (vor allem vor der gesellschaftlichen Macht) schützen. Menschen, die unter einer fremden Macht leben, sind nicht frei, ihre geistigen Fähigkeiten verfaulen mit der Zeit und sie werden Sklave der „Tyrannei der Gewohnheit". Diese Gewohnheit kann die Lebensgestaltung des Menschen willkürlich behindern. Die Individualität[203] und die Freiheit, das eigene Leben gemäss dem Charakter zu gestalten, müssen als anzustrebendes Primärgut gesehen werden, weil, so Mill, die Individualität die beste Grundlage für die eigene Lebensgestaltung sei. Deswegen muss man den eigenen Charaktereigenschaften freien Spielraum lassen und den Wert verschiedener Lebensweisen ausprobieren. Mill ist überzeugt, dass die Menschen ihre eigenen Interessen viel besser kennen und sich besser um sich selbst kümmern können, als eine Regierung dies kann. Um die eigenen Interessen und Wünsche zu verwirklichen, soll die Gemeinschaft für die individuelle

---

[202] Mill verwendet die ‚Originalität' (originality) als Synonym für autonome, individuelle Lebensformen („modes of life", „experiment of living"); vgl. OL., Kap. III. 2 ( mit Bezugnahme auf Wilhelm von Humboldt).

[203] Mill gebraucht das Wort ‚Individualität' (individuality) erstens für die politische Persönlichkeit und zweitens für deren „Entwicklung". Man versteht darunter also eine Entwicklung der Persönlichkeit bzw. Selbstverwirklichung.

Freiheit, die eigene individuelle Assoziation sorgen, in der sie sich weiter entwickeln können. In dieser Assoziation können die Einzelnen durch eigene Erfahrungen, Selbstvertrauen und Selbstständigkeit gewinnen. Gerade die Menschen, die Mill „Exzentriker" nennt, werden ihre Urteilskraft und ihre Persönlichkeit entwickeln. Sie werden sogar die „Bildungselite" der Gesellschaft ausmachen. Sie sind nicht notwendigerweise Aussenseiter, sondern vielmehr Streiter für eine geistige Freiheit und Gestalter der Gesellschaft im positiven Sinne.

Deshalb sieht Mill den Weg zum Erreichen seines Postulats der Vielfalt in der Exzentrizität. Sofortiger Widerstand gegen die Gleichförmigkeit sei nötig, und die angemessene Form sei die Exzentrizität. Die „Exzentriker" sind nicht nur für die individuelle, sondern auch für die soziale Freiheit da. Sie sind in der Politik und in der Gesellschaft politische Organisatoren. Die Aufgabe der Organisatoren präzisiert sich immer erst in Bezug auf den tatsächlichen oder den möglichen Konflikt. Sie können als freier Geist für die soziale Freiheit eine elementare Rolle spielen.

## 2.1 Individuum und Gesellschaft

Die Frage nach dem Verhältnis zwischen Mensch und Gesellschaft wird zur Frage nach dem Individuum und der Gesellschaft und ihrer einseitigen und gegenseitigen Beeinflussung. Auch hier kristallisiert sich die Frage heraus, welches der beiden das erste und wichtigste Element sei. Wenn man herausfinden könnte, welches das wichtigste Element ist, könnte man davon ausgehend zu wissenschaftlichen Erkenntnissen gelangen und somit eine umfassende Analyse vornehmen. Eine Analyse der Gesellschaft kann uns nicht ausreichende Erkenntnisse über das Individuum geben, aber eine Analyse ihrer Mitglieder können uns auch ein Wissen über die Gesellschaft, in der sie leben, vermitteln.

Als Platon die „Gerechtigkeit" in der „Politeia" untersuchte, ging er von der Seele des Einzelnen aus und versuchte Rückschlüsse auf die Gesellschaft zu ziehen. Platon hat das Grundprinzip der Gerechtigkeit auf die Seele des Individuums angewendet.[204] Er meinte, dass die Seele des Individuums verschiedene Teile habe.[205] Später hatte er diese Seelenarten des Individuums auf den Staat übertragen.[206] Gerechtigkeit liegt dann nach Platon in einem Menschen vor, wenn „jedes Vermögen seiner Seele das Seine tut, was das Herrschen und Beherrschtwerden betrifft".[207] Gerechtigkeit ist nach ihm ein ausgezeichneter innerseelischer Zustand.

---

[204]  Vgl. Rep. 434e.
[205]  Vgl. Ebd., 436c.
[206]  Vgl. Ebd., 435e.
[207]  Ebd., 443b.

Im Gegensatz zu Platons Bestimmung der Idee der Gerechtigkeit[208] steht die von Mill vorge-tragene Vorstellung, die den Wert der Gerechtigkeit nach dem Nutzen für die Individuen einer Gesellschaft beurteilt. Seine Idee der Gerechtigkeit fordert, dass bei der Zuweisung der per-sönlichen und politischen Rechte alle mündigen Individuen der Gesellschaft als gleich-berechtigt betrachtet werden sollen. Während die Sicherheit und die Existenz der Gesellschaft sich bei Platon durch die Gerechtigkeit verbürgen, wird sie bei Mill aber durch den Nutzen der Gerechtigkeit garantiert, welche sich auch auf den Schutz der persönlichen Freiheit be-zieht. [209]

Wie Platon die Gerechtigkeit in der *Seele des Individuums* suchte, sieht auch Mill auch den Ursprung des Gerechtigkeitsgefühls in der *Natur des Individuums*. Es ist „vielleicht ein be-sonderer Instinkt",[210] der durch höhere Vernunft beherrscht und geläutert werden muss. Mill untersucht die Gerechtigkeit nicht nur im Gesetz oder in den Vorschriften, sondern in der in-neren Welt des Individuums als ein Gefühl, welches dort vorhanden ist. Durch dieses Gefühl kann das Individuum auf das Verhalten anderer Menschen versichern und beurteilen, ob sie Belohnung oder Bestrafung verdienen. Mill vertritt einen weiten Begriff von Strafen, der nicht nur gesetzliche Strafen, sondern auch moralisch begründete Strafen umfasst - etwa Stra-fen, die das Gerechtigkeitsgefühl diktieren. Zum Beispiel kann jemand, der die moralische Regel bricht, von seinen Freunden kritisiert werden. Bei der Bestrafung und Belohnung spielt die Unparteilichkeit für ihn eine grosse Rolle. Mill geht davon aus, dass die Unparteilichkeit im Sinne einer Gerechtigkeitspflicht heisst, sich von vielfachen Rücksichten leiten zu lassen. D.h. man soll bei Urteilen nicht nur seine Gefühle, sondern auch die Gefühle, Bedürfnisse und Wünsche anderer Menschen beachten.

Um eine gerechte und gute Gesellschaft aufzubauen, gehen Platon und Mill nicht nur von der Gesellschaft, sondern auch von ihren Mitgliedern aus und versuchen zuerst das Gerechte und

---

[208]  Mill erörtert in seinem Buch „Utilitarismus" verschiede Erklärungen der Gerechtigkeit. Er baut den Begriff der Gerechtigkeit auf eine Verhaltensregel und auf das Gefühl auf, dass einem Regelverstoss Sanktionen folgen sollten (vgl. Ut., V. 24, 91-92). Während unsere Verhaltensregeln der Menschheit dienen, müssen diejenigen, die gegen die Regel verstossen, gemäss unserem Gefühl bestraft werden. Die Bestrafung muss nicht nur gesetzlich sein, sie kann auch von den Mitmenschen vollzogen werden. D.h. jemand, der eine mo-ralische Regel bricht, sollte von seinen Freunden auch kritisiert werden. Der Begriff der Gerechtigkeit kann zwar nicht vollständig mit Hilfe der Doktorin der Nützlichkeit verstanden werden. Aber „auf lange Sicht" würden des Nützlichkeitsprinzip und die Idee der Gerechtigkeit zusammenfallen (vgl. Ut., Kap. V.1, 72; Rinderle 2002, 80).

[209]  Hier kann man vielleicht sagen, dass Mills Gerechtigkeitsbegriff eine Erweiterung des Platonischen Gerech-tigkeitsbegriffs ist. In seine Autobiographie schreibt er Folgendes: „It was at this period that I read, for the first time, some of the most important dialogues of Plato, in particular the *Gorgias*, the *Protagoras*, and the *Republic*. There is no author to whom my father thought himself more indebted for his own mental culture, than Plato, or whom he more frequently recommended to young students" (Autobiography, 38). Ein anderes Beispiel ist Mills Behauptung auf den ersten Seiten von "Utilitarismus", der platonische Sokrates habe „die Theorie des Utilitarismus" gegen den Sophisten Protagoras im gleichnamigen Dialog verfochten (vgl. Ut., Kap I.1, 3).

das Gute im Individuum zu schaffen, um damit die erwünschte gerechte Gesellschaft zu erreichen. Ein unkultivierter[211] Mensch ist ein ungerechter Mensch. Ein Ungerechter kann seine Ungerechtigkeit durch seine schlechten Handlungen auf die Gesellschaft übertragen, wenn er sich nicht auf gerechte Weise verbessert.

In diesem Sinne beginnt das Problem der Gerechtigkeit nicht in der Gesellschaft, sondern beim Individuum, welches Mill als die „kleinste Einheit" der Gesellschaft definierte. Er hat seine „Methode der Gesellschaftswissenschaft" von dieser Einheit „vom Individuum" ausgehend entwickelt. D.h. das Individuum ist auch Gegenstand der gesellschaftlichen Wissenschaft. Eine Analyse des Individuums wäre auch eine Analyse der Gesellschaft. Wenn die „Gedanken, Gefühle und Handlungen menschlicher Wesen" als Gegenstand einer „Wissenschaft der menschlicher Natur" erschlossen werden können, ist nach Mill auch eine Wissenschaft von der Gesellschaft möglich.[212] Die Psychologie ist die erste auf dem methodischen Weg zur Gesellschaftswissenschaft am Individuum selbst ansetzende Wissenschaft. Sie kann mit Hilfe von „Beobachtung und Experiment" die „Gesetze des Geistes"[213] aufdecken.

Die Psychologie ist sogar die Grundwissenschaft der so genannten individuellen geistigen Phänomene. Da aber alle Erscheinungen des gesellschaftlichen Lebens im Grunde genommen Erscheinungen der menschlichen Natur sind,[214] welche auch im Zustand der Gesellschaft erhalten bleiben, gehören Tun und Leiden des Menschen in der Gesellschaft den Gesetzen der individuellen Natur an.[215] Die Psychologie selbst ist Mills Ansicht nach eine Wissenschaft, denn wo Gleichförmigkeiten sind, ist Wissenschaft möglich. Gegenstand der Psychologie bilden „the uniformities of succession, the laws, whether ultimate or derivative, according to which one mental state succeeds another – is caused by, or at least is caused to follow, another".[216] Die psychologischen Assoziationsgesetze seien demzufolge durch Beobachtung und Experiment ermittelt worden.[217] Mills Verständnis der menschlichen Psychologie repräsentiert eine Modifikation zum Assoziationismus. Obwohl er die Grundlagen des Assoziationismus akzeptiert, lehnt er die Ansicht ab, dass der Geist als Ganzes ein Produkt externer Stimuli sei. Er glaubt, dass die Individuen eigene Charakterzüge haben.[218]

---

[210] Ut., Kap. V. 2, 72.
[211] Ein unkultivierter Mensch ist jemand, der sich nicht kennt, der die Gerechtigkeit im Sinne von Platon in der Seele nicht erreicht und im Sinne von Mill sein inneres bzw. sein Gerechtigkeitsgefühl noch nicht ins Bewusstsein gebracht und seine Individualität nicht kultiviert hat.
[212] Vgl. CW., VIII, VI, III, §2, 850.
[213] Vgl. Ebd., VIII, VI, X, §5, 870.
[214] Vgl. Ebd., VI, VI, §2, 877.
[215] Vgl. Ebd., VI, VII, §1, 879.
[216] CW., VIII, VI, IV, §3, 852.
[217] Vgl. Ebd., VI, IX, §3, 853.
[218] Vgl. Cook 1998, 38-39.

Als zweite Wissenschaft auf dem methodischen Weg zu einer Gesellschaftswissenschaft, die auf den „Gesetzen des Geistes" beruht, entwickelt Mill die „Ethology", oder „Science of Character".[219]

> We employ the name Psychology for the science of the elementary laws of mind, Ethology will serve for the ulterior science which determines the kind of character produced in conformity to those general laws, by any set of circumstances, physical and moral. According to this definition, Ethology is the science which corresponds to the art of education, in the widest sense of the term, including the formation of national or collective character as well as individual.[220]

Die empirischen Gesetze der Psychologie beziehen die konkreten Umstände, unter welchen sich die Individuen entwickeln, nicht mit ein. Deshalb müsse die Ethologie ihrerseits die konkreten Umstände in Bezug auf das individuelle Verhalten untersuchen.[221] Die Ethologie ist im Vergleich zur Psychologie ein System von abgeleiteten Sätzen, d.h. von mittleren Grundsätzen (axiomata media).[222] Mit Mills Worten:

> The laws of information of character are [...] derivative laws, resulting from the general laws of mind, and are to be obtained by deducing them from those general laws; by supposing any given set of circumstances, and then considering what, according to the laws of mind, will be the influence of those circumstances in the formation of character.[223]

Während die Ethologie als „aximota media" im Sinne Bacons zugleich der ergiebigste Teil der Wissenschaft vom Menschen ist, weil sie weder zu allgemein noch zu speziell ist, entspricht „die Kunst der Erziehung"[224] der Praxis.

Mill macht in diesem methodischen Zusammenhang keinerlei Reflexionen über die anzustrebenden Ziele. Die Erkennbarkeit des Menschen nach dem Vorbild der Naturwissenschaft mündet in seiner Lenkbarkeit. Die Kopplung dieser Erkenntnismethode an die Naturgesetze des menschlichen Geistes befreit die angestrebte Praxis von der Begründung ihrer Ziele. Eine fortwährende gegenseitige Kontrolle von Kausalgesetzen und empirischer Erfahrung ist für Mill die selbstverständliche Garantie gegen eine interessengeleitete Benutzung der praktischen Möglichkeiten, welche die Ethologie liefern soll. Weil der Mensch als Teil der Natur, wie diese selbst, wissenschaftlich erkennbar sein muss, muss er auch dem Kausalitätsprinzip und dessen Gesetzen unterliegen. Weil die Naturwissenschaft die Natur nicht nur erklärt, son-

---

[219] Vgl. CW., VIII, VI, V, §4, 869.
[220] CW., VIII, VI, V, §4, 865.
[221] Vgl. Ebd., VIII, VI, V, §5, 870.
[222] Vgl. Ebd., 870.
[223] CW., VIII, VI, V §4, 869.
[224] Ebd., 869.

dern zweckmässig steuern kann, muss auch die Wissenschaft vom Menschen eine zielgerichtete Beeinflussung ermöglichen.[225]

Um die Verschiedenheiten des individuellen und nationalen Charakters besser zu verstehen, soll die Wissenschaft der Ethologie nach Mill kultiviert werden.[226] Das bedeutet nichts anderes, als dass die erhoffte Entwicklung der Ethologie tendenziell dazu führen muss, dass die Naturgesetze des menschlichen Geistes als Erklärungsgrundlage des tatsächlichen menschlichen Verhaltens bedeutungslos werden und die charakterbildenden äusseren Umstände die entscheidende methodische Bedeutung erhalten. Die Menschen werden von den gesellschaftlichen Unständen geformt. Ihre Eigenschaften und Denkweisen wirken wiederum auf die gesellschaftlichen Institutionen zurück. Die Naturgesetze des menschlichen Geistes haben einen fiktiven Status erhalten, der nur noch die angenommene Differenz zwischen dem gesellschaftlich bestimmten Individuum und dem die Entwicklung der Gesellschaft bestimmenden Individuum bezeichnen kann.

Die Gesellschaft ist nach Mill als Agglomeration von Individuen[227] zu verstehen und ihr Zustand ist auch ein Zustand aller grossen sozialen Tatsachen. Mit Mills Worten:

> What is called a state of society is the simultaneous state of all the greater social facts or phenomena. Such are the degree of knowledge, and of intellectual and moral culture, existing in the community, and of every class of it; the state of industry, of wealth and its distribution, the habitual occupations of the community; their division into classes and the relations of those classes to one another; the common beliefs which they entertain on all the subjects most important to mankind, and the degree of assurance with which those beliefs are held; their tastes, and the character and degree of their aesthetic development; their form of government, and the more important of their laws and customs. The condition of all these things, and of many more which will readily suggest themselves, constitute the state of society or the state of civilization at any given time.[228]

Für Mill ist die vollständige Aufzählung aller Elemente, die einen gesellschaftlichen Zusammenhang konstituieren aber weniger entscheidend als die Bedeutung ihres wechselseitigen und nicht beliebigen Zusammenhangs. Wie in einem „Organismus" sind bestimmte „Kombinationen" einzelner Elemente nur in Abhängigkeit von allen anderen Elementen möglich.

Die menschliche Gesellschaft soll nicht ein eigenes, selbständiges Gesetz besitzen, sie muss auf den psychologischen und ethologischen Gesetzen beruhen, welche den Einfluss der Verhältnisse auf die Menschen und der Menschen auf die Verhältnisse berücksichtigen.

---

[225] Vgl. Bartsch 1982, 27.
[226] Vgl. CW., VIII, VI, IX, §5, 905.
[227] Vgl. OL., Kap. I. 5, 63; Bartsch, 34-35.
[228] CW., VIII, VI, X, §4, 911ff.

Nach Mill ist der Mensch ein Gemeinschaftswesen. Ein solches Wesen kann aber nur auf der Grundlage der gleichberechtigten Berücksichtigung der „Interessen aller"[229] funktionieren. Sowohl das individuelle als auch das soziale Glück könne nicht unabhängig von anderen Menschen erreicht werden. Deshalb sei die Existenz eines mit Macht ausgestatten Staates notwendig. Daraus ergeben sich gegenseitige Verpflichtungen: Das Individuum hat bestimmte Pflichten gegenüber der Gesellschaft, und umgekehrt hat auch die Gesellschaft bestimmte Pflichten gegenüber dem Individuum.[230] Der Staat sollte nicht nur einfach in Raum und Zeit existieren (wie ein physikalisches Objekt), sondern er sollte allen Bürgern ein Erziehungssystem bieten:

> There has existed, for all who were accounted citizens - for all all who were not slaves, kept down by brute force - a system of *education*, beginning with infancy and continued through life, of which whatever else it might include, one main and incessant ingredient was *restraining discipline*.[231]

Mills Ansichten über die Erziehung sind eng verknüpft mit seinen Ansichten über die Rolle der richtigen Regierung. Für ihn ist die Erziehung ein zentraler Gedanke durch den die Regierung die Entwicklung des Individuums fördert. Es ist für Mill entscheidend, dass Individuen eine richtige Erziehung erhalten. Eine fehlgeleitete Erziehung wird, so Mill, das soziale Fortkommen behindern.[232]

## 2.2 Die Erziehung

Mill erlebte selbst durch seine aussergewöhnliche Erziehung[233] und durch seine eigenen Erfahrungen, dass die individuelle Natur sich mit gesellschaftlichen Forderungen in einem Konflikt befindet, wenn die individuelle Natur nicht berücksichtigt wird:

> Die durch die Erziehung eingeprägten Ansichten und die Forderungen der Gesellschaft mögen [...] sehr starke Mächte sein, aber die individuelle Natur kommt doch immer darunter zum Vorschein und lehnt sich oft dagegen auf; das Gesetz mag stärker sein als die Natur, aber die Natur ist doch immer noch da.[234]

Obwohl die individuelle Natur durch das vorhandene Erziehungssystem unterdrückt wird, kann man sagen, dass am Ende nicht die gesellschaftliche Erziehung, sondern die eigene Na-

---

[229]  Vgl. Ut., Kap. III. 10, 55.
[230]  Vgl. OL., Kap. IV. 1, 141.
[231]  CW., VIII, VI, X , §5, 921.
[232]  Vgl. Cook 1998, 60.
[233]  Man kennt die Geschichte von John Stuart Mills aussergewöhnlicher Erziehung. Er wurde durch seinen Vater erzogen, welcher an die unbegrenzte Formbarkeit des Menschen durch die Erziehung glaubte. Mills Vater war überzeugt, dass nur der erzogene Mensch auf diese Weise vor Unwissenheit und Schwäche bewahrt werden könne. Gemäss dieser Theorie wurde Mill zum Objekt eines wissenschaftlichen Experiments gemacht (vgl. Autobiography, 112).
[234]  HF., Drittes Kapitel, 111.

tur des Individuums die Oberhand behält. Ein brilliantes Beispiel dafür ist Mills eigene (aussergewöhnliche) Erziehung, welche insofern ungewöhnlich war, als der Vater, James Mill,[235] diese selbst in die Hand nahm und nach seinen eigenen Vorstellungen unter seiner alleinigen Leitung völlig fern von Schule und Universität verwirklichte. Das Kind John Stuart Mill sollte ein „Wunderkind" werden, so das Ziel des Vaters.

Mill führte ein strenges Leben strikt nach den benthamistischen Prinzipien. Sein Vater gab ihm eine intensive, auf Disziplin ausgerichtete Erziehung, gemäss benthamistischen Glauben, dass das glücklichste Leben ein Leben ist, welches rational berechnet wird. James Mill und Bentham waren sich einig, dass Gefühle potentiell gefährliche Dispositionen sind, welche nicht stimuliert werden sollten. Demzufolge drückte er seinem Sohn gegenüber keine starken Gefühle aus und ermutigte ihn nicht in der Entwicklung einer eigenen Einbildungskraft.[236]

Mills Leben ist so nahe an die Erfüllung der Bedingungen für einen erfolgreichen Versuch der Konzeption des Guten herangekommen wie kein anderes Experiment am lebendigen Leibe.[237] James Stuart Mill hätte aber als Utilitarist in Betracht ziehen sollen, dass John Stuart Mill biologisch gesehen zwar von ihm abstammt, aber trotzdem eine eigene Natur, einen eigenen Charakter und eigene Gefühle besitzt.

Alexander Bain Mills Freund und Biograph vermittelt uns einige Informationen über James Mill und dessen Sohn: „In Bezug auf James Mill bin ich der Ansicht, dass bei ihm Intellekt und Wille das Gefühle beherrschten. Vom Sohn kann man wohl sagen, dass diese drei Eigenschaften sich mehr im Gleichgewicht hielten. Die Willenskraft war auch ihm stark ausgeprägt, und zwar als spontane Lebensäusserung und unabhängig von der Intensität der sie antreibenden Motive".[238] Wegen seiner isolierten Lage als Kind bekam Mill später Depressionen und erlebte eine seelische Krise. Diese Krise veranlasste ihn dazu, das Erziehungskonzept seines Vaters zu überdenken. Es ist ihm am Ende gelungen, die negativen Folgen seiner aussergewöhnlichen Erziehung zu überwinden und seine Mitgefühle und sein Innenleben zu entdecken. Die positiven Folgen seiner Krise waren: Die Entwicklung der „inneren Kultur des Individuums", sowie die Entdeckung des überragenden Wertes der freien Entwicklung und Entfaltung aller Fähigkeiten einer Person. Mills Erziehung basierte auf der Anschauung, dass alle geistigen und moralischen Gefühle, ob von guter oder schlechter Art, Resultat der Assoziationen sind. Nun entdeckte er seine eigenen Assoziationen, die nur auf seinen Überzeugungen

---

[235]  James Mill war Verfasser von *The History of British India* (vgl. Au., Kap. 1, 26).
[236]  Vgl. Autobiography, 31; 67; 68; vgl. Elizabeth S. Anderson, 176; A.W. Levi 1991, 125.
[237]  Vgl. Elizabeth S. Anderson, 176.
[238]  Alexander Bain 1988, 45.

beruhten. Mill ist nicht durch seine strenge väterliche Erziehung, sondern durch die selbst entdeckte innere Freiheit ein denkender Mensch geworden.

Mill ist überzeugt, dass eine Lehre oder eine Erziehung nicht dogmatisch, sondern nur in der praktischen Auseinandersetzung richtig verstanden und gelehrt werden kann. Vorbild für diese Form der Unterweisung ist die sokratische Dialektik. Was erörterte aber Sokrates in seinen Dialogen?

Im Dialog arbeitete Sokrates besonders die Schwierigkeiten und Unklarheiten verbreiteter Ansichten heraus. Die sokratische Erziehungsmethode erstrebt eine Erziehung, in der die eigene Meinung, Bildung und Einschätzung eine zentrale Rolle spielen. Eine Erziehung nach sokratischer Art stellt die persönliche Entwicklung des Einzelnen in den Vordergrund. Man kann zweifellos leicht von einer unorganisierten Masse geleitet werden, wenn man nicht ein „denkender Mensch" ist. Deshalb forderte Mill eine Erziehung, die vor allem die individuelle Entwicklung zur Persönlichkeit zum Ziel hat, weil sie einziger Garant für Entwicklung und Entfaltung der Individualität ist. Er glaubte, die Individuen von den Konventionen der Gesellschaft, die zur schlimmsten Tyrannei ausarten können, durch Erziehung befreien zu können.

Die Erziehung darf nicht an eine bestimmte Klasse gebunden sein, sondern sollte alle Mitglieder der Gesellschaft einbeziehen, damit nicht nur eine Bildungselite, sondern jedes Individuum das Bildungsniveau der „clerisy"[239] erreichen kann. Die Erziehung darf den Impuls des Individuums auf keinen Fall unterdrücken oder verstümmeln, was die von Individuen zu Individuen variierende Annäherung ans Ideal der Unparteilichkeit betrifft.[240] Diese Unparteilichkeit hilft den Einzelnen, ihre Selbsterziehung und „moralische Weiterbildung" weiter zu entwickeln. In diesem Sinne kann die utilitaristische Ethik auch als eine Art der moralischen Weiterbildung und Selbsterziehung verstanden werden. Auf der einen Seite richtet sie sich gegen traditionelle, moralische Erziehung, auf der anderen Seite erstrebt sie nämlich unbegrenzte Unparteilichkeit und Ausrichtung auf eine bessere Zukunft. Mills Ethik, welche die Individualität, die möglichst freie Entwicklung aller Fähigkeiten zum höchsten Wert macht, fördert aus meiner Sicht, was für Menschen nützlich und nötig ist.

---

[239] Unter „clerisy" begreift Mill vor allem die Absolventen eines Universitätsstudiums.
[240] Vgl. Wolf 1992, 91.

## 2.2.1  Die Nützlichkeitsmoral

Der Mensch kann von Natur aus nicht allein leben, um seine Bedürfnisse zu erfüllen benötigt er eine Gemeinschaft, denn er braucht die anderen und die anderen brauchen ihn. Mill formuliert es in seinem Buch „Der Utilitarismus"[241] folgendermassen:

> Das gemeinschaftliche Leben ist dem Menschen so natürlich, so notwendig und so vertraut, dass er sich niemals [...] anders denn als das Glied eines Ganzen denkt; und diese gedankliche Verbindung wird desto unauflöslicher, je weiter sich die Menschheit vom Zustand roher Selbstgenügsamkeit entfernt.[242]

Jede Gesellschaft hat ihre ethischen Normen. Diese Normen können für die Gesellschaft eine positive oder eine negative Rolle spielen. Sie können auch das Leben des Individuums positiv oder negativ beeinflussen, es sogar unerträglich machen.

Es gibt zahlreiche ethische Lehren, deren Ziel ein gerechtes und gutes Leben ist und die mit ihren Geboten und Verboten den Menschen den richtigen Weg zeigen wollen. Einige ethische Lehren beruhen auf der Religion. Es gibt aber auch andere ethische Lehren, z.B. der Utilitarismus, die sich nicht auf die religiöse Autorität beziehen.

Was ist aber utilitaristische Ethik? Was sind ihre Normen?

Die utilitaristische Ethik ist eine Art der normativen Ethik, welche man „Utilitarismus"[243] nennt. Ihre Normen sind „Nutzen", „Glück" und „Lust". Die utilitaristische Erziehung versucht alle idealistischen Erwartungen an Vollkommenheit, Selbstverwirklichung der menschlichen Natur und Integrität des Gewissens zu erfüllen. Nach Jean-Claude Wolf lässt sich diese moralische Erziehung durch Festigung „moralischer Assoziation" in zwei Maximen zusammenfassen: *Kein Glück auf Kosten anderer*, d.h. durch Schädigung, Rechtsverletzung, Parasitismus usw., und *kein Inselglück*, d.h. kein exklusives Glück in einer Umgebung des Elends.[244] Sie beruht auf nichts, was ausserhalb des menschlichen Lebens liegt, vor allem nicht auf religiösen Überzeugungen. Der Utilitarismus begründet seine moralischen Verbindungen nicht irrational, sondern rational. Es handelt sich dabei um eine Moral, welche Wünsche und Bedürfnisse anderer ebenso in Betracht zieht wie die eigenen. Um sowohl Individual- als auch Gemeinschaftsinteressen zu harmonisieren stellt Mill in seiner Schrift „Logic" die Notwendigkeit eines obersten Prinzips für das moralische Handeln fest.[245] Die Einzigartigkeit dieses

---

[241]  Mill hat das Wort „Utilitarismus" in John Galts schottischer Novelle *The Annals of the Parish* entdeckt, wo es eine negative Bedeutung hat. Bentham hatte jedoch lange zuvor, in einem Brief an Dumont aus dem Jahr 1802, das Wort verwendet, dort allerdings ironisch (vgl. Wolf 1992, 45).

[242]  Ut., Kap. III. 10, 54.

[243]  Utilitarismus (lat. utilis=nützlich) ist eine Richtung der normativen Ethik, die oft als Nützlichkeitsmoral abgestempelt wird, sich aber in der englischsprachigen Welt zu einem differenzierten Instrument der empirisch-rationalen Normbegründung und Gesellschaftsform entwickelt hat (vgl. Höffe 1997, 312).

[244]  Vgl. Wolf 1992, 90.

[245]  CW., VIII, VI, XII, §7, 951.

Prinzips ist auch im Hinblick auf die Praxis notwendig, damit die Menschen wissen, was für sie objektiv richtig und allgemein verbindlich ist.

Mills Ausgangsdefinition des Utilitarismus lautet:

> Die Auffassung, [dass] die Nützlichkeit oder das Prinzip des grössten Glücks die Grundlage der Moral ist, besagt, dass Handlungen insoweit und in dem Masse moralisch richtig sind, als sie die Tendenz haben, Glück zu befördern, und insoweit moralisch falsch, als sie Tendenz haben, das Gegenteil von Glück zu bewirken.[246]

Für Mill ist Glück nicht nur eine Bedingung von Moralität, sondern darüber hinaus auch Moralität eine Bedingung von Glück. Wahrheit, Erkenntnis, Realitätskontakt, Kultivierung und Moralität werden dem Glücksbegriff „einverleibt".[247] Mill schreibt in seinem Buch „Utilitarismus" sehr deutlich, dass „nicht die Gerechtigkeit, aber die Moral überhaupt im Bereich der Nützlichkeit" sei.[248] Das bedeutet, dass die Moralität gemäss Mill ein „Sektor der Nützlichkeit, und die Gerechtigkeit ein Sektor der Moralität" ist.[249] Die Moralität, die nicht auf der Nützlichkeit beruht, kann nicht zu einem erfolgreichen Handeln motivieren. Eine auf der Nützlichkeit beruhende Moral dagegen kann erfolgreiches Handeln am besten motivieren. Bei einer Moral, die nicht auf der Nützlichkeit beruht, handelt der Mensch aus fremden Überzeugungen im Interesse von anderen. Im Ramen der utilitaristischen Moral hingegen handelt er aus eigenen Überzeugungen zu seinem Nutzen und Glück. Bei der sittlichen Moral geht es aber nicht um den eigenen Nutzen, sondern um abstrakte Regeln, die befolgt werden müssen. In diesem Sinne unterscheidet Mill zwischen „Sittlichkeit und schlichter Nützlichkeit".[250] Die moralischen Akteure orientieren sich in der Praxis der Moral primär an den Spielregeln der Moral und betrachten ihre Erfüllung als Selbstzweck. Der utilitaristische Ethiker sieht aus seiner Perspektive die Zwecke, die in der Moral als Selbstzwecke dienen als Mittel zum Zweck zur Erreichung der Moral im Ganzen, zur Aufrechthaltung und Steigerung des gesellschaftlichen Wohls.[251] Mit seinen Worten:

> In diesem Fall ist Glück der einzige Zweck menschlichen Handelns und die Beförderung des Glücks der Massstab, an dem alles menschliche Handeln gemessen werden muss- woraus notwendig folgt, dass es das Kriterium der Moral sein muss, da ja der Teil im Ganzen enthalten ist.[252]

---

[246] Ut., Kap. II. 2, 13.
[247] Brinbacher 2005, 14-15.
[248] Vgl. Ut., Kap. V. 16, 85.
[249] Vgl. Lyons 1976, 103.
[250] Ebd., Kap. V. 15, 84.
[251] Vgl. Birnbacher 2003, 159.
[252] Ut., Kap. IV. 9, 67.

Warum sollte das Glück der einzige Zweck menschlichen Handelns und zugleich Massstab der Moralität sein? Mill hält dagegen, „das allgemeine Glück ein Gut für die Gesamtheit der Menschen" sei.[253]

Die nützliche Moral bezieht sich nicht auf das von alters her Gewohnte und Bewährte, sondern auf „Nutzen". Sie anerkennt nur im Nützlichen die Grundlage der sittlichen und ideellen Werte, sowohl für den Einzelnen, als auch für die Gemeinschaft. Nach dem konsequentialistischen Prinzip werden die Handlungen nicht für sich selbst oder aus ihren Eigenschaften heraus als richtig oder falsch beurteilt, vielmehr bestimmt sich ihre Richtigkeit von den Folgen her. Der Massstab der *Folge*[254] ist ihr Nutzen, allerdings nicht der Nutzen für beliebige Ziele oder Werte, sondern derjenige für das Gute ( = das grösste Glück aller). Wenn man also fragen würde, worauf sich Nützlichkeit bezieht, könnte man vereinfacht sagen, dass sie sich auf den Lustbegriff und auf das Glück bezieht.

## 2.2.2 Das Glück

Das Glück wird nach dem Utilitarismus als Massstab allen menschlichen Handelns angenommen, weil es im Sinne des Utilitarismus gut ist. Es ist nicht nur gut für jeden Einzelnen, sondern für die Gesamtheit der Menschen.[255] Glück ist auf der einen Seite sehr wohl ein individuelles Handlungsziel, welches nur als allgemeine Richtungssymbolisierung verstanden wird, eingegrenzt nur durch den individuellen Erfahrungshorizont zwischen „pleasure" und „pain". Auf der anderen Seite wird es durch eine gesellschaftliche Mehrheitsentscheidung zugunsten des „wahren" Glücks als Kulturwert aus der individuellen Beliebigkeit herausgenommen.[256] Das Glück des Individuums ist laut Utilitarismus an sich nicht ausreichend. Es muss kultiviert werden, damit ein individueller Beitrag zum Gesamtglück geleistet werden kann. Dann werden die utilitaristischen Ansprüche nach dem Prinzip des grössten Glücks gegeneinander abgewogen, und was richtiges oder falsches Handeln ist bestimmt einzig und allein, welche Handlung auf das Ganze gesehen die beste ist. In diesem Sinne fordert das Prinzip des grössten Glücks, „die Interessen jedes einzelnen so weit wie möglich mit dem Interessen des Ganzen in Übereinstimmung" zu bringen. Das Prinzip fordert auch, durch die „Erziehung und öffentliche Meinung [...] einen Einfluss [...] in der Seele jedes Einzelnen auszuüben und eine unauflösliche gedankliche Verknüpfung [...] zwischen dem eigenen Glück

---

[253] Ebd., Kap. IV. 4, 61.
[254] Was meint der Utilitarismus mit der *Folge* einer Handlung? Ich verstehe unter der Folge nur das Glück, d.h. die Konsequenz einer moralischen Handlung wird immer auf das Glück bezogen. Eine Handlung ist richtig, wenn als Folge dieser Handlung Glück als Ergebnis resultiert.
[255] Ut., Kap. IV. 4, 61.
[256] Bartsch 1982, 59.

und dem Wohl des Ganzen"[257] herzustellen. Dies besagt, dass der Mensch sein Glück mit dem Glück der anderen in seiner Seele harmonisieren muss, damit das erwünschte Glück für sich und auch für die anderen präsent sein kann. Mill bezeichnet den Mensch als harmoniefähiges Wesen. Seine konsensfähigen Gefühle und Interessen ordnen sich naturgemäss zum allgemeinen Glück und Nutzen.[258] Sowohl für das individuelle als auch für das allgemeine Glück müssen alle Teile des Glücks zusammen genommen werden: „Glück ist kein abstrakter Begriff, sondern ein konkretes Ganzes, und dies sind einige Teile dieses Ganzen".[259] Mill betrachtet das Glück als Zweck und „Tugend", „Macht", „Geld" und „Ruhm" als Teil des Zwecks. Er ist überzeugt, „dass sie die Erfüllung unserer anderen Wünsche so unermesslich erleichtern; und die enge gedankliche Verknüpfung, die sich auf diese Weise zwischen ihnen und allen anderen Wünschen herstellt, verleiht unserem unmittelbaren Streben nach ihnen jene besondere Intensität, die bei manchen Charakteren so ausgeprägt ist, dass sie alle andern Wünsche an Stärke übertrifft".[260]

Nach dieser utilitaristischer Auffassung bedeutet Glück soviel wie „Verwirklichung der eigenen Wünsche", gleichgültig, worin diese Wünsche bestehen. Mills Glückskonzeption ist nach Gray „hierarchisch und pluralistisch". Sie teilt Glück in Projekte, Verbindungen und Ideale ein, die in einer unbegrenzt grossen Anzahl glücklicher Menschenleben in Erscheinung tritt.[261]

Nach Mill gibt es kein Glück, das ewig fortdauern kann. Das Fortdauern des Glücks hängt von Situationen der lustvollen Erregungen ab. In diesem Sinne kann man sagen, dass Mills Glücksbegriff „episodisch" ist. Episodisch bedeutet hier, dass ein innerer Zustand eine bestimmte Zeit dauert und sich während dieser Zeit mehr oder weniger konstant verhält. Episodische Glücksgefühle können rein empfindungsmässig sein. Aber in der Regel sind sie komplexer als pure Lustgefühle und haben über den sensorischen hinaus einen kognitiven Aspekt.[262] Ein echtes Glück darf nicht auf „Unwissenheit" beruhen, sondern es muss auf Wissen, Verständnis und Einsicht basieren. Mill hat diese Idee der Überlegenheit des kultivierten gegenüber dem unkultivierten Glück so ausgedrückt, dass es beim Glück nicht nur auf die Quantität ankomme, sondern auch auf die Qualität. Man kann dasselbe von der Lust behaupten. Aus diesem Grund definiert auch das hedonistische Prinzip das „Glück" als das grösstmögliche Übergewicht von Lust über Unlust.

---

[257] Ut., Kap. II. 17, 30-31.
[258] Vgl. Bartsch 1982, 52.
[259] Ut., Kap. IV. 6, 65.
[260] Ebd., Kap. IV. 6, 64.
[261] Vgl. Gray 1996, 72.
[262] Vgl. Birnbacher 2005, 3-7.

## 2.2.3 Die Lust

Man denkt beim Ausdruck „pleasure" (Lust, Freude) automatisch an körperliche Freuden wie Essen, Trinken, Sexualität und Ausspannen. Aber beinahe alle Vertreter einer Lustlehre haben damit nicht nur diese körperlichen Freuden, sondern auch die anderen menschlichen Freuden, z.B. intellektuelle Fähigkeiten, Kreativität und soziale Tätigkeiten gemeint. Vor allem diese menschenwürdigen Freuden sind Kriterium moralischer Handlungen. Lust ist Kriterium der Beurteilung der Handlung; deren Folgen sollten für das Wohlergehen aller Betroffenen optimal sein. Lust ist ein Kontrollmechanismus der sozialen Tätigkeiten, der bei menschlichen Handlungen eine besondere Aufmerksamkeit verlangt. Sie ist nach Sidgwick „ein Kriterium für das Richtige".[263]

In diesem Sinne lohnt es sich, einen kurzen Blick auf den Lustbegriff zu werfen. Wenn es um den Lustbegriff geht, muss man auch Epikur[264] und Bentham[265] erwähnen, weil die Millsche Ethik aus diesen beiden Formen entwickelt worden ist.

Nach Epikur leiden die Menschen nicht nur unter einer Krankheit des Leibes, sondern auch der Seele. Die Ursache diese Krankheit sind nach ihm Furcht, Tod, Begierde und Schmerz. Alles menschliche Handeln geht nach Epikur von Lust und Schmerz aus. Deswegen tut man alles, um Schmerz und Aufregung zu verhindern, weil beides für die Gesundheit des Körpers des Menschen und für die Ruhe der Seele des Menschen schädlich ist. Es handelt sich bei der epikureischen Ethik um „die Gesundheit des Körpers" und um „die Ruhe des Geistes".[266] Trotz dieser Erklärungen wurde Epikureische Lustlehre als *Schweinephilosophie* abgestempelt. Diese falsche Einstellung gegenüber Epikureische Lustlehre brandmarkte später den verhassten Namen „Epikureer" und erweiterte sich, so Bentham, in einer feindseligen Weise gegen „den Anhänger des Prinzips der Nützlichkeit".[267]

Mill hat diese Polemik sehr ernst genommen und im zweiten Kapitel seines Buches „Der Utilitarismus" geschrieben, dass „die Überlegenheit der geistigen über die körperlichen Freuden im wesentlichen" von allen utilitaristischen Autoren gesehen wurde.[268]

---

[263] Vgl. Sidgwick 1907, 41.

[264] Lust ist nach Epikur eine Empfindung, die im inneren Frieden des Menschen besteht, der eintritt mit dem Bewusstsein, dass alle eigenen Wünsche erfüllbar sind. Epikur schreibt dies in völliger Übereinstimmung mit Menoikeus: „Denn eine unbeirrte Betrachtung dieser Zusammenhänge weiss jedes Wählen und Meiden zurückzuführen auf die Gesundheit des Körpers und die Unerschütterlichkeit der Seele" (vgl. Epikur 1985, 47).

[265] Jeremy Bentham (1748- 1832) ist der Vater des Utilitarismus. Nach ihm ist nützlich, was Annehmlichkeit, Vorteil, Glück, Lust bringt (vgl. An Introduction to the principles of Morales and Legislation. Kap. I. 3, 12).

[266] Vgl. Petri Gassendi, Syntagmatis Philosophici, Kap. II. 599.

[267] Vgl. Bentham 1789, II. 8.

[268] Ut., Kap. II. 5, 15.

Obwohl die Benthamsche Ethik im Vergleich zur Epikureischen Ethik nicht ganz individua-listisch ist, ist Bentham trotzdem überzeugt, dass eine Ethik, die nicht an die Interessen von Individuen anknüpft, nichts taugt. Er schreibt:

> It has been shown that the happiness of the individuals, of whom a commu-nity is composed, that is their pleasures and their security, is the end and the sole end which the legislator ought to have in view.[269]

Bentham hält den Wert einer Menge an „Freude" und „Lust" für messbar.[270]

Die Natur hat, so Bentham, „mankind under the governance of two sovereign masters, *pain* and *pleasure*"[271] gestellt. Die beiden beherrschen uns in allem, „was wir tun, was wir sagen, was wir denken".[272] Bentham kehrt also zurück zur menschlichen Natur. Aus ihr sollen die Gesetzmässigkeiten des menschlichen Verhaltens abgeleitet werden, die immer und überall gültig sind. Der von ihm begründete Utilitarismus beruht darauf, dass der Mensch in seinen Handlungen nach angenehmen Empfindungen strebt und unangenehme Empfindungen ver-meidet.

Die Natur des Menschen ist egoistischer Art. Jede Person versucht ihren Nutzen zu maximie-ren. Daraus folgt, dass die gesellschaftliche Integration auf dem Prinzip des grössten Glücks der grössten Zahl aufgebaut ist. Denn:

> The community is a fictitious *body*, composed of the individual persons who are considered as constituting as it were its members. The interest of the community then is, what? – the sum of the interests of the several *members* who compose it.[273]

Bentham hat Lust nach sechs Umständen eingeteilt, nämlich nach ihrer Intensität, Dauer, Ge-wissheit oder Ungewissheit, Nähe und Ferne, Fruchtbarkeit sowie Reinheit.[274]

Mill wehrt sich gegen diese Vereinfachung sowie gegen die Methode von Bentham und un-terwirft den Utilitarismus einer detaillierten, sowohl methodischen als auch moralischen Ana-lyse. Darüber hinaus verwirft er die Annahme des hedonistischen Egoismus als einzigem Mo-tivationsprinzip. Individuen sind auch von einem sozialen Gefühl getrieben, welches mit der fortschreitenden gesellschaftlichen Entwicklung wächst: „Das Verlangen nach Einheit mit unseren Mitgeschöpfen, das bereits jetzt eine mächtige Triebkraft in der menschlichen Natur ist und glücklicherweise zu denen gehört, die, auch ohne dass sie den Menschen eigens einge-schärft werden, unter dem Einfluss fortschreitender Kultur immer stärker werden. [...] Diese gedankliche Verbindung wird desto unauflöslicher, je weiter sich die Menschheit vom Zu-

---

[269] Bentham 1789, Kap. III. 1, 34.
[270] Vgl. Ebd., Kap. IV. 1, 38.
[271] Vgl. Bentham 1789, Kap. I. 1, 11.
[272] Vgl. Ebd., I. 1, 11.
[273] Bentham 1789, Kap. I. 4, 12.

stand roher Selbstgenügsamkeit entfernt".[275] Diese enger werdenden sozialen Bindungen verstärken einerseits das eigene Interesse am sozialen Wohl (d.h. das grösste Glück der grössten Zahl), anderseits die sozialen Gefühle.

Im Unterschied zu Bentham vertritt Mill auch die Auffassung, dass sich unsere Freuden nicht nur quantitativ, sondern auch qualitativ unterscheiden. Diese Unterschiede der Qualität erklären sich teilweise aus den verschiedenen Quellen unserer Freuden, die in Körperreizen, aber auch in geistigen Aktivitäten bestehen können. Mill erweitert die hedonistische Werththeorie Benthams, um eine qualitative, ja um eine ästhetische Dimension.[276] Er vollzieht einen Schritt über den quantitativen Hedonismus von Bentham[277] hinaus und versucht den Begriff der Lust durch idealistische Momente zu erweitern. Lust ist nach Bentham summierbare Sinneswahrnehmung.[278] Von diesem Sensualismus distanziert sich Mill bis zu einem gewissen Grade.[279] Es handelt sich bei Mill nicht um die Quantität, sondern um die Qualität der Lust. Man kann sich auf Qualität der Lust beziehen, wenn Lust als empfundene Lust, d.h. als Bewusstseinsqualität konzeptualisiert wird.[280] Mill nimmt an, dass es verschiedene „*Arten* der Freude"[281] gibt. Er zieht einige „*Arten* der Freude" vor, welche mit dem Nützlichkeitsprinzip vereinbar sind. Mill definiert die Nützlichkeit an sich als „Lust", welche als Freisein von Schmerzen verstanden wird: „Unter ‹Glück› [happiness] ist dabei Lust [pleasure] und das Frei sein von Unlust [pain], unter ‹Unglück› [unhappiness] Unlust und das Fehlen von Lust verstanden".[282] Alle Hedonisten von Epikur bis Bentham haben unter Nützlichkeit folgendes verstanden: erstens die Lust selbst, zweitens das Freisein von Schmerz, drittens das Angenehme (agreeable), sowie viertens das Gefällige.[283]

Nach dem hedonistischen Prinzip ist das Kriterium das Mass an Freude, das eine Handlung hervorruft, vermindert um das mit ihr verbundene Mass an Leid. Die Lust wird nach diesem Prinzip als Grundwert angenommen, d.h. die Folge einer moralischen Handlung muss das Unglück vermeiden. Wenn man das schafft, dann ist Lust da. Wenn Lust da ist, dann ist die Folge unserer Handlung nützlich. Lust und das Freisein von Unlust seien die einzigen Dinge, „die als Endzwecke wünschenswert sind" und alle anderen wünschenswerten Dinge seien dies

[274] Vgl. Ebd., Kap. IV. 2, 38.
[275] Ut., Kap. III. 10, 54-55.
[276] Rinderle 2000, 66.
[277]. Vgl. Bentham 1789, IV. 2, 38; Wolf 1992, 50.
[278] Vgl. Ebd., 38-41.
[279] Mill distanziert sich vom Sensualismus, ohne ihn ganz aufzugeben. Er konzediert die Bewertung von „pleasures", beschreibt aber diese Bewertung als eine Empfindung oder Gefühlsreaktion (vgl. Wolf 1992, 8 Anm. 50).
[280] Vgl. Wolf 1992, 66.
[281] Vgl. Ut., Kap. II. 5, 15.
[282] Ut., Kap. II. 1, 13.
[283] Vgl. Wolf 1992, 46.

deshalb, „weil sie selbst lustvoll sind oder weil sie Mittel sind zur Beförderung von Lust und zur Vermeidung von Unlust".[284]

## 2.2.4  Höhere Freuden

Die Millschen Lust-Präferenzen beruhen nicht nur auf der körperlichen Lust, sondern auf den geistigen Erfahrungen, die man bewusst erleben kann. Die körperlichen Lüste sind nach ihm nicht höhere Freuden, sondern niedrige Freuden. Nach seiner Meinung können das Glück, bzw. die Lust nur durch den Geist erstrebt und erlebt werden, da sie sonst unnütz seien. Dies deshalb, weil der Mensch sein Glück nur durch geistige Berechnung erreichen kann. Es ist auch nicht schlimm, wenn man merkt, dass man Unlust erlebt, d.h. der Mensch ist sich bewusst, dass ihm oft etwas fehlt.

Mills berühmter Satz, es sei „besser ein unzufriedener Mensch zu sein als ein zufriedenes Schwein; besser ein unzufriedener Sokrates als ein zufriedenes Narr",[285] weist nicht auf eine hedonistische Werttheorie, sondern eine idealistische Werttheorie hin.

Beim Vergleich etwa von Sokrates und dem Narren kommen verschiedene Lebensideale mit ins Spiel. Diese Unterscheidung verschiedener Qualitäten von Freude ist mit einer hedonistischen Werttheorie nicht mehr vereinbar.[286] Mill sagt:

> Fragt man mich nun, was ich meine, wenn ich von der unterschiedlichen Qualität von Freuden spreche, und was eine Freude [...] wertvoller als eine andere macht, so gibt es nur eine mögliche Antwort: von zwei Freuden ist diejenige wünschenswerter, die von allen oder nahezu allen, die beide erfahren haben [...] entschieden bevorzugt wird.[287]

Er ist also der Ansicht, die Bevorzugung einer Freude durch *Kenner* beweise lediglich, dass die eine lustvoller ist als eine andere.[288] Mit einer Freude meint er nicht, wie seine Worte zu verstehen geben, das, was Freude erzeugt und die erzeugte Freude, sondern die Freude, welche erfahren werden muss. Für die höhere Bewertung der qualitativen Freuden beruft sich Mill auf die *Erfahrung kompetenter Beurteiler*, welche beide Arten von Freuden kennen. Die Berufung auf die kompetenten Beurteiler bedeutet keinen Verzicht auf Erfahrung, da nur Beurteiler, die erfahren sind und über ein erfahrungsbezogenes Kriterium verfügen, in der Lage sind die beiden Arten der Freuden zu unterscheiden.

Angenommen, es gibt zwei Arten der Freude, nämlich A und B. A ist eine höhere Freude als B. Alle, oder die meisten Personen, werden A gegenüber B bevorzugen, wenn sie mit beiden

---

[284]   Ut., Kap. II. 2, 13.
[285].  Vgl. Ut., Kap. II. 6, 18.
[286]   Vgl. Rinderle 2000, 68.
[287]   Ut., Kap. II. 5, 15.
[288]   Vgl. Ut., Kap II. IV, 15.

Freuden im gleichen Masse Erfahrungen gemacht haben.[289] Man bevorzugt A gegenüber B, weil A mehr bietet. Mill hat, so Wolf, mit seinen qualitativen Unterschieden der Freuden „nicht nur einen wesentlichen Beitrag zur Überwindung des Lustsummendenkens geleistet, sondern mit seiner Anerkennung qualitativer Unterschiede von Lust und Freude den Utilitarismus wesentlich verbessert".[290]

Mills qualitativer Hedonismus bezieht sich auf die individuelle geistige Entwicklung und beruht auf den individuellen Wertungen, d.h. auf den individuellen Präferenzen, die von veränderlichen und zufälligen Wünschen unabhängig sind. Dieser qualitative Hedonismus betrachtet den Menschen als ein Wesen, das nur durch die geistige Freuden wachsen und sich entfalten kann. Mill rechnet jedoch vor allem die Ausübung verschiedener Fähigkeiten anderer Art als der Freude zu:

> Die Menschen haben höhere Fähigkeiten als bloss tierische Gelüste und vermögen, sobald sie sich dieser einmal bewusst geworden sind, nur darin ihr Glück zu sehen, worin deren Betätigung eingeschlossen ist.[291]

Aber höhere Freuden sind nicht für alle Menschen dieselben. Wenn wir Mills Unterscheidung zwischen den höheren und niedrigen Freuden als verschiedene Arten der Aktivität oder Lebensformen, sogar als „states of mind" behandeln, können wir erkennen, dass er weit davon entfernt ist zu behaupten, dass die höheren Freuden für alle Menschen dieselben seien. Er denkt, dass diese Eigenschaft nur in den Menschen verfügbar ist, die ihre besondere menschliche Kapazität für autonomes Denken und Handeln entwickelt haben.[292] Nur in der Ausübung seiner intellektuellen sittlichen Tugenden findet der Mensch sein wahres Glück und seine Erfüllung. Der qualitative Hedonismus von Mill weist deshalb Gemeinsamkeiten mit dem Glücksbegriff von Aristoteles auf, wonach das Glück in der Ausübung der für den Menschen charakteristischen Tugenden bestehe. Die Erziehung kann bewirken, dass in der Seele „eine unauflösliche gedankliche Verknüpfung [...] zwischen dem eigenen Glück und dem Wohl des Ganzen"[293] hergestellt wird.

Die Wünsche und die Empfindungen können durch die individuelle geistige Erziehung geordnet werden. Wünsche ordnen heisst nicht nur, sie ein für alle mal zu hierarchisieren und z.B. die sinnlichen oder sexuellen Wünsche auf eine unterste Hierarchiestufe zu verbannen, sondern auch alle Arten in ein möglichst stabiles Gleichgewicht zu bringen. Diese geordneten

---

[289]   Vgl. Anderson S. Elisabeth 1991, 176.
[290]   Vgl. Wolf 1993, 25.
[291]   Ut., Kap. II. 4, 14.
[292]   Vgl. Gray 1996, 72.
[293]   Ut., Kap. II. 18, 30; Vgl. Ut, Kap. III. 10, 55.

Wünsche können uns nicht nur eine grosse Freude bereiten, sondern sie können auch unserer Individualität und Originalität noch besser dienen.

## 2.3  Die Individualität bei Mill

Der Gebrauch des Begriffs „Individualität" (individuality) ist bei Mill mehrdeutig. Er gebraucht „Individualität" als Synonym für autonome, individuelle Lebensformen („modes of live").[294] Die Individualität ist, als individuelle Selbstmotivation und Selbstführung, für Mill entscheidend:

> No one would assert that people ought not to put into their mode of life, and into the conduct of their concerns, any impress whatever of their own judgement or of their own individual character.[295]

Seiner Ansicht nach sind die Menschen in ihren Charaktereigenschaften im wesentlichem veränderbar. Sie können diese in ihrer Entwicklung stark beeinflussen. Es ist möglich einen vollendeten Charakter zu erreichen, wenn Einzelpersonen bewusst ihn und ihre Handlungen streng kontrollieren. Obwohl die Selbsterziehung zu einem veränderten Charakter führt, gibt Mill zu, dass er durch äussere Umstände beeinflusst oder geformt werden kann. Aber der Mensch kann diese Manipulationen zurückweisen, wenn er erwachsen ist:

> Nobody denies that people should be so taught and trained in youth as to know and benefit by the ascertained results of human experience. But it is the privilege and proper condition of a human being, arrived at the maturity of his faculties, to use and interpret experience in his own way.[296]

Charakterlich hochstehende Menschen verlassen sich in ihrem Urteil auf sich selber. Ihr vorbildlicher Charakter ist nicht wesentlich bestimmt durch einen vorbestimmten Weg, sondern durch die freie Wahl.[297] In diesem Sinne benutzt Mill den Begriff „Individualität" um ein Verhalten zu bezeichnen, das von der Norm abweicht.

John Gray behauptet, dass Mill mit der „Individualität" eine Form der „Selbstverwirklichung" meine,[298] in der die Kraft des autonomen Denkens und Wählens die menschliche Spezies auszeichnet. Selbstverwirklichung bedeutet in diesem Sinne Experiment des Lebens, Verwirklichung von Lebensplanung. Sie wird in den verschiedenen Lebensformen ausgeübt, in denen die charakteristischen Bedürfnisse der Personen ihrer Natur nach befriedigt werden. Solche

---

[294]  Vgl. OL., Kap. III. 3, 133-135.
[295]  OL., Kap. III. 3, 80.
[296]  OL., Kap. III. 3, 122.
[297]  Vgl. Cook 1998, 46.
[298]  Gray 1989, 224.

Experimente werden im Lebensplan dargestellt, sie werden häufig verbessert oder geändert durch den Gebrauch selbständiger autonomer Gedanken.[299]

Nach Mill müssen moralische Handlungen auch „Individualität" voraussetzen. Moralisch handeln setzt voraus, dass man bewusst moralisch handeln will. Eine moralisch handelnde Person kann ihr Handeln nicht wesentlich nach einer anderen Person bestimmen.[300] Das Individuum soll sich auf die Situationen beziehen. Situationsbezogen handeln heisst, seinen Charakter und Wünsche nicht automatisch von den gesellschaftlichen Normen diktieren zu lassen. Mills Konzeption des Selbst kann verstanden werden, wenn man das Verhältnis vom Selbst zu seinen Wünschen darlegt. Mill sagt, dass meine Wünsche notwendigerweise dem Charakter entsprechen und dass sie notwendigerweise ihm folgen, wenn er nicht völlig von der Gesellschaft, sondern von mir bestimmt werden kann. Wenn mein Charakter jedoch von der Gesellschaft bestimmt wird, folgen meine Wünsche einem Charakter, der nicht meiner ist.[301] In einer solchen Situation kann man seine eigenen Wünsche und Projekte nicht entfalten, weil man keine eigene Individualität besitzt. Wie Gray feststellt, kann für Mill ein Mensch seine Individualität nur dann entfalten, wenn seine Wünsche und Projekte seine eigenen Wünsche und Projekte sind.[302] Deswegen muss man „an seinem Charakter arbeiten und ihn langfristig zumindest teilweise mitgestalten [können], um so die für Schuld und Strafwürdigkeit relevante Freiheit heranzubilden".[303]

Mills Verteidigung der Individualität preist die Besonderheiten einer energischen, spontanen und selbstbewussten Persönlichkeit. Er meint mit der Individualität auch eine Art politischer Persönlichkeit ihre „Entwicklung" und „die Kultivierung der Persönlichkeit":

> Having said that the individuality is the same thing with development, and that it is only the cultivation of individuality which produces, or can produce, well-developed human beings, I might here close the argument; for what more or better can be said of any condition of human affairs than that it brings human beings themselves nearer to the best thing they can be.[304]

---

[299] Alex Zakaras definiert auch die Individualität bei Mill als Selbst-Urheberschaft (self-authorship) und als deren zentrales Element den aktiven Geist sehen: „we achieve it when we fashion lives of our own, lives that reflect values and aspirations culled from our own experience and reflection. Its most important element is the "active mind", by which Mill means the will and capacity to form reflective, independent judgments. As I explained earlier, Mill believed that individuals have an obligationen, qua citizens, to refrain from voting their (personal or class) interesst and to from considered judgments about the common good" (vgl. Zakaras 2007, 216).

[300] Vgl. Cook 1998, 45.
[301] Vgl. Smith 1998, 129.
[302] Vgl. Gray 1983, 79.
[303] Vgl. Wolf 1992, 205.
[304] OL., Kap. III. 9, 128.

Mill spricht von „Individualität"; heute sprechen wir von „Persönlichkeit".[305] Er ist überzeugt, dass nur die eigene Persönlichkeit die Menschen zur höchsten Entfaltung ihre Möglichkeiten führen kann. Durch sie können Menschen ihre spezifischen Fähigkeiten entfalten, wie z.B. „Beobachtungsgabe", „Urteilsvermögen", „Unterscheidungsvermögen" und „Willensstärke". Diese Fähigkeiten helfen das Gute zu erkennen und zu anzustreben. Die Kultivierung der Persönlichkeit entwickelt jene Fähigkeiten, die beim Erkennen und Erstreben des Besten nötig sind. Eine kultivierte Persönlichkeit kann im Leben alles gut planen und organisieren, wenn sie sich ihrer Gedanken, ihrer Handlungen und ihrer Meinungen jederzeit bewusst ist. Mill betont mit Nachdruck, dass der Wert eines Menschen für sich selber, und damit potentiell auch für andere, umso höher steigt, je mehr seine Persönlichkeit entwickelt ist. Nach Mill ist „die freie Entwicklung der Persönlichkeit eine der Hauptbedingungen der Wohlfahrt".[306]

Die Frage lautet: Wie kann sich die individuelle Persönlichkeit entfalten? Kann sie das ohne Freiheitsspielraum zu schaffen? Erstens muss die Gesellschaft „der Individualität eine Chance"[307] geben, damit sie die Freiheit haben kann, um das Leben auf ihre eigenen Charaktereigenschaften auszurichten. Zweitens muss die Meinungsfreiheit verbürgt sein, damit Gedanken und Meinungen ohne Angst und Furcht in Freiheit geäussert werden können. Drittens sollte aber gemäss Mill die Freiheit des Individuums dann begrenzt sein, wenn seine freie Meinungsäusserung die anderen schädigt oder allzu sehr stört.[308] Die dritte Forderung Mills ist rein utilitaristisch. Es darf nicht vergessen werden, dass Mill Individualität und die individuelle Freiheit aus streng utilitaristischen Gründen, d.h. mit dem Ziel des grösstmöglichen Glücks der grösstmöglichen Zahl von Menschen anerkannte. In diesem Sinne verlangt Mill die Begrenzung einer Meinung, welche die utilitaristischen Prinzipien ausser Acht lässt. Eine Meinung, welche bei anderen Schaden anrichtet, kann für das allgemeine Glück eine Gefahr darstellen. In diesem Sinne muss gemäss Mill die Freiheit des Individuums begrenzt sein, da sie nicht zur Plage für andere werden darf, weil die freie Meinungsäusserung sich nicht nur auf das Denken, sondern analog auch auf das Handeln anwenden lässt.

Viertens muss die Individualität mit der „Erziehung", der „Zivilisation", der „Ausbildung", und der „Kultur", koordiniert werden, wenn man seine „Selbstbestimmung" erreichen will. Für die Entwicklung der Individualität kann die Gesellschaft eine grosse Rolle spielen, wenn sie „die Persönlichkeit"[309] des Einzelnen nicht bedrängt.[310] Sie kann durch gute Erziehung

---

[305]  Vgl. Smith 1998, 131.
[306]  Vgl. OL., Kap. III. 1, 120.
[307]  Vgl. Ebd., Kap. III. 1,120.
[308]  Ebd., Kap. III. 1, 119.
[309]  Vgl. Simmel 1984, 75.

den Horizont ihrer Mitglieder erweitern, damit sie zu reifen Persönlichkeiten werden, und damit sich die „Exzentriker" vermehren können.

Eine Gesellschaft, die den freien Persönlichkeiten keinen Freiraum ermöglicht, ist ein Feind der Individualität. Diese Feindschaft der Gesellschaft zeigt sich in ihren moralischen Normen. Es ist bekannt, dass die individuelle „Spontaneität"[311] von diesen moralischen Denkweisen kaum anerkannt wird, weil die Selbstbestimmung als ein störendes und rebellisches Hindernis gegen die allgemeine Aufnahme betrachtet[312] und die Intoleranz gegenüber verschiedenen Meinungen grösser wird. Mill zählt zum Beispiel die christliche Moral zu diesen die Individualität schwächenden Ursachen. Mill betrachtet die christliche Lehre wegen ihrer Selbstverleugnung (self-denial) als sehr schädlich.

## 2.3.1 Die Gefahr der christlichen Moral

Es gibt einen Bereich des praktischen Lebens, wo die Intoleranz gegenüber verschiedenen Meinungen grösser wird. Dieser Bereich ist nach Mill eine Form der Moralität, welche die grösste Gefahr für die anderen darstellt, z.B. die christliche Moral.

> The Christian morality [...] is the whole truth on that subject, and if anyone teaches a morality which varies from it, he is wholly in error.[313]

Mills Strategie gegen christliche Intoleranz ist einfach: Für ihn weist jeder intolerante Christ der das Recht anderer Religion bestreitet, die Tolerierung des Christentums zurück. Der Christ antwortet, dass der grosse Unterschied der ist, dass der einzig wahre Glaube und die ganze Wahrheit in seiner Religion zu finden sci. Diese Behauptung toleriert jedoch andere Meinungen überhaupt nicht und bedeutet für die Individualität eine Gefahr.

Wie andere Lehren predigt auch die christliche Lehre die Tugend des Gehorsams und stellt damit nur eine Seite des idealen Zustandes dar. Mill räumt ein, dass die christliche Lehre ein Teil der Wahrheit sei, dass aber weitere Teilwahrheiten in anderen Lehren liegen.[314] Während Mill die christliche Lehre als Selbstverleugnung (self-denial) betrachtet, sieht er die heidnische Lehre als Selbstbejahung (self-assertion).[315] Auch für den Glauben ist Individualität sehr wichtig, damit man dessen Wahrheit in Frage stellen kann. Der Mensch sollte sich nicht aus Gewohnheit einem Glauben hingeben. Nicht nur die Gefühle, sondern auch die Vernunft muss beteiligt sein.

---

[310]  Nach Simmel wird „die Persönlichkeit von zwei Seiten her gedrängt: Die Gesellschaft gibt ihr ein Mass, dass sie weder in der Richtung des Allgemeineren, noch in der des Individuelleren überschreiten darf" (vgl. Simmel 1984, 75).
[311]  Vgl. OL., Kap. III. 2, 120.
[312]  Ebd., Kap. III. 2, 121.
[313]  OL., Kap. II. 36, 111.
[314]  Zu Teilwahrheiten in heidnischen Lehren vgl. OL., Kap. III. 8, 126.

Nach Mill gibt es neben der christlichen Lehre noch zwei weitere Faktoren, die der Individualität schaden:

1. Die Gefahr der Zensur

2. Die Gefahr der Tyrannei der Gewohnheit

## 2.3.2 Die Gefahr der Zensur

Exzentrische und kritische Gedanken sind immer von der Zensur angegriffen und unterdrückt worden. Die Zensur schadet nicht nur dem Kern der neuen Idee, sondern verbreitet auch Furcht, welche sowohl für die Individualität als auch für alle Klassen der Gesellschaft eine grosse Gefahr darstellt. Diese Furcht vor der Zensur fügt den Betroffenen direkt am meisten Leid zu, während der von der Zensur Unbetroffene dem gegenüber gleichgültig bleibt.[316] Die Zensur schadet vor allem dem Geist, der durch sie nicht mehr frei denken kann. Durch Zensur werden aber nicht nur Gedanken, sondern auch die „Besonderheit des Geschmacks" und generell menschliche „Fähigkeiten"[317] der Einzelnen unterdrückt. In diesem Sinne kann man sie als ein Gefängnis für den menschlichen Verstand beschreiben. Die Zensur ist sogar noch schlimmer als ein Gefängnis, weil sie die betreffende Person für das ganze Leben einsperrt.

Bei der Zensur leidet „man allein",[318] weil man von der Gesellschaft isoliert wird und in seiner Freiheit gefährdet ist.

## 2.3.3 Die Gefahr der Tyrannei der Gewohnheit

Neben der Zensur führt auch „die Tyrannei Gewohnheit"[319] nach Mill zur Stagnation der Menschen. Der menschliche Fortschritt ist nur möglich im Kampf der Freiheit gegen die Tyrannei der Gewohnheit. Die Gewohnheit macht die Menschen gleich und inaktiv, die Freiheit macht sie dagegen ungleich und energisch. „Im ganzen Osten"[320] ist nach Mill diese Gewohnheit oberste Instanz.

Im alten China gab es Talent, Weisheit, gute Sitteregeln und Erziehung der ganzen Bevölkerung.[321] Trotz all diesen guten Voraussetzungen ist es jedoch nicht zu einem Fortschritt, sondern zum Stillstand gekommen, weil es im alten China um eine „Gleichmacherei des Menschen"[322] ging.

---

[315] Vgl. OL., Kap. III. 8, 127.
[316] Vgl. OL., Kap. III. 6, 125.
[317] Ebd., Kap. III. 6, 126.
[318] Ebd., Kap. III. 6, 125.
[319] Ebd., Kap. III. 16, 136.
[320] Ebd., Kap. III.17,136.
[321] Ebd., Kap. III. 17,137.
[322] Ebd., Kap. III. 17,138.

Nicht die „Tyrannei der Gewohnheit", sondern „freedom and variety of situations"[323] sind gute Voraussetzungen für die Individualität und machen die Menschen frei und ungleich. Die Anpassung an Gewohnheiten gibt den Menschen keine Chance, ihre besondere Begabung auszuüben:

> Though the customs be both good as customs and suitable to him, yet to conform to custom merely *as* custom does not educate or develop in him any of the qualities which are the distinctive endowment of a human be-ing.[324]

Die Gefahr besteht, dass die Leute nur noch fähig sind der Gewohnheit zu gehorchen: „All the good of which humanity is capable is comprised in obedience".[325] Diese Fürgsamkeit und Gewohnheit verkümmert mit der Zeit die individuelle Fähigkeit, selbst entscheiden zu können:

> The human faculties of perception, judgement, discriminative feeling, mental activity, and even moral preference are exercised only in making a choice. He who does anything because it is the custom makes no choice.[326]

Für Mill bedeutet die Weigerung, Gewohnheiten als blosser Gewohnheit zu folgen, einen Ausdruck der eigenen Individualität. Wer diese blossen Gewohnheiten ablehnt, besitzt eine Chance zur Entwicklung seiner Qualitäten, welche nach Mill „reasoning and judgement to foresee", „activity to gather materials for decision", „discrimination to decide" [...] und „firmness and self-control"[327] sind. All diese Qualitäten können nur durch Übung erworben werden. Mill ist überzeugt, dass ein Widerstand gegen die „Tyrannei der Gewohnheit" nur durch Individualität möglich ist.

Nachdem die für Individualität schädlichen Faktoren analysiert worden sind, soll nun die Komponente der Individualität untersucht werden, um den Wert der Individualität nach Mill erkennen zu können.

## 2.4   Die Komponente der Individualität

Die Vernunft, der Charakter, die Gedanken und Meinungen sowie die Triebe und Wünsche sind Grundkomponenten der Individualität. Sie sind wichtige Instrumente, welche die Individualität nicht nur zum Funktionieren bringen, sondern ihr auch Energie und Kraft verleihen.

---

[323] Ebd., Kap. III. 18, 139.
[324] Ebd, Kap. III. 3, 122.
[325] Ebd., Kap. III. 6, 126.
[326] OL., Kap. III. 3, 122.
[327] Ebd., Kap. III. 3, 123.

## 2.4.1 Die Vernunft

Der Verstand ist nach Mill für die Persönlichkeitsentwicklung ein entscheidendes Hilfsmittel. Er erlaubt es, traditionelle Ansichten und Bräuche zu prüfen um daraufhin zu einer begründeten eigenen Entscheidung zu kommen. Die Fähigkeiten des Menschen können nicht unabhängig von der Vernunft betrachtet werden. In diesem Sinne hat Mill die Fähigkeiten, deren Entwicklung gleichzeitig Kultivierung der eigenen Persönlichkeit bedeutet, ausdrücklich mit Vernunft gleichgesetzt. Der Mensch kann seine Fähigkeiten nach Mill nur durch Übung erwerben:[328]

> He who lets the world, or his own portion of it, choose his plan of life for him has no need of any other faculty than the ape-like one of imitation. He who chooses his plan for himself employs all his faculties. He must use observation to see, reasoning and judgement to foresee, activity to gather materials for decision, discrimination to decide, and when he has decided, firmness and self-control to hold to his deliberate decision.[329]

In dieser Hinsicht wird die Vernunft als ein Ensemble von Fähigkeiten verstanden, Gutes zu erreichen und Böses zu vermeiden.[330] Man kann seine Fähigkaten durch Übung meistern und so seine Individualität kultivieren. Die Person kann ihre Antriebe, Gefühle, Gewohnheiten und Haltungen durch Vernunft kontrollieren und dadurch Rückschlüsse ziehen, Hypothesen formulieren, sich in etwas oder jemanden einfühlen, sich beherrschen, bestimmte Situationen erkennen, und so weiter. Je mehr man seine Vernunft geprägten Fähigkeiten entwickelt, desto mehr kann man bei seinen Handlungen die beste Entscheidung für sich selbst und für andere treffen. In diesem Sinne sollten die Menschen ihre Individualität in hohem Masse ausbilden, damit sie die wichtigsten menschlichen Erfahrungsbereiche aufprägen können.

Aber wenn der Verstand des Einzelnen durch sittliche und moralische Regeln eingeschüchtert worden ist, kann er dann noch seine Funktion erfüllen? Kann man ohne ihn Dinge erkennen? Können wir eigentlich ohne Denken etwas tun? Kann man ohne Denken von Individualität reden? Wie man auch bei anderen Moralvorstellungen und sittlichen Gesetzen beobachtet hat, hat Mill bei der christlichen Moral festgestellt, dass sie die Persönlichkeit der Individuen nach ihrem Geist formt. Der Geist der christlichen Moral hat nach Mill nur einen „servile type of character"[331] im Individuum entwickelt. Er fördert einen „servilen Charakter", indem er „die Hoffnung auf das Paradies und die Furcht vor der Hölle zu den Motiven eines tugendhaften Lebens"[332] macht. Diese Moral kann nach Mill überhaupt keinen Denker, der „erkennt, dass

---

[328] Vgl. Ebd., Kap. III. 3, 122ff.
[329] OL., Kap. III. 4, 123.
[330] Vgl. F. Ladenson 1987, 150.
[331] Vgl. OL., Kap. II. 38, 114.
[332] Vgl. Ebd., Kap. II. 37, 112.

es seine Pflicht als Denker ist, seinem Intellekt zu folgen, zu welchen Schlüssen er ihn auch leiten mag" hervorbringen.[333]

## 2.4.2 Der Charakter

Mill weist darauf hin, dass die Persönlichkeitsentwicklung einer Person nicht nur den Verstand, sondern auch den Charakter betrifft.

Ein eigener Charakter lässt nicht zu, dass die Sitten ihn zu „einem gewöhnlichen Charakter" machen, sondern wird nach seiner Art aktiv und energisch handeln. Mill hat erkannt, dass die menschliche und „moralische" Entwicklung des Menschen nicht nur das betrifft, was er tut, sondern auch das, was er ist. Mill verdeutlicht diesen Punkt durch einen Vergleich zwischen Menschen und Automaten (automatons in human form).[334] Selbst wenn Maschinen dieselben Leistungen wie Menschen erbringen könnten, wären sie doch kein adäquater Ersatz für lebende Menschen.[335] Menschen sollten nicht einfach vorgegebene Pläne erfüllen, sondern sich nach ihrem eigenen Charakter und nach ihren eigenen Gesetzen entwickeln sowie nach ihrer Individualität handeln. Mit Mills Worten:

> Human nature is not a machine to be built after a model, and set to do exactly the work prescribed for it, but a tree, which requires to grow and develop itself on all sides, according to the tendency of the inward forces which make it a living thing.[336]

Mills Auffassung sagt uns, dass unser Verstand wie unsere Wünsche und Triebe unsere Eigenart sein sollten. Sie sind ein Teil eines vollkommenen menschlichen Wesens, wie Glaube, Überzeugung und Selbstbeherrschung. Man hat einen Charakter, wenn man eigene Begierden und Triebe besitzt. Der Charakter nimmt mit der Zeit Gestalt an und entwickelt sich durch eigene Wünsche und Triebe. Mill sieht es als eine Gefahr an, wenn es den Menschen an „persönlichen Triebe[n] und Vorliebe[n] mangelt".[337] Der Mangel eigener Triebe und Wünsche führte bei den Frauen zu einer Unterdrückung ihres Charkters und ihrer eigenen Vorlieben.[338] Deswegen hatten die Frauen kaum eigene Wünsche und Triebe ausleben können, solange sie der Gewalt der männlichen Gesellschaft unterworfen waren. Sie waren von einem Charakterideal weit entfernt. Der ideale Charakter besteht aus einer harmonischen Kombination der Fähigkeit, nicht nur allgemein soziale Regeln zu befolgen, sondern auch den eigenen Regeln folgen zu können, und der Fähigkeit, selbst zu denken und das zu wählen, was man gerne haben möchte oder zu tun wünscht.

---

[333] Vgl. Ebd., Kap. II. 19, 95.
[334] Vgl. Ebd., Kap. II. 4, 123.
[335] Vgl. Gräfrath 1992, 75.
[336] OL., Kap. III. 4, 123.
[337] Vgl. OL., Kap. III. 5, 125.

## 2.4.3 Triebe und Wünsche

Mill ist überzeugt, dass die Gefahr, die zu seiner Zeit die Spezies bedroht hat, „nicht das Übermass, sondern der Mangel persönlicher Impulse" ist.[339] Körperliche Wünsche und Triebe sind nach Mill das „Rohmaterial" der menschlichen Natur und „Teile eines vollkommenen menschlichen Wesens".[340] Sie seien im Gegensatz zum christlichen Menschenbild neutral und schliesslich „nur ein anderer Name der Energie".[341] Mill wendet sich damit gegen eine Tradition, die im Christentum seit Augustinus dominant ist. Er hält dagegen körperliche Wünsche und Triebe für *prima facie* unschuldig (moralisch neutral).[342] Auch die starken Empfindungen der Triebe können nach Mill eine Quelle der Selbstbeherrschung sein:

> The same strong susceptibilities which make the personal impulses vivid and powerful are also the source from whence are generated the most passionate love of virtue and the sternest self-control.[343]

Starke Triebe und Wünsche können schon gefährlich sein, wenn man sie nicht richtig ins „Gleichgewicht" bringen kann. Aber unter Kontrolle gebrachte Triebe und Wünsche können Grundlage eines starken Charakters sein. Die starken individuellen Triebe und Wünsche sind nach Mill deshalb wünschenswert, weil gerade sie einen starken Charakter formen können. Nur ein Charakter, der eigene Begierde und Triebe hat, ist ein Charakter und kann seine eigene Kultur entwickeln.[344]

## 2.4.4 Die Gedanken und die Meinungen

Die Menschen werden vor allem durch ihre Individualität zu Menschen, welche die Fähigkeit haben zu denken, zu diskutieren, sich nach ihren Gefühlen zu entscheiden, für sich das Gute wie auch das Schlechte zu wählen.

Mill ist davon überzeugt, dass Menschen sich nicht entwickeln können, dass sie nicht gedeihen und zu wirklichen Menschen werden können, wenn man ihre Individualität nicht anerkennt und ihnen nicht einen gewissen Freiraum garantiert, in welchem sie von der Einmischung anderer unbehelligt bleiben. Diesem Raum hält Mill für unverletzlich.

Für die Entwicklung der Individualität sind die Denkfreiheit und die Redefreiheit am wichtigsten. Wo diese Freiheiten fehlen, fehlt auch die menschliche Entwicklung und Verbesse-

---

[338] Vgl. HF., 15.
[339] Vgl. OL., Kap. III. 6, 125.
[340] Vgl. Ebd., Kap. III. 5, 124.
[341] Vgl. Ebd., Kap. III. 5, 124.
[342] Wünsche und Begierden sind für sich betrachtet weder gut noch schlecht. Es kommt vielmehr auf die konkreten Inhalte an: Neid und Schadenfreude sind im Regelfall negativ, Wohlwollen und Anteilnahme positiv zu bewerten. Man soll Schaden von anderen abwenden. Vgl. Sokrates' Beispiel eines Leih-Gebers, der seine Waffe zurückfordert, inzwischen aber wahnsinnig geworden ist (Rep. 331c).
[343] OL., Kap. III. 5, 124.
[344] Vgl. Ebd., Kap. III. 5, 124.

rung. Sie bilden das Kernstück für Vollendung des menschlichen Handelns. Gedanken sollen nicht nur im Geist gedacht werden, sondern sie müssen auch ohne Zwang geäussert und diskutiert werden können, selbst wenn sie falsch sind. Mill ist der Ansicht, dass jede Meinung etwas Wahres enthalten kann, wenn sie offen diskutiert wird. Wenn aber eine Meinung nicht offen diskutiert wird und ohne Grund durch eine Autorität unterdrückt wird, kann diese nach Mill trotzdem richtig sein: „The opinion which it is attempted to suppress by autority may possibly be true".[345]

Man unterdrückt eine dezidierte Meinung durch eine Autorität, weil man seine eigene Meinung nicht rechtfertigen kann und wahre Urteilskraft fehlt. Der Mangel an Argumenten verführt dazu, eine fremde Meinung zu unterdrücken.

Nach Mill muss eine Meinung, ob sie wahr oder falsch sei, erörtert werden, denn die Wahrheit kann nur durch eine lebendige Diskussion sichtbar werden.[346] Mill denkt, dass die Wahrheit einer Meinung nicht im Geist, sondern in der Diskussion wohnt. Nach ihm kann die Wahrheit ohne Diskussionsfreiheit nicht zutage gefördert werden:

> The fact, however, is that not only the grounds of the opinion are forgotten in the absence of discussion, but too often the meaning of the opinion itself.[347]

Mill betont, dass die komplette Freiheit des Denkens und der Diskussion der einzige Weg ist, trotz unserem fehlbaren Wesen hoffen zu können, ein gesundes Verständnis von akzeptierten Meinungen zu entwickeln. Meinungsstreit ist dann wertvoll, wenn wir voraussetzen, dass die bestrittene Ansicht richtig ist und der Entwicklung der Persönlichkeit dient.

Für Mill ist die Meinungsfreiheit und Freiheit des Handelns für die Ausbildung der Individualität notwendig. Die Gedanken und die Handlungen, die mit unseren Gefühlen und unserer Individualität nicht übereinstimmen, können uns passiv und kraftlos machen. Man muss, so Mill, sowohl der Meinungsäusserung, als auch den eigenen Charaktereigenschaften freien Spielraum lassen und den Wert der verschiedenen Lebensweisen ausprobieren. Dies seien wesentliche Voraussetzungen für die eigene persönliche Entwicklung, für menschliches Glück und sozialen Fortschritt.[348]

## 2.4.5 Individualität als Element des Wohlbefindens

Nachdem wir bisher die Nachteile der Einschränkung der Meinungsfreiheit nach Mill angeschaut haben, sollen nun auch gewisse Vorteile der Einschränkung diskutiert werden. Eine

---

[345] OL., Kap. II. 2, 77.
[346] Vgl. OL., Kap. II. 18, 93-94.
[347] OL., Kap. II. 25, 101.
[348] Vgl. Ebd., Kap. III. 1, 120.

solche Einschränkung kann nach Mill für die Freiheit der menschlichen Lebensgestaltung auch nützlich sein. Diese Freiheit ist allerdings kontroverser als die oben diskutierte Gedanken- und Pressefreiheit. Mill beschränkt sich darauf, den Wert von Individualität und Originalität generell plausibel zu machen. Er verteidigt die individuelle Freiheit in zwei Bereichen: Einmal bezieht er sich auf die schon diskutierte Meinungsfreiheit. Zum anderen argumentiert er auf derselben Grundlage auch für die weitergehende Freiheit der individuellen Lebensgestaltung.

Wie im Bereich Meinungen ist auch im Bereich der Lebensarten nicht Einheit, sondern Vielfalt ein positiver Wert. Eine Meinung kann, so Mill, wünschenswert sein, „wenn sie [...] auf dem vollsten und freisten Ausgleich gegensätzlicher Ansichten beruht".[349] In diesem Sinne stellt Meinungsverschiedenheit nach ihm nicht ein Übel, sondern etwas Gutes dar. Mill findet Meinungsverschiedenheiten für alle Menschen vorteilhaft, „bis die Menschheit fähiger als augenblicklich ist, alle Seiten der Wahrheit zu erkennen".[350] Der Weg zu dieser Wahrheit geht über die Entwicklung der Persönlichkeit. Mill ist überzeugt, dass „die freie Entwicklung der Persönlichkeit eine der Hauptbedingungen der Wohlfahrt" sei.[351] Deshalb spricht Mill in all seinen Äußerungen von der uneingeschränkten Wertschätzung der Individualität.

Die Individualität in Bezug auf die Handlungsfreiheit besteht darin, dass die Menschen die Freiheit haben sollen, nach ihrer Individualität zu handeln und dies im Leben praktisch umzusetzen, ohne von ihren Mitmenschen durch physischen oder moralischen Zwang daran gehindert zu werden.[352] Kein Mensch kann im Namen seiner „Handlungsfreiheit" die Freiheit der anderen total einschränken. Ohne Beschränkung der Handlungsfreiheit kann es aber auch kein Gleichgewicht zwischen den Individuen und der Gesellschaft geben. Die einzige Legitimation für Einschränkungen der Handlungsfreiheit des Individuums ist die Verhinderung von fremdschädigendem Verhalten.[353]

Allerdings räumt Mill ein, dass die Handlungsfreiheit enger als die Meinungsfreiheit gefasst werden müsse. Denn Handlungen (actions) können nie ebenso frei wie Meinungen (opinions) sein, da man immer Rücksicht auf andere Menschen nehmen müsse. Wenn Meinungen in Handlungen verwandelt werden, verlieren sie ihre Immunität spätestens dann, wenn sie dazu auffordern, gegen andere zu agieren.[354] Handlungen, die anderen direkt und ohne einen gerechten Grund Schaden zufügen, müssen in wichtigen Fällen unbedingt durch allgemeine

---

[349] Vgl. Ebd., Kap. III. 1, 120.
[350] Vgl. a.a.O.
[351] Vgl. a.a. O.
[352] Vgl. a.a.O.
[353]. Vgl. OL., Kap. I, 9.
[354] Vgl. Ebd., Kap. III. 1, 119-120.

Missfallensäusserungen, notfalls auch durch energisches Eingreifen der Gesellschaft gezügelt werden.[355] Aber in den Dingen, die andere nicht betreffen, sollte man gemäss Mill der Individualität eine Chance geben.[356] Auf der einen Seite ist ja schon die Freiheit, die eigene Meinung öffentlich zu äussern, eine Freiheit, die eine äussere Handlung betrifft. Auf der anderen Seite versucht Mill, die Freiheit der Meinungsäusserung und die Freiheit der Lebensgestaltung einander anzunähern, indem er betont, dass selbst die Meinungsfreiheit nicht ohne alle Einschränkung bestehen kann. Mill hält die freie Meinungsäusserung dann für strafwürdig, wenn diese die Form einer direkten „Aufreizung zu irgendeiner Straftat" enthält.[357] Dies ist schon allein auf der Grundlage dieses Grundprinzips zu rechtfertigen. Wer also, so Mills Beispiel,[358] einer erregten Menge vor dem Haus eines Getreidehändlers zuruft, dass die Getreidehändler die Armen aushungern, könnte sich eventuell strafbar machen, wenn nämlich die Umstände so sind, dass eine solche Meinungsäusserung einen direkt erkennbaren Schaden verursacht. Solange das *Schadenprinzip*[359] beachtet wird, hat sich der Staat nicht um die Meinungen und Handlungen der einzelnen Bürger zu kümmern.

Die Grenze für den Freiheitsspielraum des Individuums ist somit nur seine Verantwortung für diejenigen Folgen seines Handelns, die Dritte betreffen. Die einzige Rechtfertigung, andere in ihrer Handlungsfreiheit einzuschränken, ist der *Selbstschutz*:

> That principle is, that the sole end for which mankind are warranted, individually or collectively, in interfering with the liberty of action of any of their number, is self-protection. That the only purpose for which power can be rightfully exercised over any member of a civilized community, against his will, is to prevent harm to others.[360]

Um das Schadenprinzip zu ergänzen setzt Mill der Meinungsfreiheit eine weitere Schranke. Die Meinungsfreiheit darf nicht zu unzumutbaren Belästigungen führen. Im Bereich der Meinungsäusserung kann man jedoch zwischen blosser Volksverhetzung und argumentativer Diskussion unterscheiden. Die Meinungsäusserung ist erlaubt, solange sie niemanden ernsthaft belästigt.[361]

Bemerkswert bleibt, dass Mill nicht klar darlegt, dass das Ärgernisprinzip eine wesentliche Ergänzung des Schadensprinzips darstellt. Das Ärgernisprinzip fungiert bei ihm als Rücken-

---

[355]  Vgl. Ebd., Kap. III. 1, 119-120.
[356]  Vgl. Ebd., Kap. III. 1, 120.
[357]  Vgl. Ebd., Kap. III. 1, 119.
[358]  Vgl. Ebd., Kap. III. 1, 119
[359]  Das *Schadenprinzip* besagt, dass das Individuum die Verantwortung für diejenigen Folgen seines Handelns tragen muss, die Dritte betreffen, aber solange die Rechte anderer nicht tangiert sind, frei sein muss.
[360]  OL., Kap. I. 9, 68.
[361]  Vgl. Ebd., Kap. III. 1, 119-120.

deckung und bildet eine Absicherung für die Mitmenschen, indem die Freiheit des individuellen Handelns stärker eingeschränkt wird.

Diese Prinzipien können vielleicht die wesentlichen Gründe für die eigene persönliche Entwicklung, für menschliches Glück und sozialen Fortschritt[362] sein. Jeder sollte diese Prinzipien beachten und in die Tat umsetzen, damit man eine grosse Persönlichkeit, d.h. ein Exzentriker im Sinne Mills werden kann.

## 2.5 Das Individuum als Exzentriker in der Gesellschaft

Das Individuum besass von der Antike über das Mittelalter bis hin zur Feudalität der Neuzeit eine gewisse Macht.[363] Um diese Macht gehorsam gegenüber den Vorschriften zu machen wurden Gesetz und Disziplin[364] ausgeübt, bis die Gemeinschaft ihr Ziel erreichte. Die Gemeinschaft hat die Individualität durch Disziplinierung und Zurechtweisung gezähmt. Sie hat nicht nur „den Vorrang vor dem Individuum gewonnen", sondern auch den individuellen „Impuls"[365] abgeschwächt.

In der Befürchtung, dass es zu einer „Tyrannei der Mehrheit" kommen könnte, teilte Mill mit Alexis de Tocqueville[366] die Sorge um die Bedrohung der individuellen Freiheit durch eine demokratische Gleichmacherei.

Mill und Tocqueville meinen mit der „Tyrannei" etwas, was „den Geist" des Individuums angreift. Durch diese Beeinflussung verlieren die Individuen mit der Zeit die Fähigkeit zumselbständigen Denken und können nicht mehr objektive Entscheidungen treffen:

> La tyrannie que nous redoutons, et que M. de Tocqueville redoute au premier chef, est d'une autre espèce: celle qui ne touche pas les corps, mais les esprits.[367]

Gegen diese geistige Verödung der Mehrheit propagiert Mill die Individualität bis hin zur Exzentrizität. Sein Widerstandsziel besteht also in der Opposition gegen Konformität. Das nonkonformistische Individuum wird zum Streiter für die geistige Freiheit:

> In this age, the mere example of nonconformity, the mere refusal to bend the knee to custom, is itself a service. Precisely because the tyranny of opinion

---

[362]  Vgl. Ebd., Kap. III. 1, 120.
[363]  „Macht" wird hier verstanden als Befähigung, Entscheide betreffend der Möglichkeiten des eigenen Lebens autonom zu treffen.
[364]  Vgl. OL., III. 6, 125.
[365]  Ebd., 125.
[366]  Tocqueville (1805-1859) hat in seinem Werk *De la Démocratie en Amérique* (drei Bände, Paris 1835-1859) die politischen Verhältnisse in den USA der dreissiger Jahre des 19. Jahrhunderts analysiert und gezeigt, dass sich die Demokratie in einem historischen, unausweichlichen Prozess durchsetzt, aber gleichzeitig ein Potential der Freiheitsbedrohung durch gesellschaftliche Nivellierung und Konformismus entfaltet. Bei Tocqueville geht es nicht primär um die Frage des Eingebundenseins des Individuums in die Gesellschaft, sondern um die Frage der Tragfähigkeit des Individuums für die Gesellschaft.
[367]  Essais sur Tocquville et la société Américaine [1835-1840] 1994, 175.

is such as to make eccentricity a reproach, it is desirable, in order to break
through that tyranny, that people should be eccentric.[368]

Um den Wert der Individualität wieder zu steigern, empfiehlt Mill uns anstatt Konformität
eine Form der Exzentrizität, welche die Einzelnen wieder zur ihrer Individualität führt und sie
gegen die gesellschaftliche Konformität schützt.

## 2.5.1  Widerstand gegen Gleichförmigkeit durch Exzentrizität

Bei Mill ist das Wort Exzentrizität positiv konnotiert. Den Weg zur Erreichung seines Postulats der Vielfalt sieht Mill in der Exzentrizität:

Er ist überzeugt, dass keine Gesellschaft in einem gesunden Zustand ist, in der Exzentrizität
als Vorwurf gilt. Er betont, dass es dort, wo viel Charakterstärke, Genius, Geisteskraft und
moralischer Mut zu finden sind, es im Allgemeinen auch nicht an Exzentrizität mangelt.[369]

Wo aber Exzentrizität fehlt, mangelt es auch an Entwicklung, Vielfältigkeit und Harmonie der
Gesellschaft. Mill nimmt an, dass die fehlende Vielfalt Ursache des Niedergangs einer Gesellschaft sein kann. Mill meint mit „Niedergang der Gesellschaft" auch mangelnde Fortschritte
der Menschheit. Die Gesellschaft kann sich nicht weiter entwickeln, wenn sie keine Exzentrizität hat. Es gibt auch heute noch Länder, die Exzentriker als Feinde abstempeln, und sogar
noch töten, zum Beispiel die Türkei.[370]

Die Türkei kann sich nicht mehr so weiter entfalten und entwickeln, wenn sie nicht auf vielfältigen, pluralistischen Modellen, sondern auf einer gleichförmigen Gesellschaftsform beruht. Sie würde wahrscheinlich ihre Existenz gefährden, wenn sie nicht auf ihrer klassischen
und monopolistischen Behauptung, „eine Nation", „eine Sprache" und „eine Rasse" beharren
würde.

Die Türkei zeigt überhaupt keine Toleranz gegenüber exzentrischen Meinungen und besteht
noch immer auf ihrer tyrannischen und gleichförmigen gesellschaftlichen Form. Eine Gesellschaft ohne Exzentriker aber sei, so Mill, „a stagnant pool".[371] Er geht sogar noch weiter und
preist jegliche exzentrischen und vom Herkömmlichen abweichenden Meinungen:

> If there are any persons who contest a received opinion, or who will do so if
> law or opinion will let them, let us thank them for it, open our minds to lis-
> ten to them, and rejoice that there is someone to do for us what we other-

---

[368]  OL., III. 13, 132.
[369]  Ebd., III. 13, 132.
[370]  Die Türkei hat in der letzten Zeit viele Dissidenten gewaltsam angegriffen. Im Januar 2007 ist der armeni-
sche Journalist Hrant Dink wegen seiner, aus Sicht der Türkei, non-konformistischen Ansicht ermordet
worden. Der türkische Literaturnobelpreisträger Orhan Pamuk musste auf Grund seiner exzentrischen Meinungen die Türkei verlassen. Der türkische Soziologe Ismail Beşikçi wurde öfter wegen seiner exzentrischen Meinungen, welche meistens die kurdische Frage betrafen, bestraft und hat 13 Jahre im Gefängnis zu-
gebracht.
[371]  Vgl. OL., III. 11, 129.

wise ought, if we have any regard for either the certainty or the vitality of our convictions, to do with much greater labour for ourselves.[372]

Jede abweichende Meinung sei für den Fortschritt der Menschheit ein Vorteil und bringe sie weiter.[373] Jede Meinungsäusserung, die mit den herrschenden Anschauungen in Widerspruch tritt, nennt Mill exzentrisch.[374] Die tyrannischen Meinungen können durchbrochen werden, wenn man "exzentrisch" ist.[375]

Der Exzentriker ist nach Mill ein Mensch, der Gefühl und Interessen nicht nur für das übrig hat, was sich um seine eigene Person dreht. Ein Exzentriker ist vor allem jemand, der seinem „Intellect" folgt: „No one can be a great thinker who does not recognize that as a thinker it is his first duty to follow his intellect to whatever conclusions it may lead".[376]

Die Exzentriker sind diejenigen, die „von starke[m] Charakter" geprägt sind und die ihre „Fesseln" gebrochen haben. Deswegen wurden sie von der Gesellschaft „als wild", „exzentrisch" abgestempelt.[377] Mill ist der Meinung, dass ein Exzentriker, der keinen akademischen Titel hat, eher von der Gesellschaft als verrückt, krankhaft und dumm stigmatisiert werden kann. Deswegen fordert er aber diejenigen auf, die einen Titel oder ein Zeichen von Rang besitzen,[378] sich Exzentrizität zum Wohle aller zu leisten. Die Thesen und Praktiken von jemandem, der beispielsweise einen Doktortitel besitzt, lassen sich nämlich nicht so leicht als verrückt oder dumm stigmatisieren. Ein solcher exzentrischer Mensch kann leichter von der Gesellschaft anerkannt werden und kann sich gegen die herrschende Meinung besser wehren. Die Exzentriker sollten nicht nur die gegenwärtige Situation kritisieren, sondern auch Regeln einführen, Neues entdecken und aussergewöhnliche Personen sein. Sie müssen gute Dinge sehen, die vorher nicht existierten, sie sollten Augen und Ohren des Menschen sein.

Mill schreibt über ihre Bedeutung:

> Eminent men do not merely see the coming light from the hill-top, they mount on the hill-top and evoke it; and if no one had ever ascended thither, the light, in many cases, might never have risen upon the plain at all.[379]

Man sollte diese „Ausnahmepersönlichkeiten", statt sie abzuschrecken, vielmehr ermutigen, wenn man sich gegen die Tyrannei und Gleichförmigkeit noch besser durchsetzen will. Des-

---

[372] OL., Kap. II. 32, 108.
[373] Ebd., Kap. II. 32, 108.
[374] Vgl. HF 1991, 45.
[375] Vgl. OL., III. 13, 132.
[376] OL., II. 19, 95.
[377] Vgl. OL., III. 11, 130.
[378] Ebd., III. 12, 130.
[379] CW., VIII, VI, XI, §3, 937. Hier bezieht Mill sich auf Lord Macaulay, der in seinem „Essay on Dryden", in: Miscellaneous Writings, 2 Bde., London 1860, Bd. I, S. 186, die Wirksamkeit grosser Männer bestreitet (vgl. Pazos 2001, 171).

wegen sollte eine Gesellschaft viele exzentrische Individuen haben, denn ein vernünftiges Individuum wird sich um den menschlichen Fortschritt bemühen.

### 2.5.2 Das vernünftige, exzentrische Individuum als Wegbereiter des Fortschritts

Aristoteles schreibt in seinem Buch „Nikomachische Ethik": „wer aber ein aktives Leben des Geistes führt und den Geist pflegt, von dem darf man sagen, sein Leben sei aufs beste geordnet".[380] Die vernünftigen Individuen können nicht nur ihr eigenes Leben, sondern auch das Leben der Gesellschaft durch ihre exzentrischen Ideen ordnen, wenn die Gesellschaft ihnen diese Möglichkeit gibt. Sie weichen auf Grund der Exzentrizität von der Gesellschaft ab und konfrontieren die Taten der Mehrheit mit ihren Ansichten.

Vernünftige Individuen beobachten und begleiten nicht bloss den Zustand der Gesellschaft, sondern sie bemühen sich noch mehr um Nonkonformität, damit es in einer Gesellschaft unabhängiger, intelligenter Individuen immer auch viel Exzentrizität geben wird. Nonkonformität der intelligenteren und unabhängigeren Mitglieder der Gesellschaft sei von allgemeinem Wert, da sie, so Mill, der Gesellschaft zeige, dass der öffentlichen Meinung nicht blind gefolgt werden müsse.[381]

Vernünftige Individuen suchen ihren Lebensplan für sich selbst aus und lassen nicht zu, dass er von ihrem Milieu ausgewählt wird.[382] Sie folgen nicht einfach den gewöhnlichen Gesetzen und der Macht der Masse. Sie akzeptieren keine Gesellschaft, welche die Individualität einschränkt und das Individuum in ein Kollektiv presst. Sie setzen sich durch ihre exzentrischen Ideen gegen eine dominante Gesellschaft durch, die gesellschaftliche Monokulturen bildet.

Die exzentrischen Individuen können durch ihren geistigen Beistand den anderen helfen, ihre eigene Lebensgestaltung zu finden, nicht dem Lebensplan von anderen, sondern ihrem eigenen, der ihrem Charakter am besten entspricht, zu folgen.

Gesellschaftlicher Fortschritt ist somit am besten in einer Kultur mit einer Mannigfaltigkeit origineller, exzentrischer und leidenschaftlicher Charaktere möglich.

Die Exzentrizität fordert im Weitern, dass Originalität gefördert werden muss, da nur so ein Fortschritt der Menschheit möglich wird. Ihre Lebensweise suggeriert, dass jedes einzelne Experiment hinsichtlich origineller, exzentrischer Lebensgestaltung zum direkten Fortschritt unserer Sitten und Bräuche führt. Jedes Individuum könnte wie ein Exzentriker den Optimismus als Ausdruck seines Glaubensbekenntnisses betrachten.

---

[380] Aristoteles, Buch X. 10, 295.
[381] OL., Kap. III. 5, 123-124; Vgl. Ladenson, 143.
[382] OL., Kap. III. 4, 123.

## 2.6 Schlussbemerkungen

Das Kriterium der Freiheit wird oft eng an die gesellschaftliche bzw. kollektive Freiheit gekoppelt. Falls die Gesellschaft frei wäre, könnte man meinen, dass auch das Individuum eine grösstmögliche Freiheit habe. Wir haben aber bei Mill gesehen, dass die gesellschaftliche Macht für die Individualität eine Gefahr ist. Er hat diese und alle andere Formen der Macht als eine genuine Gefahr für das Individuum betrachtet. Gegen diese gesellschaftliche Macht propagiert Mill die Individualität bis hin zum Exzess.

Mill und Nietzsche haben nicht an das Potential der Gesellschaft, sondern an jenes des Individuums geglaubt. Mill glaubt wohl eher an den Fortschritt der Menschheit mit Hilfe einer umfassenden Entwicklung jedes Individuums als Nietzsche. Das heisst, sie sind immer von einem noblen Menschenbild ausgegangen. Nietzsche ist allerdings skeptisch gegenüber der Realisierung dieses Ideals in der Demokratie.

Warum wollen Mill und Nietzsche die Position des Individuums in der Gesellschaft aufwerten? Nietzsche meint, dass die Gesellschaft die Menschen zu ihren Gunsten formt. Aber sie ist nur einer der Faktoren, welche die Entwicklung der Individuen prägen. Umgekehrt wirken die grossen Vorbilder auf den Rest Gesellschaft zurück.

Die Probleme der Zivilisation liegen für Mill in den geringen Entfaltungsmöglichkeiten einer intellektuellen Elite und dem schwachen Einfluss der gebildeten Wenigen über die Vielen. Deshalb fordert Mill die Entwicklung und Entfaltung der die Individualität stärkenden staatlichen Erziehung. Durch diese Erziehung können die Individuen die Art der Lebensgestaltung finden und dem Lebensplan folgen, die ihrem Charakter am besten entsprechen.

Sowohl der gesellschaftliche als auch der individuelle Fortschritt wird am besten in einer vielfältigen Kultur mit einer Mannigfaltigkeit origineller, exzentrischer und leidenschaftlicher Charactere gefördert.

Nicht eine despotisch geschlossene Gesellschaft, sondern eine liberale und offene Gesellschaft kann den Fortschritt der Menschheit beschleunigen, wenn die Originalität in allen Bereichen und gesellschaftlichen Schichten gefördert wird.

Wie einige von Mills Bemerkungen suggeriert haben, könnte man so weit gehen zu behaupten, dass jede individuelle, originale Lebensgestaltung zur Verbesserung und zum Fortschritt der gesellschaftlichen Institutionen führen wird.

Den Sitten, Bräuchen und der Macht der Masse sollte nicht gedankenlos gefolgt werden, weil sie menschlichen Fortschritt behindern und die Individualität einschränken wollen. Dies würde zu einer gesellschaftlichen Monokultur führen.

Eine pluralistische Gesellschaft ist möglich, wenn Originalität, Spontaneität und Exzentrizität in den Vordergrund treten.

Ich erachte die Millschen Individualitätspostulate als für die Menschheit wertvoll und bedeutsam. Es scheint mir sehr plausibel, dass die Menschheit ein höheres Niveau erreichen kann, wenn nicht die Macht der Gesellschaft, sondern die vernünftigen, energischen und exzentrischen Individuen einen Freiraum erhalten, in dem sie sich vermehren und somit eine massgebende Rolle zum Wohle der Menschheit übernehmen können.

# 3 Das Individuum als vernünftiges und konfliktlösendes Wesen bei Nietzsche

## *Einleitung*

Das Verhältnis zwischen der Gesellschaft und dem Individuum ist angespannt. Es ist deshalb problematisch, weil die gesellschaftlichen Interessen mit den individuellen Interessen nicht identisch sind. Zwischen ihnen herrscht sogar ein Kampf. Bei diesem Kampf ist es der Gesellschaft in der Vergangenheit meistens gelungen, ihre Macht über das Individuum zu festigen. Das Individuum wird durch die gesellschaftlichen Konventionen und die Erziehung erobert, und es leidet darunter. Während die gesellschaftliche Macht sich dadurch Tag für Tag erweitert, verliert das Individuum seine eigene Kraft und Macht durch die gesellschaftliche Vorherrschaft. Sie hat nicht nur die Einzelnen beeinflusst, sondern auch durch ihre Moral und ihre Religion den Charakter des Individuums nach ihrer eigenen Art geformt.[383] Diese Natur hat die eigene Natur des Individuums zerstört und hat in ihm eine fremde Natur gegründet. Die erste Natur ist das, was es geprägt hat: Herkunft, Schicksal, Milieu und Charakter, und was es selbst daraus macht. Mit Jean-Claude Wolfs Worten:

> Die erste Natur ist nicht etwa eine präkulturelle Natur des Menschen, sondern die von der Konvention unbewusst gebildete oder determinierte Natur des Menschen; die zweite Natur ist dagegen das Resultat eines Widerstandes gegen die konventionelle Natur.[384]

Um sich von dieser ersten Natur zu befreien, muss man seine zweite Natur[385] entwickeln.

Die Gesellschaft hat mit der Zeit ihre eigenen Tugenden, welche nach Nietzsche Gerechtigkeit, Frömmigkeit, Keuschheit, Gehorsam und Fleiss sind, entwickelt und damit das Individuum belastet. Sowohl die gesellschaftlichen Tugenden, als auch die modernen Ordnungswelten (Nationalstaaten, politische Parteien, und andere politische Ideologien) haben die Einzelnen zusätzlich unterdrückt und geopfert. So wie die Gesellschaft stellt auch der Staat für Nietzsche eine Gefahr für die Freiheit des Einzelnen dar.

Nietzsche schreibt darüber:

> Auch er [sc. der sogenannte nationale Staat] [ist] nur eine Vermehrung der allgemeinen Unsicherheit und Bedrohlichkeit.[386]

---

[383]   GD, Streifzüge eines Unzeitgemässen, Nr. 43, KSA 6, 144.
[384]   Wolf 2004, 39. Safranski 2003, 46, 95, 130, 193, 279, 318. Meyer 1998, 94, 181.
[385]   Vgl. KSB 6, 290.
[386]   UB, Schopenhauer als Erzieher 4; KSA 1, 367

Es gibt diejenigen, die glauben, dass das Wohlergehen durch den Staat garantiert werden könnte. Der vollkommene Staat wäre jedoch nur für sich selbst vollkommen, nicht aber für das Individuum:

> Wenn die dauernde Heimath dieses Wohllebens, der vollkommene Staat, wirklich erreicht wäre, so würde durch dieses Wohlleben der Erdboden, aus dem der grosse Intellect und überhaupt das mächtige Individuum wächst, zerstört sein: ich meine die starke Energie. Die Menschheit würde zu matt geworden sein, wenn dieser Staat erreicht ist, um den Genius noch erzeugen zu können.[387]

Aus diesem Grund hat Nietzsche den Staat als eine furchtbare Tyrannei angesehen, welche den „Rohstoff von Volk" formt und ein Eroberer der Menschheit ist.[388] Der Staat schüchtert den Einzelnen ein, treibt ihn in den Konformismus und veranlasst ihn bzw. zwingt ihn dazu seine eigentliche Bestimmung zu verraten. Das Individuum wird durch den Staat geschwächt und aufgelöst.[389]

Meine Fragestellung ist: Wie kann man das Individuum von der gesellschaftlichen Macht befreien? Kann Nietzsches Philosophie dabei behilflich sein?

Ich werde versuchen, in diesem Teil die zerstörerische Wirkungskraft der gesellschaftlichen Unterdrückung des Individuums nach Nietzsche aufzuzeigen, und wie Nietzsche erreichen will, dass Entwicklung bewusst gemacht bzw. gefördert wird. Nachdem das Individuum seine eigene Entfaltung erreicht hat, muss es sich mit den gesellschaftlichen Problemen beschäftigen. Um dies zu erreichen, muss der Mensch sich im Sinne von Nietzsche überwinden. Nachdem das Individuum sich als „Übermensch"[390] überwunden hat, kann es für die sozialen Konflikte eine Schlüsselrolle spielen.

## 3.1 Das Individuum bei Nietzsche

Das Individuum ist bei Nietzsche nie eine passive Figur in einem historischen Prozess, sondern ein schaffendes Wesen, welches sich der Allgemeinheit nicht unterordnet, sie nicht nur verändert, sondern durch seine schöpferische Kraft Zwänge überwindet, damit es frei von vorgegebenen Verhältnissen für sich selbst *werden* kann. Um dieser schöpferischen Natur willen fordert Nietzsche, dass es für das Individuum kein allgemeingültiges Gesetz, ob sittlich oder rechtlich, geben kann und darf. Durch seine Selbstbestimmung und Selbstvervollkommnung ist Nietzsches Individuum (wie am Beispiel von Zarathustra gezeigt werden kann) fähig, eine neue Kultur und Werte gestalten zu können, weil es eine „unverwüstliche eingebo-

---

[387] MA I, Anzeichen höherer und niederer Cultur, Nr. 235, KSA 2, 196.
[388] Vgl. GM, Zweite Abhandlung, Nr. 17, KSA 5, 324.
[389] Vgl. MA I, Anzeichen höherer und niederer Cultur, Nr. 235, KSA 2, 197.
[390] Vgl. Das Individuum bei Nietzsche, in der vorliegenden Arbeit, Kap. 3. 5.4.

rene Kraft" besitzt und diese Kraft noch üben und vermehren kann.[391] Durch sie kann das Individuum sich selber auf seine eigene Macht berufen, ohne sich dabei auf Gott oder objektive Werte zu stützen. Der Sinn des Lebens besteht für Nietzsche darin, das Individuum, die Gesellschaft und das Allgemeinmenschliche zu überwinden und dadurch zu wahren Menschen, d.h. „Übermenschen" zu werden. Der Übermensch gibt sich sein eigenes individuelles Gesetz. Er bevollmächtigt sich selber.[392] Der Übermensch gibt sich selber „Stil"[393] und übernimmt die volle Verantwortung fürs Leben.[394] Er ist selbständig, frei und ungebunden von gesellschaftlichen Banden, Zwängen und Gesetzen. Er kann seine Individualität nur im ungebundenen Zustand, als höchsten Wert und Wertmassstab pflegen. Bei der Pflege der Individualität geht es um einen permanenten Krieg gegen sich selber, bis die Menschen sich *in eine weise Menschheit* umwandeln" und selbst kennen können.[395] Die „Selbstüberwindung" und die „Umwandlung" sind unvermeidbare Charaktereigenschaften des Zarathustra. Zarathustra ist sogar fähig, sein eigener Freund zu werden, wenn er „Ich und Mich sind immer zu eifrig im Gespräche" sagt und damit eine Verdoppelung des „Ich" im personalen Selbst zum Ausdruck bringt.[396] Zarathustra tritt hier als das souveräne Selbst auf, das in sich selbst einen anderen und sich selbst betrachtet, um mit sich selbst zu Rate geht, um seine eigene Stellung zu klären und sich, nach Lage der Dinge, selbst zu entscheiden. Zarathustra ist ein grosser Mensch „der sich inmitten der Menge mit vollkommener Klarheit die Unabhängigkeit der Abgeschiedenheit bewahrt".[397] Er lebt nach seiner eigener Meinung, nicht aber nach der Meinung der der Welt.

Das *Selbst* fungiert bei Nietzsche als umfassender Ausdruck für die Gesamtheit des Menschen als *leibliches Individuum*[398] und nicht als einfache geistige Substanz. Damit wendet sich Nietzsche gegen die platonische traditionelle Auffassung, dass das Wesen des Menschen die Seele oder der Geist sei. Nietzsche kehrt die platonische Verhältnisbestimmung von Seele und Leib bewusst um, wenn er das „Ich" zum Werkzeug des Leibes, nicht aber der Seele herabstuft:

> Hinter deinen Gedanken und Gefühlen, mein Bruder, steht ein mächtiger Gebieter, ein unbekannter Weiser – der heisst Selbst. In deinem Leibe wohnt er, dein Leib ist er.[399]

---

[391] Vgl. MA I, Anzeichen höherer und niederer Cultur, Nr. 242, KSA 2, 202.
[392] Vgl. JGB, Neuntes Hauptstück: was ist vornehm? Nr. 262, KSA 5, 216.
[393] Vgl. Das Individuum bei Nietzsche, in vorliegenden Arbeit, Kap. 3.4.2. 2
[394] Vgl. FW, Viertes Buch, Nr. 290, KSA 3, 530.
[395] Vgl. MA I, Zur Geschichte der moralischen Empfindungen, Nr. 107, KSA 2, 105.
[396] Vgl. ZA I, Vom Freunde, KSA 4, 71.
[397] Vgl. Emerson 1981, Self-Reliance 143
[398] Vgl. Christians 2001, 324
[399] ZA I, Von der Verächtern des Leibes, KSA 4, 40.

Man sollte den Leib nicht als „Ding an sich" betrachten, sondern als etwas, das wir wie unser Selbst über uns hinaus zu schaffen haben.[400] Deswegen nennt Nietzsche den Leib „grosse Vernunft", „Vielheit" und „Weise", und den Geist „kleine Vernunft", welche „ein kleines Werk- und Spielzeug der grossen Vernunft" sei.[401] „Leib bin ich und Seele" so redet Zarathustra, und trennt den Leib überhaupt nicht von der Seele. Nietzsche hat in seiner „Fröhlichen Wissenschaft" Folgendes geschrieben:

> Es steht uns Philosophen nicht frei, zwischen Seele und Leib zu trennen, wie das Volk trennt, es steht uns noch weniger frei, zwischen Seele und Geist zu trennen.[402]

Das menschliche Verhalten kann nicht verstanden werden, wenn man den geistigen Aspekt ausser Acht lässt, oder wenn man den Leib vom geistigen Leben des Menschen ablöst. Wären nicht die Gedanken und der Verstand ohne Leib sinn- und bedeutungslos? Oder könnte ein Leib ohne Verstand und Gedanken bedeutsam sein?

Der Leib schützt die Seele und den Verstand. Ohne den Leib wäre die Seele schutzlos und könnte ihre Funktion nicht erfüllen. Auch ein Leib, der keinen Verstand besitzt, wäre unbewusst und ohnmächtig, weil erst der Geist ihm einen Sinn gibt und ihn beleuchtet. Der Leib ist nach Nietzsche ein „Gesellschaftsbau vieler Seelen"[403] und die Seele „nur ein Wort für ein Etwas am Leibe".[404]

Nietzsches tiefe Analyse der Individualität führte ihn letzten Endes dazu, eine Vielfalt und Vielzahl von individuellen „Willen zur Macht"[405] anzunehmen.

Platon versuchte die Gerechtigkeit und die Macht der Seele durch Vernunft zu erklären. Ohne den Willen zur Macht schafft es aber nach Nietzsche die Vernunft allein nicht. Um eine vollkommene Macht über den Trieb zu haben, muss man ihn im Bewusstsein haben. Man erreicht durch „Willen zur Macht" zwei Sachen: erstens die vollkommene innerliche Macht und zweitens eine vollkommene Macht, welche sich gegen die von aussen kommende „Übermacht der Gesellschaft" wehren kann.[406] Nur ein Individuum, das diese Macht hat, kann bereit sein, für sein Leben die volle Verantwortung zu übernehmen und sich von fremdem Einfluss und „aus seiner Erniedrigung"[407] zu befreien, um „sich selbst zu regieren".

---

[400] Vgl. Ebd., 37-41.
[401] Vgl. Ebd., 39.
[402] FW, Vorrede 3, KSA 3, 349.
[403] Vgl. JGB, Erstes Hauptstück: von den Vorurteilen der Philosophen, Nr. 19, KSA 5, 33.
[404] Vgl. ZA I, Von den Verächtern des Leibes, KSA 4, 39.
[405] Vgl. Das Individuum bei Nietzsche, in der vorliegenden Arbeit, Kap. 3.5.2.
[406] Vgl. N, Herbst 1887 10 [82], KSA 12, 502.
[407] Vgl. N, Frühjahr 1888 14 [127], KSA 13, 309.

## 3.2 Die Gesellschaft und das Individuum

Das Konzept der Gesellschaft ist in seiner eigentlichen Bedeutung relativ neu. Ganz allgemein ist die Gesellschaft „eine räumlich, zeitlich oder sozial begrenzte und zugleich geordnete Menge von Individuen oder Gruppe von Einzelnen, die in direkten wie indirekten Wechselbeziehungen verbunden sind".[408] Obwohl der Begriff „societas" schon im lateinisch-romanischen Sprachraum gebräuchlich war, fand er in der Wissenschaft und in der Philosophie lange keinen Einzug oder wurde mit „Politik" oder „Staat"[409] gleichgesetzt.

Wenn wir den Staat heute als eine komplizierte Form von Einzelnen ansehen, könnte man sagen, dass sich die Einzelnen im Staat einfach verborgen halten. Worunter aber verbirgt sich das Individuum in der Gesellschaft? Die Antwort lautet nach Nietzsche:

> So verbirgt sich der Einzelne unter der Allgemeinschaft des Begriffes „Mensch" oder unter der Gesellschaft, oder passt sich an [...] Stände, Parteien, Meinungen der Zeit oder der Umgebung an.[410]

Diese Verborgenheit des Individuums ist ein Mangel. Es ist in der Gesellschaft als Gattungswesen tätig, aber die individuelle Tätigkeit fehlt. Nietzsche schreibt dazu:

> Sie sind als Beamte, Kaufleute, Gelehrte, das heisst als Gattungswesen thätig, aber nicht als ganz bestimmte einzelne und einzige Menschen; in dieser Hinsicht sind sie faul.[411]

Seine Tätigkeit als Gattungswesen ist unvernünftig. Der Mensch muss auch Zeit für sich haben. Wer sie nicht hat, „ist ein Sclave".[412] Nietzsche versteht „Sklaven" als mental gebundene Geister, die nicht einmal über einen Bruchteil ihrer eigenen Zeit verfügen können.[413] Der gebundene Geist ist nicht frei. Er unterwirft den Menschen der gesellschaftlichen Macht, welche ihn in den Konformismus drängt. Seine Entwicklung wird durch ihre eigenen Werte der Moral und der Religion verhindert. Die Gesellschaft hat versucht, die Einzelnen nach ihrer eigenen Weltanschauung zu formen. Sie will die Menschen zum „Mucker" machen.[414]

Die Gesellschaft ist nur eine komplizierte Form der Masse, und solange das Individuum sich in sie einfügt, bleibt es nach Nietzsche im Wesentlichen ein Tier. Nietzsche sagt:

> Ich nenne ein Thier, eine Gattung, ein Individuum verdorben, wenn es seine Instinkte verliert, wenn es wählt, wenn es *vorzieht*, was ihm nachtheilig ist.[415]

---

[408]   Büschges 1989, 245-252.
[409]   Vgl. Kippele 1998, 154.
[410]   M, Erstes Buch, Nr. 26, KSA 3, 36.
[411]   MA I, Anzeichen höherer und niederer Cultur, Nr. 283, KSA 2, 231
[412]   Vgl. Ebd., 232.
[413]   Vgl. Wolf 2004, 10.
[414]   GD, Moral als Widernatur, Nr. 6, KSA 6, 87.
[415]   AC, Nr. 6, KSA 6, 172.

Wenn wir aber in die Geschichte des Individuums einen Einblick nehmen, sehen wir, dass die Natur und die Gesellschaft vom Individuum geformt worden sind, nicht aber umgekehrt. In früheren Epochen lebten die Einzelnen in Unsicherheit. Aus diesem Grund mussten sie ihre Stärke zeigen, z.B. andere Lebewesen töten, um überleben zu können.[416] In dieser Zeitepoche war das Individuum im Stande, sein Leben selbst zu bestimmen. Es lebte roh, aber kraftvoll und ohne sittliche Ängste. Ein solch schöpferisches Wesen hat Nietzsche schon immer fasziniert. Es hat nach Nietzsche eine Funktion, weil es fähig ist, sich selbst und auch seine Umwelt zu gestalten. Aus diesem Grund wird das (grosse) Individuum bei Nietzsche als ein Wesen in Opposition zur eigenen Epoche, und deren Zeitgeist angesehen. Aber ein solches Individuum, welches mit seinen eigenen Eigenschaften als naturwüchsiger Mensch in die Gesellschaft eingetreten ist, wird von ihr zum unerwünschten Wesen erklärt, weil es sich stärker als die Gesellschaft erwiesen hat. Eine Gesellschaft ist für ein solches Individuum nicht bereit und will es auch nicht sein. Sie ist immer bereit, das Individuum zu zähmen, aber nicht es zu tolerieren: Nietzsches Beschreibung lautet:

> Die Gesellschaft ist es, unsre zahme, mittelmässige, verschnittene Gesellschaft, in der ein naturwüchsiger Mensch, der vom Gebirge her oder aus den Abenteuern des Meeres kommt, notwendig zum Verbrecher entartet [...] Der Corse Napoleon ist der berühmteste Fall.[417]

Die Gesellschaft, die die Stärke des Individuums nicht erträgt, ist eine tyrannische Gesellschaft. Die Gesellschaft sollte dem Einzelnen freien Raum gewähren, in dem er seine Entwicklung frei gestalten kann. Sie sollte sich vor starken Individuen nicht fürchten und deren Stärke nicht beschneiden, damit auch die anderen durch diese Individuen Anregungen empfangen können. Die Beschneidung der ersten Natur, (die wilden Instinkte) sollte Sache des Individuums, nicht aber der Gesellschaft sein. Nietzsche schreibt dazu:

> „Freiheit, die ich *nicht* meine..." – In solchen Zeiten, wie heute, seinen Instinkten überlassen sein, ist ein Verhängniss mehr. Diese Instinkte widersprechen, stören sich, zerstören sich unter einander; ich definierte das *Moderne* bereits als den physiologischen Selbst-Widerspruch. Die Vernunft der Erziehung würde wollen, dass unter einem eisernen Drucke wenigstens Eins dieser Instinkt-System *paralysiert* würde, um einem andren zu erlauben, zu Kräften zu kommen, stark zu werden, Herr zu werden. Heute müsste man das Individuum erst möglich machen, indem man dasselbe *beschneidet*: möglich, das heisst *ganz* [...]. Das Umgekehrte geschieht: der Anspruch auf Unabhängigkeit, auf freie Entwicklung [...].[418]

---

[416]  Vgl. MA II, Der Wanderer und sein Schatten, Nr. 181, KSA 2, 629.
[417]  GD, Streifzüge eines Unzeitgemässen, Nr. 45, KSA 6, 147.
[418]  Ebd., Nr. 41, 143.

Durch Bescheidung der ersten Natur kann sowohl die persönliche als auch die gesellschaftliche Entwicklung am besten gefördert werden. Dadurch wird die Instinktverwirrung rückgängig gemacht.

Indem die gesellschaftlichen Sitten und Normen immer wichtiger wurden, hat die Stärke des Individuums gleichzeitig abgenommen: „[D]er Mensch wurde mit Hülfe der Sittlichkeit der Sitte und der socialen Zwangsjacke wirklich berechenbar *gemacht*".[419] Die Sittlichkeit hat das Individuum gespalten und zum Dividuum gemacht. Das Wort „Dividuum" ist nur auf die Moral, auf die „Selbstzerteilung des Menschen" gemünzt: „In der Moral behandelt sich der Mensch nicht als individuum, sondern als dividuum".[420] Damit sind die entscheidenden Handlungen des Einzelnen gemeint. Der Einzelne wird dann seine eigenen Entscheidungen treffen können, wenn er sich über seinen eigenen Zweifel hinwegsetzt. Um dies zu erreichen, muss er sich von der Sittlichkeit befreien, damit seine autonome, übersittliche Moral hervortreten kann. Diese wird sein Gewissen leiten, damit er mit gutem Gewissen handeln kann. Mit gutem Gewissen kann sich der Mensch in vollständiger Übereinstimmung mit sich selber, als Individuum in der Vielheit erleben. Mit schlechtem Gewissen wird aber das Individuum zum Dividuum, zum zweigeteilten Wesen, in dem sich Ankläger und Angeklagter gegenüber stehen.

## 3.3 Die gesellschaftlichen Normen und deren Einfluss auf das Individuum

Obwohl das Individuum durch die gesellschaftlichen Normen zum „Dividuum" gemacht wurde, steht es bei Nietzsche immer in Opposition zur eigenen Epoche, zum Zeitgeist. Diese oppositionelle Haltung ist mit der Umformung der Kultur verknüpft.[421] Während das Individuum einerseits versucht, die Kultur seines Umfeldes umzuformen, ist es anderseits auch mit der Umformung seiner selbst beschäftigt. Mit Nietzsches Worten:

> Meine Existenz ist eine *fürchterliche Last*: ich hätte sie längst von mir abgeworfen, wenn ich nicht die lehrreichsten Proben und Experimente auf geistig-sittlichem Gebiete gerade in diesem Zustande des Leidens [...] machte.[422]

Die gesellschaftliche Kultur drängt die Einzelnen durch ihre institutionellen Normen (Religion, Moral und Sittlichkeit) in den Konformismus und verhindert dadurch seine Entwicklung. Die Gesellschaft arbeitet wie eine Partei, die ihre Anhänger immer kontrolliert und beobachtet. Sie nimmt alle Fähigkeiten und Talente des Einzelnen auf und stärkt und bereichert sich

---

[419]   GM, Zweite Ab. „Schuld", „schlechtes Gewissen", Verwandtes, Nr. 2, KSA 5, 293.
[420]   MA I, Zur Geschichte der moralischen Empfindungen, Nr. 57, KSA 2, 76.
[421]   Vgl. Meyer 1993, 38.

automatisch durch diese Eigenschaften. Diese Kette von Normen hat mit der Zeit dem Individuum ein „asketisches Leben" aufgedrängt. Die Einzelnen befinden sich sozusagen auf einer Selbstflucht. Eine solche Selbstflucht stellt für das Individuum eine Gefahr dar, weil es durch die gesellschaftlichen Normen zu einem gewöhnlichen Menschen geworden ist. Der gewöhnliche Mensch gibt sich keine Mühe in der Gesellschaft einen Platz zu finden, weil er wie ein infantiles Kind alles von der Gesellschaft erwartet. Er hat sich – und das was er hatte – für die Gesellschaft aufgegeben. Deswegen verhält er sich wie ein Diener und macht alles, was die Gesellschaft von ihm verlangt. Er hat seine eigenen Werte vergessen. Ein solcher Menschentypus muss aufgeweckt werden. Um dies zu erreichen, muss die Schädlichkeit und Gleichförmigkeit der Religion, der Moral und der Sittlichkeit gezeigt werden. Diese sind für die Gesellschaft eine Stütze, für die Einzelnen aber eine Einschränkung.

Im Folgenden werden deshalb vor allem die Religion, die Moral und die Sittlichkeit bei Nietzsche behandelt, der damit nicht nur ihre Schädlichkeit für das Individuum sichtbar machen, sondern dieses auch wieder zur Freiheit und zum Selbstgenuss führen will.

### 3.3.1 Religion und Individuum

Karl Marx hat mit Recht erwähnt, dass „*der Mensch die Religion mache*, nicht aber die Religion den Menschen".[423] Er wollte damit betonen, dass die Religion eine Erfindung des menschlichen Geistes ist. Nur der Mensch besitzt als Lebewesen eine solche intellektuelle Fähigkeit. Der Mensch ist ein denkendes Wesen, und wer denkt, der kann auch etwas erschaffen. Im Gegensatz zu Marx hat Nietzsche gesehen, dass nicht nur der Mensch die Religion, sondern auch die Religion die Menschen „macht", weil er automatisch an die Religion gebunden ist:

> Das Individuum ist fast automatisch an dasselbe [das Gesetz und das Herkommen] gebunden und bewegt sich mit der Gleichförmigkeit eines Pendels.[424]

Die geistige Verbundenheit mit der überlieferten Religion macht die Menschen willenlos und beherrscht sie in allen Bereichen ihres Lebens. Sie formt sie im Namen der Heiligkeit Gottes und verdummt sie durch ihre Heilige Schrift.

Wie formt die Religion eigentlich die Menschen? Warum ist der Mensch überhaupt religiös empfänglich? Man kann dazu zahlreiche Hypothesen aufstellen. Eine davon, welche mir ziemlich logisch erscheint, ist Nietzsches Religiositätsthese. Er begründet seine Religiositätsthese mit einem leeren und eintönigen Leben des Menschen. Er behauptet: die „Leute, wel-

---

[422]   KSB 6, Anfang Januar 1880, 3.
[423]   Karl Marx [1844] 1932, 263.
[424]   MA I, Das religiöse Leben, Nr. 111, KSA 2, 113.

chen ihr tägliches Leben zu leer und eintönig vorkommt, werden leicht religiös".[425] Nietzsche glaubt auch, dass der Glaube mit dem Willen zu tun hat. Ein kräftiger Wille erzeugt einen starken, selbstbefehlenden Glauben und ein schwacher Wille erzeugt einen Glauben zum Gehorsam. Nietzsche beschreibt es folgendermassen:

> Der Glaube ist immer dort am meisten begehrt, am dringlichsten nöthig, wo es an Willen fehlt: denn der Wille ist, als Affekt des Befehls, das entscheidende Abzeichen der Selbstherrlichkeit und Kraft.[426]

Menschen mit schwachem Willen lassen sich durch die Überzeugungen der Moral und von anderen Moralisten befehlen. Diese Überzeugungen beruhen nicht auf wissenschaftlichen Argumenten und sind aus diesem Grund „gefährlichere Feinde der Wahrheit".[427] Die von aussen übernommenen Überzeugungen schaden auch der Selbstgewissheit des Individuums. Sie beruhen auf dem heteronomen Glauben, auf der Verleugnung der eigenen Ansichten. Nietzsche sagt, dass die fremden „Überzeugungen Gefängnisse" sind.[428] Der Gläubige gehört sich nicht und braucht die anderen, die ihn gebrauchen und missbrauchen können. Er glaubt, dass er durch die Übernahme der Überzeugungen von anderen das Gute, Schöne und die Gottheit erreichen kann. Religiöse Affekte kennt er nur in Verbindung mit diesen übernommenen Überzeugungen. Er befindet sich in einem höheren Erregungszustand und wird so in eine ausserordentliche Spannung gebracht. Seine Emotionen sind ekstatisch, und er ist bereit, durch seine Selbstverleugnung das Grosse, Gewaltige, religiös Ungeheure in der Seele zu erleben; er glaubt ein Heiliger zu werden. Nietzsches Kommentar dazu lautet:

> Der Heilige also erleichtert sich durch jenes völlige Aufgeben der Persönlichkeit sein Leben, und man täuscht sich, wenn man in jenem Phänomen das höchste Heldenstück der Moralität bewundert. Es ist in jedem Falle schwerer, seine Persönlichkeit ohne Schwanken und Unklarheit durchzusetzen, als sich von ihr in der erwähnten Weise zu lösen; überdiess verlangt es viel mehr Geist und Nachdenken.[429]

Diese Behauptung von Nietzsche ist ziemlich plausibel, wenn man an ungebildete junge und radikale Islamisten denkt, welche sich für die Heiligkeit und ihre Religion als Opfer darbringen. Weshalb wollen diese jungen Leute sich für die Gottheit und die Unsterblichkeit opfern? Was veranlasst sie dazu, eine solche Entscheidung zu treffen? Sollte man dafür nicht islamische Moralität verantwortlich machen? Islamische Ethik heisst sich ergeben in Gott. Diese totale Hingabe verlangt natürlich von Einzelnen die Verleugnung der eigenen Identität. Neben dieser islamischen Ethik erzeugt auch ein Leeregefühl und die ungewisse politische Lage ih-

---

[425] Ebd., Nr. 115, 118.
[426] FW, Fünftes Buch, Nr. 347, KSA 3, 582.
[427] Vgl. MA I, Der Mensch mit sich allein, Nr. 483, KSA 2, 317.
[428] Vgl. AC, Nr. 54, KSA 6, 236.
[429] MA I, Das religiöse Leben, Nr. 139, KSA 2, 133.

res Lebens eine solche Religiosität, weil sie durch ihre aufgewühlten moralische Emotionen innerlich zerrissen und willenlos geworden sind. Die religiöse Selbstzerteilung radikalisiert sich in der Selbstaufopferung und die aufgestauten Emotionen werden so entladen. Die Tat des Selbstmordattentäters symbolisiert die Explosionskraft seiner Seele. Selbstvernichtung und Heldentum sind für religöse Fanatiker ein Symbol einer Gottheit, welche Menschenopfer fordert. Hier geht es nicht nur um einen Sieg über die Feinde, sondern auch um die Meisterung eigener Affekte.[430] In einer Situation der Verblendung opfern sich die religiösen Menschen, weil ihre Denkart durch moralische Vorschriften und Anweisungen geformt worden ist. In diesem polemischen Sinne ist die Religion eine Institution der leeren Menschen. Sie formt die Menschen gegen ihre Natur. Das Problem liegt hier nicht eigentlich bei der Religion, sondern bei den Menschen, die sich durch eine falsche Moralität formen lassen. Wenn die Schüler „blind" sind, ergreift der Lehrer das Recht, Einfluss auf sie zu nehmen und sie zu dominieren.

Es wurde schon früher erwähnt, dass die Religion laut Marx von denkenden Menschen produziert. Wegen des Bildungsdefizits in grossen Teilen der Welt ist sie im 21. Jahrhundert aktiver geworden und zwingt ihren Anhängern nicht nur wie früher ihren Glauben auf, sondern treibt sie im schlimmsten Fall in den Tod. Sie produziert und formt selbst heute noch die Menschen, die ihre Eigenständigkeit verloren haben. Die Machtlosigkeit des Einzelnen hat der Religion diese Macht ermöglicht, sie kann nun die individuellen Handlungen formen und über sie bestimmen, obwohl sie keine Realität ist und ausserdem nach Nietzsche keine Wahrheit enthält:

> *Noch nie hat* eine *Religion, weder mittelbar, noch unmittelbar, weder als Dogma, noch als Gleichniss, eine Wahrheit enthalten.*[431]

Die Wahrheit ist das Ziel einer suchenden Erkenntnis, die nur durch denkende Menschen erreichet werden kann. Die Suche nach der Wahrheit verlangt sehr viel geistige Arbeit. Das Denken ist eine Sache des Menschen, nicht aber der Religion. Das Zitat: „Gott ist tot" ist wirklich mutig.[432] Die Religionskritik seit Epikur hat uns nicht nur die Angst vor kommenden Höllenqualen genommen, sondern auch die Hoffnung auf ein zukünftiges Paradies geraubt. Somit muss sich der Mensch auf sich selbst, auf das Hier und Jetzt konzentrieren und seine Endlichkeit akzeptieren. Religion, Moral und Ideologien sind für die Menschen ein Sicherheitsnetz. Das Netz ist aber eine trügerische Sicherheit. Wenn die Menschen aber unbedingt ein Netz brauchen, sollte das Netz nicht Religion, Moral oder Ideologie sein, sondern Philo-

---

[430]  MA I,. Nr. 138, 132.
[431]  MA I, Nr. 110, 110.
[432]  Vgl. Zibis 2007.

sophie.[433] Warum eigentlich Philosophie? Nur die Philosophie kann dabei behilflich sein, seinen schwachen Willen zu überwinden und zu einem starken Willen zu gelangen.[434]

## 3.3.2 Moral und Individuum

Es wurde uns allen in der Familie, in der Schule und durch Vorschriften beigebracht, dass die Moral der Verbesserung der Menschheit diene. Sie ist die praktizierte Sittlichkeit des Menschen. Alle unsere Verhaltensweisen hängen von ihr ab. Sie ist fast überall in unserem Leben vorhanden. Sie ist nicht nur Beobachter, sondern auch Prüfer und Richter unseres Verhaltens. Sie kennt kein Mitleid und keine Gnade, wenn ihre Gesetzte verletzt werden. In diesem Sinne ist sie grausam und kann sogar lebensbedrohlich sein. Sie ist für die Dauerhaftigkeit der Gesellschaft da, nicht aber für den Einzelnen. Die Fragen lauten: Was ist eigentlich Moral oder Sittlichkeit? Warum muss man moralisch sein? Nietzsche antwortet darauf wie folgt:

> Moral ist nur eine Ausdeutung gewisser Phänomene, bestimmter geredet, eine *Miss*deutung.[435]

Moral ist, wie „Gerechtigkeit" im Sinne von Thrasymachos ein, Nutzen des Stärkeren.[436] Sie ist für die Gesellschaft zuträglich, weil sie für sie Nutzen bringt und ist für die Einzelnen eine Zähmung, welche durch Erziehung erfolgt.

Unter der moralischen Erziehung versteht Nietzsche eine Zähmung des Individuums: „Sowohl die *Zähmung* der Bestie Mensch als die *Züchtung* einer bestimmten Gattung Mensch ist „Besserung" genannt worden".[437] Im Namen der „Verbesserung" der Menschheit missbraucht die Moral die positiven menschlichen Eigenschaften, wie Vernunft, Wille, Selbstwert und eigene Werturteile. Sie vernichtet dieses Vermögen des Individuums und oktroyiert ihm Werte wie Selbstlosigkeit, Mitleid, Selbstverleugnung und Selbstaufopferung.

Zum Beispiel kann eine einmal geschlossene Ehe nach den moralischen Vorstellungen zur Zeit Nietzsches nicht mehr aufgelöst werden. Warum sollte eine Ehe nicht beendet werden, wenn sie unerträglich, sinnlos und schmerzhaft geworden ist? Warum sollte sie nicht aufgelöst werden, wenn sich die Partner gegenseitig schaden und krank machen? Ist das nicht ein Eingriff in die Freiheit des Individuums?

Das moralische Verbot fesselt die Hände und die Füsse des Einzelnen. Ein solcher Mensch kann seine Leidenschaften nie überwinden und ein freier Geist werden: „Wer seine Leidenschaften überwindet, tritt in den Besitz des fruchtbarsten Erdreiches".[438] Wie man hier sehen

---

[433]  Vgl. MA I, Von den ersten und letzten Dingen, Nr. 27, KSA 2, 48.
[434]  Vgl. JGB, Erstes Hauptstück: von den Vorurteilen der Philosophen, Nr. 9. KSA 5, 22.
[435]  GD, Die „Verbesserer" der Menschheit, Nr. 1, KSA 6, 98.
[436]  Rep. 338bc.
[437]  GD, Die „Verbesserer" der Menschheit, Nr. 2, KSA 6, 99.
[438]  MA II, Der Wanderer und sein Schatten, Nr. 53, KSA 2, 576.

kann, tritt Moral im Privatleben des Einzelnen als Zwecklehrer auf, der für die Vernunft eine schädliche Wirkung hat: Nietzsche sagt dazu:

> Dazu tritt der ethische Lehrer auf, als der Lehrer vom Zweck des Daseins; dazu erfindet er ein zweites und anderes Dasein und hebt mittelst seiner neuen Mechanik dieses alte gemeine Dasein aus seinen alten gemeinen Angeln. [...] Es ist nicht zu leugnen, dass *auf die Dauer* über jeden Einzelnen dieser grossen Zwecklehrer bisher das Lachen und die Vernunft und die Natur Herr geworden ist [...] Aber bei alle diesem corrigirenden Lachen ist im Ganzen doch durch diess immer neue Erscheinen jener Lehrer vom Zweck des Daseins die menschliche Natur verändert worden.[439]

Die Moral hat als Zwecklehrer eine höhere Autorität, welche über der Vernunft steht und im Namen der Nützlichkeit befiehlt. Nützlich sein bedeutet hier, dass man nur Vorschriften beachtet, ohne an sich selbst als Individuum zu denken. Durch Gehorsam gegenüber den moralischen Schriften verändert sich der Charakter des Individuums mit der Zeit. Dies bedeutet, dass es seinen eigenen Charakter verliert und einen neuen sittlichen Charakter bzw. eine Lebensgewohnheit der Sittlichkeit erhält.

Die Moral durchdringt alle Bereiche des Lebens. Sie bestimmt alle unsere Werte. Nietzsche Beschreibt es so: „Ursprünglich gehörte die ganze Erziehung und Pflege der Gesundheit, die Ehe, die Heilkunst, der Feldbau, der Krieg, das Reden und Schweigen, der Verkehr unter einander und mit den Göttern in den Bereich der Sittlichkeit".[440] Anders gesagt: Sie ist ein Kleid, sowohl für unsere Seele als auch für unseren Körper und unseren Geist. Zur Moralkleidung gehören Tugend, Ehrenhaftigkeit, Pflicht und Selbstverleugnung. Nietzsche schreibt:

> Der Europäer verkleidet sich *in die Moral*, weil er ein krankes, kränkliches, krüppelhaftes Thier geworden ist, [...] weil er beinahe eine Missgeburt, etwas Halbes, Schwaches, Linkisches ist.[441]

Eine schöne Frau braucht sich nicht aufzuputzen und zu schminken, weil sie schön genug ist. Aber eine unansehnliche Frau muss sich aufputzen und schminken, weil sie es nötig hat. Dasselbe gilt für die Menschen, die sich durch die Moral aufputzen und verkleiden wollen, weil sie schwach und unwissend sind und sich schämen. In diesem Sinne hat Nietzsche die „Moralität als Putz und Schmuck, als *Verkleidung* der schämenswerthen Natur" des Menschen gesehen.[442] Mit der Moralkleidung lebt das Individuum in einem Nebel von unpersönlichen Gewöhnungen, welche sein ganzes Leben bestimmen und unerträglich machen.

Alles ist ihm angewöhnt worden, auch der Glaube. Der Mensch nimmt seinen Glauben ganz einfach an, weil es Sitte ist. Aber Sitte ist unredlich:

---

[439]  FW, Erstes Buch, KSA 3, 371-372
[440]  M, Erstes Buch, Nr. 9, KSA 3, 22.
[441]  FW, Fünftes Buch, Nr. 352, KSA 3, 588.
[442]  Vgl. N, 1884-1885, KSA 11, 286.

> Einen Glauben annehmen, bloss weil er Sitte ist, – das heisst doch: unredlich sein, feige sein, faul sein! – Und so wären Unredlichkeit, Feigheit und Faulheit die Voraussetzungen der Sittlichkeit.[443]

Diese von aussen kommende Moralität schädigt die Innenansicht der Individualität und zwingt sie zur Selbstverleugnung. Aus diesem Grund hat Nietzsche eine solche Moral als ein „Prokrustes-Bett"[444] bezeichnet. Sie hat aus dem Widerspruch ein Ideal gemacht und sich somit gegen den Erhaltungstrieb des starken Lebens gerichtet. Sie hat selbst die Vernunft der geistig stärksten Naturen verdorben, indem sie den obersten Wert, den Geist des Individuums, als sündhaft und als irreführende erklärte und so ihren Platz im Individuum etablieren konnte. Das Individuum empfindet sich nicht als Gut. Eine lange Geschichte kultureller Gewohnheiten und Einprägungen lastet schwer auf ihm. Mit ihrer dominanten Kultur spaltet sie das Individuum und setzt einen Prozess der „Selbstzerteilung"[445] frei. Durch diese Selbstzerteilung ist das Individuum nach Nietzsche nicht mehr ein Individuum, sondern ein Dividuum.[446] Als dieses moralische Dividuum ist der Mensch nicht mehr er selbst, sondern steht im Dienste der moralischen, gesellschaftlichen Werte.

In der Gesellschaft wird ein Mensch gut und moralisch genannt, wenn er das Gute in sich verachtet und nur für das Gute und Nützliche der Gesellschaft da ist. Nietzsche schreibt:

> Einen guten Charakter nennt man an einem Kinde das Sichtbarwerden der Gebundenheit durch das Dagewesene; indem das Kind sich auf die Seite der gebundenen Geister stellt, bekundet es zuerst seinen erwachenden Gemeinsinn; auf der Grundlage dieses Gemeinsinnes aber wird es später seinem Staate oder Stande nützlich.[447]

Die Moral ist nicht für die Einzelnen und für das Leben da. Es geht um die Erhaltung und Entwicklung eines ganzen kulturellen Menschengeflechts.

## 3.4 Die Tugenden bei Nietzsche

So wie Nietzsche den Wert der Moral und der Religion abgelehnt hat, akzeptiert er auch nicht einfach den Wert jeder Tugend. Nietzsche stellt sie in Frage. Was sind sie? Warum sollte man tugendhaft sein? Wem nützen die Tugenden? Warum sollte man einer Tugend, die uns schadet folgen? Was sind ihre Vor- und Nachteile für die Einzelnen und für die Gesellschaft?

Die Tugenden sind Eigenschaften des Menschen, wie z.B. mutig, fleissig und gerecht zu sein. Aber man kann nicht alle Eigenschaften eines Menschen als Tugend bezeichnen. Die Faulheit

---

[443]  M, Zweites Buch, Nr. 101, KSA 3, 90.
[444]  Vgl. GD, Streifzüge eines Unzeitgemässen, Nr. 43, KSA 6, 144.
[445]  Vgl. MA I, Zur Geschichte der moralischen Empfindungen, Nr. 57, KSA 2, 76.
[446]  Vgl. Ebd., 76.
[447]  MA I, Anzeichen höherer und niederer Cultur, Nr. 228, KSA 2, 192.

kommt z.B. nicht als Tugend in Frage, weil eine solche Eigenschaft keinen Erfolg garantiert.[448]

Bei Nietzsche handelt es sich um bewusste Tugenden, welche uns Vorteile, nicht aber Nachsteile bringen. Nietzsche attackiert die traditionellen Tugenden, und andere übliche gesellschaftlichen Werte wie Moral und Religion. Alles muss bei Nietzsche in Wandlung sein, auch die Tugenden. Sie sollten nicht nur geprüft, sondern sogar überwunden werden, egal ob sie schädlich oder nützlich sind. Nietzsche denkt, dass die Tugenden wie der Kinderglaube ohne Kritik angenommen worden sind. Man denkt nicht an die Wirkungen, welche sie für uns selber haben, sondern nur an die Wirkungen, welche sie für die Gesellschaft haben. Darüber sagt Nietzsche folgendes:

> So ist jede Tugend des Einzelnen eine öffentliche Nützlichkeit und ein privater Nachtheil im Sinne des höchsten privaten Zieles.[449]

In diesem Sinne dienen die Tugenden meistens der Gesellschaft, aber nicht dem Individuum. Für das Wohl der Gemeinschaft werden die Tugenden, wie auch die Religion und die Moral auf das Glück bezogen. Das Glück wird durch die moralische Formel, „Thue das und das, las das und das – so wirst du glücklich!"[450] garantiert. Demnach kann der Mensch glücklich sein, wenn er seine Tugenden nicht zu seinem Nutzen vollzieht, sondern zu Gunsten der Gesellschaft. Man wird aber auch unglücklich sein, wenn man wegen der Tugend auf seine „Vortheile" verzichtet.[451] Wer wegen der Tugend auf seine Vorteile verzichtet, wird „selbstlos". Mit Nietzsches Worten: „Man nennt die Tugenden eines Menschen *gut*, nicht in Hinsicht auf die Wirkungen, welche sie für ihn selber haben, sondern in Hinsicht auf die Wirkungen, welche wir von ihnen für uns und die Gesellschaft voraussetzen".[452] Nietzsche beurteilt die Tugenden als negativ, sofern sie der eigenen Person schaden. Er geht weiter und sagt, „wenn du eine Tugend hast, eine wirkliche, ganze Tugend (und nicht nur ein Triebchen nach einer Tugend!), so bist du ihr *Opfer*!".[453] Nietzsche meint damit, dass die Macht der Tugend für die Einzelnen eine Gefahr darstellt. Deshalb sollte der Mensch „nicht an seinen Tugenden hängen bleiben", weil sie für ihn einen Störfaktor darstellen.[454] Aus diesem Grund findet Nietzsche die Tugenden für den Einzelnen schädlich, weil sie ihn in den Konformismus drängen und seine Entwicklung verhindern.

---

[448]   MacIntyre definiert Tugend als Eigenschaft, die Erfolg garantiert (vgl. MacIntyre 1987, 187).
[449]   FW, Erstes Buch, Nr. 21, KSA 3, 393.
[450]   GD, Die vier grossen Irrthümer, Nr. 2, KSA 6, 89.
[451]   Vgl. GD, Sprüche und Pfeile, Nr. 19, 62.
[452]   FW, Erstes Buch, Nr. 21, KSA 3, 391.
[453]   Ebd., 391.
[454]   Vgl. JGB, Zweites Hauptstück: der freie Geist, Nr. 41, KSA 5, 59.

Nietzsche sagt in seinem Buch „Götzen-Dämmerung" von Verbrechen folgendes: „Seine *Tugenden* sind von der Gesellschaft in Bann gethan; seine lebhaftesten Triebe, die er mitgebracht hat, verwachsen alsbald mit den niederdrückenden Affekten, mit dem Verdacht, der Furcht, der Unehre".[455] Wenn man sich von den niederdrückenden Affekten wieder der Furcht befreien will, sollte man die Tugenden überwinden, weil die Tugenden selbst aus den Leidenschaften wachsen. So heisst es bei Nietzsche im „Zarathustra":

> Einst hattest du Leidenschaften und nanntest sie böse. Aber jetzt hast du nur noch deine Tugenden: die wuchsen aus deinen Leidenschaften. [...] Am Ende wurden alle deine Leidenschaften zu Tugenden und alle deine Teufel zu Engeln.[456]

Eine Tugend, die aus der Leidenschaft wächst, ist eine leidenschaftliche Tugend. Diese kann auch irreführen, weil „die Unvernunft in der (leidenschaftlichen) Tugend" vorhanden ist.[457] Nietzsche sagt dazu: „Und Tugend ist ein Wort, bei dem Lehrer und Schüler sich nichts mehr denken können, ein altmodisches Wort, über das man lächelt – und schlimm, wenn man nicht lächelt, denn dann wird man heucheln".[458] Wenn man nicht mehr denken kann, heisst das, dass nicht die Vernunft die Tugenden, sondern die Tugenden die Vernunft beherrschen. In einer derart unvernünftigen Lage kommen Selbstlosigkeit, Selbstverachtung und Verachtung des Individuums auf. Die Wirkung einer unvernünftigen Tugend ist sehr schädlich. Nietzsche richtet sich gegen jene irrationalen Tugenden, die nur der Gemeinschaft nutzen, aber nicht gegen jene vernünftigen Tugenden, die das Individuum stärken.

Die Tugenden sind wie der Glaube individuell und privat. Sie haben mit denen anderer Menschen keine Gemeinsamkeit:

> Mein Bruder, wenn du eine Tugend hast, und es deine Tugend ist, so hast du sie mit Niemandem gemeinsam.[459]

Nietzsche liebt sogar die Tugend, wenn sie auf das Leben im Diesseits bezogen und vernünftig ist.[460] Nietzsche will im Gegensatz zu den traditionellen Tugenden eine neue und edle Tugend schaffen.[461] Um eine neue, zielstrebige Tugend zu schaffen, muss die alte Tugend verleugnet und abgewertet werden. Demnach wäre die Verleugnung der erste Ursprung der neuen Tugend. Nietzsche notierte folgendes: „Macht ist sie, diese neue Tugend; ein herrschender Gedanke ist sie und um ihn eine kluge Seele: eine goldene Sonne und um sie die Schlange der

---

[455]  GD, Streifzüge eines Unzeitgemässen, Nr. 45, KSA 6, 146.
[456]  ZA I, Von den Freuden- und Leidenschaften, KSA 4, 43.
[457]  Vgl. FW, Erstes Buch, Nr. 21, KSA 3, 392.
[458]  UB III, Schopenhauer als Erzieher, Nr. 2, KSA 1, 345.
[459]  ZA I, Von den Freuden- und Leidenschaften, KSA 4, 42.
[460]  Vgl. Ebd., 42.
[461]  ZA I, Vom Baum am Berge, 53.

Erkenntniss".[462] Er ehrt diese Tugend, wenn sie der Erde einen Sinn gibt, und im Menschen kämpferisch und schaffend ist.[463] Nietzsche fordert eine schöpferische Tugend, welche den Menschen keine Furcht einjagt, sondern Kraft verleiht, und ein wissenschaftliches Ziel anstrebt. Er beschreibt selbst *seine Tugend* als Wissenschaft.[464]

Nietzsche nennt die Geschichte der moralischen Empfindungen die Geschichte des Irrtums.[465] Dieser Irrtum wird noch immer im Namen der „gesellschaftlichen Tugenden", welche nach Nietzsche Gerechtigkeit, Fleiss, Frömmigkeit (Gottesfurcht) und Gehorsam sind, gegen den individuellen Willen fortgesetzt.

### 3.4.1 Die gesellschaftlichen Tugenden

Im diesem Kapitel werden diese Tugenden nach Nietzsche nochmals erklärt und aufgezeigt, wie sie das Leben des Einzelnen negativ beeinflusst und bestimmt haben.

Die „gesellschaftlichen Tugenden" bezwingen wie Moral und Religion sowohl die Freiheit, als auch die Autonomie des Individuums. Um ihren Einfluss auf die Einzelnen aufzuzeigen, werden in diesem Kapitel die „gesellschaftlichen Tugenden" und die „individuellen Tugenden" gegenüber gestellt, damit die Konformität der „gesellschaftlichen Tugenden" einerseits, und die Non-Konformität der „individuellen Tugenden" andererseits verdeutlicht werden kann.

#### 3.4.1.1 Gerechtigkeit

Zuerst soll ein Blick auf die „Gerechtigkeitstugend" geworfen werden. Die Gerechtigkeit wurde als *die* Tugend, ja als Kardinaltugend gepriesen. Doch sind manche Autoren der Meinung, dass die Gerechtigkeit nicht bloss eine Tugend ist, sondern auch einen guten Charakter und gute Gesetze beinhaltet.[466]

Die Gerechtigkeit hat zwei Bedeutungen: In einem „objektiven" (institutionellen, politisch-sozialen) Verständnis ist Gerechtigkeit das grundlegende normative Prinzip des äusseren Zusammenlebens in seinen Kooperations- und Konfliktaspekten; sie ist das sittliche Ideal und Kriterium von Individuen und von Institutionen, selbst der Grundordnung einer politischen Gemeinschaft. Im zweiten, „subjektiven" (personalen) Verständnis ist Gerechtigkeit jene sittliche Lebenshaltung, die im Verhältnis zu den Mitmenschen weder auf freier Zuneigung beruht, noch beim Handeln über das hinausgeht, was man einem anderen schuldet.[467] Gerech-

---

[462] ZA I, Von der schenkenden Tugend, 99.
[463] Vgl. Ebd., 100.
[464] Vgl. ZA, IV, der Genesende, KSA 4, 377.
[465] Vgl. MA I, Zur Geschichte der moralischen Empfindungen, Nr. 39, KSA 2, 63.
[466] Vgl. O'Neill 1996, 23.
[467] Vgl. Höffe 1997, 91.

tigkeit wird hier als Tugend nicht in einem „objektiven" Verständnis, sondern in einem „subjektiven" Verständnis behandelt. In diesem Sinne ist Gerechtigkeit ein Charakter- oder Persönlichkeitsmerkmal, eine moralische Tugend.

Es geht nun um die tugendhaften Individuen, deren Charakter von der Moral unterdrückt worden ist. In einem solchen Moralkodex befangen erleben die Einzelnen öfters Ungerechtigkeit als Gerechtigkeit. Nietzsche spricht aber auch von einem Gleichgewicht der Kräfte. Gerechtigkeit im positiven Sinne ist eine Tugend eines sich selbst mächtigen Individuums. So spricht er in „Jenseits von Gut und Böse" von der „vornehmen Seele", die sich bevorzugt unter „Gleichen und Gleichberechtigten" bewegt.[468] Um gerecht zu sein, muss man im Gleichgewicht, nicht aber in der Gleichheit sein, weil „die Menschen nicht gleich" sind.[469] Wo das Gleichgewicht der Macht nicht vorhanden ist, findet eine einseitige Anneigung und Einverleibung statt. Nietzsche schreibt folgendes:

> Fehlt ein solches Gleichgewicht, stossen zwei zu verschiedene Macht-Quanten auf einander, so greift das Stärkere über nach dem Schwächeren zu dessen fortgesetzter Schwächung, bis endlich Unterwerfung, Anpassung, Einordnung, Einverleibung eintritt: also mit dem Ende, dass aus Zwei Eins geworden ist.[470]

So sind auch die Einzelnen unter der dem Einfluss der christlichen Moral, durch das Gebot der Liebe mit ihrer Begierde zur Einheit verbunden worden.[471] Hier findet man keine Annerkennung, und auch kein Gleichgewicht, sondern nur eine „Gleichheit" der Menschen, welche durch die Heilige Schrift vereint worden sind:

> Sie bringen ihre Muthmassungen so dreist vor wie Dogmen und sind über der Auslegung einer Bibelstelle selten in einer redlichen Verlegenheit. Immer wieder heisst es „ich habe Recht, denn es stehet geschrieben".[472]

Wenn wir die Bibel hier als „Empfänger" und die Gläubigen als „Geber" ansehen, zeigt sich das Ungleichgewicht ganz klar: die Position der Bibel ist stark und die der Gläubigen schwach. Die Bibel gibt dem Gläubigen ihren Leitgedanken, sie dienen ihr Leben lang und opfern sich sogar für sie. In einer solchen Situation ist ein gegenseitiger „Austausch" unmöglich. Es handelt sich hier um einen „negativen Austausch" der Gerechtigkeit im Sinne des Glaubens, nicht aber im Sinne der Wirtschaft. Höffe schreibt in seinem Buch „Gerechtigkeit als Tausch":

> Gewöhnlich denken wir beim Tausch an einen Markt, also an Wirtschaftsprozesse oder, etwas allgemeiner, an ein positives Nehmen und Geben. Eine

---

[468] JGB Neunter Stück: was ist vornehm? Nr. 265, KSA 5, 219.
[469] Vgl. ZA II, Von den Taranteln, KSA 4, 130.
[470] N, Sommer 1886 – Herbst 1887 5[82], KSA 12, 221.
[471] Vgl. N, Sommer 1872 – Anfang 1873 19[93], KSA 7, 450.
[472] M, Erstes Buch, Nr. 84, KSA 3, 79.

grundsätzlichere Bedeutung hat negativer und durch und durch nicht ökonomischer Tausch.[473]

Ausser materiellen Vorteilen gibt es nämlich auch ideelle: Sicherheit, Macht, Annerkennung
und Glaube. Wenn Gerechtigkeit aber Sache eines negativen Austausches ist, verliert der Geber zwangsläufig mehr als der Nehmer. Eine solche Gerechtigkeit, die nicht auf eigenen
Selbsterkenntnissen, sondern auf den Erkenntnissen anderer beruht, gilt nach Nietzsche als
„unmögliche Tugend".[474] Sie ist in der Wirklichkeit nicht vorhanden und wird vom Individuum nicht erkannt. Mit Nietzsches Worten:

> Und doch ist die Tugend der Gerechtigkeit so selten vorhanden, noch selte-
> ner erkannt und fast immer auf den Tod gehasst.[475]

Eine solche Tugend, die nicht im Bewusstsein vorhanden ist, ist unvernünftig.

### 3.4.1.2  Fleiss

Nietzsche schreibt in seiner „Fröhlichen Wissenschaft", dass „die Tugenden, (wie Fleiss, Gehorsam, Keuschheit, Pietät und Gerechtigkeit) ihren Inhabern meistens *schädlich*" sind.[476] Die
Gesellschaft verlangt im Namen dieser Tugenden von ihren Mitgliedern bloss Arbeit, welche
die Entwicklung der Gemeinschaft anstrebt und die Einzelnen erschöpft. Die fleissige Person
verliert dabei nicht nur ihre Kraft, sondern auch ihre geistigen Eigenschaften wie Sehkraft und
frische Denkart. Nietzsche schreibt dazu:

> Aber der Nachbar lobt eben desshalb deine Tugend! Man lobt den Fleissi-
> gen, ob er gleich die Sehkraft seiner Augen oder die Ursprünglichkeit und
> Frische seines Geistes mit diesem Fleisse schädigt; man ehrt und bedauert
> den Jüngling, welcher sich „zu Schanden gearbeitet hat", weil man urteilt:
> „Für das ganze Grosse der Gesellschaft ist auch der Verlust des besten Ein-
> zelnen nur ein kleines Opfer!"[477]

Fleiss ist also eine Tugend, ein Werkzeug der Gesellschaft. Dieses „Werkzeug" dient dem
Reichtum der Gesellschaft und verkrüppelt die Eigenschaften des Individuums. Der Fleiss
wird als ein Weg zum Reichtum, zur Ehre und gegen die Langweile angesehen und die Leidenschaften werden zu Gift erklärt. Diese gesellschaftlichen Überzeugungen verschweigen
aber die höchste Gefährlichkeit dieser Tugend. Die Gefahr ist schon da, wenn sie Gewohnheit, Trieb und Arbeitsleidenschaft geworden ist. Nietzsche sagt dazu, dass „der blindwüthen-

---

[473]  Höffe 1991, 23.
[474]  Vgl. UB II, Von Nutzen und Nachtheile der Historie für das Leben, Nr. 6, KSA 1, 286.
[475]  Ebd., 287.
[476]  Vgl. FW, Erstes Buch, Nr. 21, KSA 3, 391.
[477]  Ebd., 391.

de Fleiss zwar Reichthümer und Ehre schafft, aber zugleich den Organen die Feinheit nimmt [...] zugleich die Sinne stumpf und den Geist widerspänstig gegen neue Reize macht".[478]

Es ist bekannt, dass viele ausländische Arbeiter/innen wegen ihrem Fleiss im Gastgeberland vielleicht reich, geistig aber ärmer geworden sind. Obwohl sie ihr Leben lang fleissig waren, haben sie immer noch Sprach- und Anpassungsprobleme. Diese ausländischen Arbeitskräfte sind „[...] fleissig, nicht aus Erwerbstrieb, sondern aus der beständigen Bedürftigkeit der Anderen".[479] Diese fleissigen Arbeiter/innen kann man mit einem Baum vergleichen, der viele Früchte trug, die aber alle von einem starken Wind abgerissen wurden, bevor sie reif waren. Auch ihnen nimmt „der Fleiss die Früchte sauer vom Baume".[480] Der Mensch, der seine „Früchte sauer" verliert, ist ein vertrockneter Mensch. Dieser kann sowohl für sich selbst, als auch für die Gesellschaft nichts Positives leisten.

### 3.4.1.3  Gehorsam

Nietzsche schreibt im *Zarathustra*, dass die Tugenden die kleinen Menschen zahm machen, das heisst *gehorsam*: „Tugend ist ihnen das, was bescheiden und zahm macht: damit machten sie den Wolf zum Hunde und den Menschen selber zu des Menschen bestem Hausthiere".[481] Unter den Tugenden wurden die natürlichen Eigenschaften des Menschen domestiziert und dressiert. Diese wurden von ihrer eigenen Natur entfernt und zu gehorsamen Wesen gemacht. Während „Gehorsam" den anderen nützlich ist, führt sie für den Einzelnen zu einer Zucht, zur Unpersönlichkeit. Wegen ihrer Wirksamkeit wurde diese Tugend von einer kleinen Zahl Befehlender bisher am besten und längsten unter Menschen ausgeübt und gezüchtet.[482] Weil *Gehorsam* sich in der Seele des Menschen mit der Zeit zur Gewohnheit etabliert hat, wurden seine Urteilskräfte ausgeschaltet. Sie wurden einem Befehl untergeordnet. Am Ende herrschten in der Natur des Menschen eine Vernachlässigung und eine Leichtsinnigkeit gegenüber sich selbst. Eine solche Lebensweise, die durch den Gehorsam gelenkt wird, verdirbt die eigene innerliche Macht. Der Gehorsam schwächt den Willen des Wesens und verhindert es daran, den Willen zur Macht zu erreichen.

Rüdiger Safranski schreibt über den *Gehorsam* nach Nietzsche folgendes:

> Gehorsam bedeutet für Nietzsche insgesamt einen Sieg der *Sklavenmoral* mit der Folge, dass die Starken Naturen, die es natürlich auch weiterhin gibt,

---

[478] Ebd., 392.
[479] MA I, Ein Blick auf den Staat, Nr. 478, KSA 2, 312ff.
[480] Vgl. MA I, Der Mensch mit sich allein, Nr. 556, 331.
[481] ZA III, Von der verkleinernden Tugend, KSA 4, 214.
[482] Vgl. JGB, Fünftes Hauptstück: zur Naturgeschichte der Moral, Nr. 199, KSA 5, 119.

zu allen möglichen Kompromissen, Überformungen, Verhüllungen und In-direktheiten im Auslassen ihrer Stärke gezwungen werden.[483]

Bei der Sklavenmoral geht es um die Umformung der starken Tugenden wie Rücksichtslosig-keit, Kühnheit und Mässigung in schwache Tugenden wie Demut, Mitleid, Fleiss und Gehor-sam. Nietzsche betont die Schädlichkeit dieser Tugenden, die den Herren nützen und die Kleinen unterjochen. Der Gehorsam zerstört auch die innerliche treibende Kraft, weil er als Trieb von jenen Trieben abweicht, die mit der Vernunft im Gleichgewicht sind.[484] Man kann davon ausgehen, dass der Gehorsam als Tugend für die Entwicklung des Individuums äusserst schädlich ist, sich gegen seinen freien Willen richtet und es schwächt. Eine solche Tugend muss unbedingt aus dem Leben des Individuums entfernt werden, damit der Weg für den Wil-len zur Macht freigelegt werden kann.

### 3.4.1.4 Keuschheit

Keuschheit ist eine Art der Tugenderziehung, die für die eigene Person Nachteile und die Öf-fentlichkeit Vorteile zum Ziel hat. Damit führt sie das Individuum zur Selbstlosigkeit. Diese wird vom „Nächste[n]" gelobt, weil *er durch sie Vorteile*" hat.[485] In diesem Sinne kann man sagen, dass Keuschheit für die Betroffenen eine Bürde, für die Allgemeinheit aber eine Tu-gend ist.

Die weibliche Keuschheit ist für die Frauen nicht nur eine Last, sondern auch „eine tiefe Scham und Unwissenheit". Sie ist eine Art der Erziehung, welche die Frauen vom wahren Wissen entfernt und sie in eine sowohl körperlich, als auch seelische Unwissenheit bringt. Sie wurden im Namen der Keuschehit dazu erzogen, dass „Wissen [...] Böse ist". Durch die Keuschheitserziehung wurden Frauen von ihrer geistigen Welt entfernt und gedankenlos ge-lassen. Darüber schreibt Nietzsche:

> Die jungen Frauen bemühen sich sehr darum, oberflächlich und gedanken-los zu erscheinen; die feinsten unter ihnen erheucheln eine Art Frechheit.[486]

Wenn man den Begriff weibliche Keuschheit nicht nur als einen körperlichen Zustand, son-dern als Lebenshaltung auffasst, könnte man sagen, dass sich religiöse Menschen in einem Keuschheitszustand befinden. Wie die Jungfrauen, die auf ihren fernen, unbekannten Bräuti-gam warten und all ihr Denken nach ihm richten, so richten sich auch religiöse Menschen ganz nach Gott aus. Das Leben wird zum Wartesaal. Die Erfüllung des Lebens findet später oder gar nach dem Tode statt. Durch diese keusche Lebenshaltung verpasst man das Leben.

---

[483] Vgl. Safranski 2000, 314.
[484] FW, Erstes Buch, Nr. 21, KSA 3, 391.
[485] Vgl. Ebd., 393.
[486] Ebd., Zweites Buch, Nr. 71, 429.

Hinter dieser Haltung steckt aber auch Bequemlichkeit. Es ist sehr viel einfacher, von etwas Besserem zu träumen, als es selbst zu verwirklichen.

Die weibliche Keuschheit ist eine Tugend, welche durch eine äussere Erziehung erzielt worden ist. Diese fremdartige Tugend befindet sich immer im Streit mit der Natur der Frau, die ihre eigene tugendhafte Natur verbergen muss. Aus diesem Grund lebt die Frau eigentlich nicht sich selbst und tötet durch ihre Keuschheit sogar ihre Wünsche und ihre sexuellen Bedürfnisse ab.

Aber was bedeutet die asketische Keuschheit für Nietzsche? Ist sie auch schädlich? Bei der philosophischen, asketischen Keuschheit handelt es sich um eine bewusste Selbstbeherrschung. Wenn jemand durch seinen eigenen Willen, seine eigene Tugend, bzw. Keuschheit leben will, kann man mit gutem Gewissen sagen, dass sie für die „Selbstbeherrschung" und für die mentale Entwicklung eine positive Rolle spielt. So weisst Nietzsche darauf hin, dass deswegen die meisten Philosophen die Heirat abgelehnt haben und gibt dafür folgende Erklärung ab:

> Was endlich ‚Keuschheit' der Philosophen anbelangt, so hat diese Art Geist ihre Fruchtbarkeit ersichtlich wo anders als in Kindern; vielleicht wo anders auch das Fortleben ihres Namens, ihre kleine Unsterblichkeit.[487]

Es handelt sich bei den Philosophen nicht bloss um die körperliche, sondern auch um die geistige Fortpflanzung. Keuschheit ist in diesem Sinne ökonomisch, nämlich eine Sublimierung der Lust.

> Musik machen ist auch noch eine Art Kindermachen; Keuschheit ist bloss die Ökonomie eines Künstlers.[488]

## 3.4.2  Die Tugenden des Individuums

In der Geschichte haben Tugenden den Hauptteil der Erziehung ausgemacht. Man könnte auch sagen, dass sie besonders in der Moral eine Erzieherrolle gespielt haben. Mit der Zeit haben diese Tugenden die Erziehung erobert und die individuelle Erziehung hat ihre Funktion verloren. Um diese Funktion wieder zu erlangen, müssen die Tugenden der Erziehung unterliegen, damit sie ihre freie Rolle besser spielen kann. Mit Nietzsches Worten:

> Die Erziehung soll deshalb die Tugenden, so gut es geht, *erzwingen* je nach der Natur des Zöglings.[489]

Das besagt, dass diese Tugenden durch Erziehung verfeinert und kultiviert werden müssen. Eine falsche Erziehung, z.B. durch gesellschaftliche Tugenden, verdunkelt und verblendet die

---

[487]  GM, Dritte Ab.: was bedeutet asketische Ideal? Nr. 8, KSA 5, 355.
[488]  N. Frühjahr 1888 14 [117], KSA 13, 295.
[489]  MA II, ‚I, Vermischte Meinungen und Sprüche, Nr. 91, KSA 2, 413.

Seele des Individuums eher und kann der Seele schaden. Die Seele muss durch Selbsterziehung davor bewahrt werden, denn die Tugend ist, so Nietzsche, „selber die Sonnen- und Sommerluft der Seele".[490] Um diese individuelle Seele immer rein zu bewahren, müssen die Einzelnen ihre eigenen Tugenden kennen und auf die Probe stellen, damit zuerst die Gerechtigkeit der Seele errichtet werden kann. Die Verknüpfung von Tugend und Seele erinnert von Ferne an Platon.

In diesem Sinne ist die individuelle Erziehung, welche die gewöhnlichen und gesellschaftlichen Tugenden überwinden muss, sowohl für die Entwicklung der Gesellschaft als auch für deren Mitglieder sehr wichtig. Die gesellschaftlichen Tugenden ermöglichen, wie uns deutlich gezeigt wurde, vor allem den Nutzen für die Gesellschaft, benachteiligen aber die Einzelnen. Um diese Ungleichheit aufzuzeigen, werden die individuellen Tugenden nach Nietzsche nicht nur zum Nutzen des Einzelnen dargestellt, sondern auch um die individuelle Seele mit „Sonnenluft" zu erfrischen. Um Erfrischung und Umwandlung der Seele zu ereichen, müssen zunächst die gesellschaftlichen Tugenden von der Seele verbannt werden, um die nützlichen, individuellen Tugenden in der Seele zu etablieren.

### 3.4.2.1 Redlichkeit

In seinem Buch „Jenseits von Gut und Böse" schreibt Nietzsche, dass die Unabhängigkeit durch Proben ermöglicht werden kann:

> Man muss sich selbst seine Proben geben, dafür dass man zur Unabhängigkeit und zum Befehlen bestimmt ist.[491]

Vielleicht könnte man Nietzsches Auffassung erweitern und sagen, dass die Unabhängigkeit nicht durch eine Selbstprobe erreicht werden kann, wenn man die Tugend der Redlichkeit nicht besitzt.

Bei Nietzsche ist es von entscheidender Bedeutung, dass Redlichkeit eine Schlüsselrolle für die Opposition gegen die christliche Moral einnimmt. Das bedeutet, dass der Mensch nicht nur gegen andere, sondern auch gegen sich selbst zur Redlichkeit verpflichtet ist. Nietzsche betont die radikale Neuheit der Redlichkeit als Tugend. Warum hat Nietzsche die „Redlichweit" als Tugend ausgezeichnet? Sie stellt als „eine der jüngsten Tugenden" „den Wert der Wahrheit" in Frage. Damit bestimmt er die Redlichkeit als wesentlich „werdende Tugend".[492] Die freien und die individuellen Gedanken unterlagen schon immer den alten moralischen Gedanken, da die Tugend der Redlichkeit nicht präsent war. Aber Nietzsche hat diese Art

---

490   Vgl. Ebd., 413.
491   JGB, Zweites Hauptstück: der freie Geist, Nr. 41, KSA 5, 58.
492   JGB, Siebentes Hauptstück: unsere Tugenden, Nr. 227, KSA 5, 162.

Tugend für die freien Gedanken aktualisiert, damit man sie jederzeit anwenden kann. Im „Zarathustra" schreibt er:

> Wenn euer Gedanke unterliegt, so soll eure Redlichkeit darüber noch Triumph rufen.[493]

Die Redlichkeit leitet den freien Geist bei seiner Moralkritik. Er könnte sich ohne Redlichkeit überhaupt nicht gegen die Moralkritik durchsetzen. Es geht bei Nietzsche um die „Selbstüberwindung" der Moral durch die Tugend der Redlichkeit. Die Redlichkeit ist eine neue Erkenntnis, die von den alten, moralischen Erlebnissen ausgeht. Sie ist die einzige Erkenntnis, mit der man sich gegen alte, moralische Dogmen durchsetzen und diese überwinden kann. Redlichkeit umfasst alle Moral und trägt dazu bei, aus alten Vorurteilen ein neues Bild zu konstruieren:

> Wir construiren ein neues Bild, das wir sehen, sofort mit Hülfe aller alten Erfahrungen, die wir gemacht haben, *je nach dem Grade* unserer Redlichkeit und Gerechtigkeit. Es giebt gar keine anderen als moralische Erlebnisse, selbst nicht im Bereiche der Sinneswahrnehmung.[494]

Die bisherigen moralischen Erlebnisse beruhen auf den Sinneswahrnehmungen, die in die Irre führen, nicht aber auf der Vernunft. Diejenigen, die diese moralischen Erlebnisse erfahren haben, haben nicht danach gefragt, ob Redlichkeit für sie nützlich gewesen sein könnte. Die Redlichkeit ist allen fremd gewesen. Die Menschen haben aus ihren Erlebnissen keine nützlichen Erkenntnisse gezogen. Auf diese Weise waren sie in Unwissenheit gehorsam, weil ihnen die Tugend der Redlichkeit fehlte:

> Wo meine Redlichkeit aufhört, bin ich blind und will auch blind sein. Wo ich aber wissen will, will ich auch redlich sein, nämlich hart, streng, eng, grausam, unerbittlich.[495]

Es wurde uns gelehrt, dass Beugsamkeit eine Tugend, Unbeugsamkeit aber eine Untugend und daher böse sei. Wenn man die Beugsamkeit als eine Tugend eines anderen Zeitalters betrachtet, soll man auch die Unbeugsamkeit als eine Tugend einer anderen Zeit ansehen, wie es zu Recht von Nietzsche in der „Fröhlichen Wissenschaft" erwähnt wurde:

> *Jede* Tugend *hat ihre Zeit.* Wer jetzt unbeugsam ist, dem macht seine Redlichkeit oft Gewissensbisse: denn die Unbeugsamkeit ist die Tugend eines anderen Zeitalters, als die Redlichkeit.[496]

Diese Gegenüberstellung mit der Unbeugsamkeit (constatia) legt nahe, dass Redlichkeit eine dynamische Tugend ist, welche den Wandel und nicht die Konstanz des Menschen verstärkt. Die Unbeugsamkeit ist die Tugend einer Epoche mit geringem sozialen Wandel; die Redlich-

---

[493] ZA I, Vom Krieg und Kriegsvolke, KSA 4, 58.
[494] FW, Drittes Buch, Nr. 114, KSA 3, 474.
[495] ZA IV, Der Blutegel, KSA 4, 312.

keit dagegen ist die Tugend eine Epoche mit beschleunigsten sozialen und kulturellen Wandel.

Das Individuum kann sich durch die Tugend der Redlichkeit nicht nur im Alltag von den moralischen Erlebnissen befreien, sondern ist auch „jenseits von Gut und Böse". In diesem Sinne gehört die Tugend der Redlichkeit auch zum Bereich des Begriffpaares „Gut und Böse". Darüber sagt Nietzsche: „Und deine übergrosse Redlichkeit wird dich auch noch jenseits von Gut und Böse wegführen!".[497] Aus diesem Grund hat Nietzsche die Redlichkeit als letzte und jüngste Tugend erklärt. In der folgenden Notiz verdeutlicht er: „Diese letzte Tugend, *unsere* Tugend heisst: Redlichkeit".[498] Die Redlichkeit ist für Nietzsche nicht allein die „jüngste" Tugend, weil sie in der Geschichte der Moral und Ethik an letzter Stelle steht, sondern weil sie auch noch in einem anderen Sinne „die letzte" ist,[499] weil „weder unter den sokratischen, noch unter den christlichen Tugenden die *Redlichkeit*" vorkommt.[500] So trägt Nietzsche damit dem Aufkommen des Individuums in seiner spezifischen, neuzeitlichen Gestalt Rechnung. Die individuelle Redlichkeit tritt hier als Gegeninstanz zu den auf gesellschaftliche Anpassung bedachten Eigeninteressen auf. Es handelt sich hier nicht um eine „sittliche Wahrhaftigkeit", sondern um eine Wahrhaftigkeit gegen sich selbst. Nietzsche betont damit den doppelten Aspekt der „Wahrhaftigkeit" einerseits gegen sich selbst, andrerseits gegen andere.

Die intellektuelle Redlichkeit ist ein Markenzeichen von Nietzsches Philosophie. Nietzsche hat bemerkt, dass das gewöhnliche Gewissen irre machen kann, deshalb hat er sich für das intellektuelle Gewissen entschieden:

> Weißt du Nichts von einem intellectuellen Gewissen? Einem Gewissen hinter deinem ‚Gewissen'? Dein Urteil ‚so ist es recht' hat eine Vorgeschichte in deinen Trieben, Neigungen, Abneigungen, Erfahrungen und Nicht-Erfahrungen; *‚wie* ist es da entstanden?' musst du fragen.[501]

So fragen sich „die Sich-selber-Gesetzgebenden, die Sich-selber-Schaffenden!"[502] Da unser innerliches Gewissen schweigt, spricht ein fremdes zu uns. Wir haben durch Erziehung (Familienerziehung, moralische und religiöse Erziehung) ein von aussen kommendes Gewissen erhalten, welches in unserer krankhaften Seele einen Nistplatz gefunden hat. Dieses Gewissen wird durch Triebe, Neigungen und Abneigungen aktiviert, nicht aber durch das intellektuelle Gewissen.

---

[496]   FW, Drittes Buch, Nr. 159, KSA 3, 497.
[497]   ZA IV, Ausser Dienst, KSA 4, 325.
[498]   N, Herbst 1886 – Frühjahr 1886 1[145], KSA 12, 44; ZA I, Von den Hinterweltern, KSA 4, 37.
[499]   Vgl. Tongeren 1989, 129.
[500]   Vgl. M, Fünftes Buch, Nr. 456, KSA 3, 275.
[501]   FW, Viertes Buch, Nr. 335, KSA 3, 561.
[502]   Vgl. Ebd., 563.

Um sich selbst zu werden, muss man ein intellektuelles Gewissen haben, damit „die Neuen, die Einmaligen, die Unvergleichbaren, die sich selbst Schaffenden" entstehen können. Dazu muss man lernen und nochmals lernen, um seine Welt selbst entdecken zu können. Mit Nietzsches Worten:

> Wir müssen *Physiker* sein, um, in jenem Sinne, *Schöpfer* sein zu können. [...] Und darum: Hoch die Physik! Und höher noch das, was uns zu ihr *zwingt*,– unsre Redlichkeit.[503]

Schliesslich kann die Redlichkeit sogar „eine gute Vorsicht" gegen eigene Überforderungen und ein „gutes Misstrauen" gegenüber unseren Motiven sein: „Habt da eine gute Vorsicht, ihr höheren Menschen! Nichts nämlich gilt mir heute kostbarer und seltner als Redlichkeit".[504] Obwohl Nietzsche die Redlichkeit als „kostbare und seltene Tugend" bezeichnet hat, war er der Meinung, dass es keine definitiven Gedanken, kein letztes Wort und auch keine ewige Tugend gibt.

### 3.4.2.2  Das asketische Ideal

Bei Nietzsches geht es um das Individuum, um dessen Selbstverwirklichung. Er wollte das Individuum in tiefschürfende Analysen individueller Bewusstseinzustände, etwa des Ressentiments und des Asketismus stärken. Der Asketismus gehört wie Kunst, Religion und Philosophie zu den menschlichen Errungenschaften. Um das Beste zu erreichen, muss Leid und Grausamkeit, auch gegen sich selbst, vorhanden sein.

Laut Kaufmann ist Nietzsches Einschätzung des Leidens und der Grausamkeit nicht die Folge eines blutdürstigen Denkens, sondern sie ergibt sich aus seiner Hochschätzung der Vernunft. Ein mächtiger Mensch ist ein vernünftiger Mensch, der selbst seinen höchsten Glauben einer Überprüfung durch die Vernunft unterzieht.[505] Nietzsche betrachtet die Grausamkeit nicht als Barbarei, sondern als Teil der Kultur. Sie ist nicht einmal ein Laster, sondern eine Fähigkeit und eine verfeinerte menschliche Tugend.[506] Die Grausamkeit ist in diesem Sinne die Haltung eines Individuums sich selbst gegenüber:

> Fast Alles, was wir ‚höhere Cultur' nennen, beruht auf der Vergeistigung und Vertiefung der *Grausamkeit*.[507]

Kaufmanns Deutung ist wohlwollend und etwas beschönigend, spricht doch Nietzsche auch von der Grausamkeit gegen andere. Eine Grausamkeit gegen sich selbst **und gegen andere** ist

---

[503]  Ebd., 563ff.
[504]  ZA IV, Von höheren Menschen, KSA 4, 360.
[505]  Vgl. Kaufmann 1982, 284.
[506]  Vgl. M, Erstes Buch, Nr. 30 KSA 3, 39.
[507]  JGB, Siebentes Hauptstück: unsere Tugenden, Nr. 229, KSA 5, 166.

notwendig, wenn man ein Ziel erreichen will. Freiheit und Unabhängigkeit erreicht man oft nur durch Auseinandersetzungen und Kampf.

Die Grausamkeit ist ein Hauptteil des asketischen Lebens. Nietzsche versteht unter dem „Asketismus" auch eine Selbsterschaffung und Selbstdisziplin fürs Leben. Der Asket ist nach ihm jemand, der „seinem Charakter Stil gibt". Er hat in Sokrates einen Menschen gefunden, der seinem Charakter „Stil gibt"[508] und „sich zur Ganzheit [...] diszipliniert hat.[509] Damit hat Nietzsche den „Asketismus" nicht im Sinne des Christentums, sondern im antiken Sinne, also positiv bestimmt:

> Vielleicht giebt es nichts befremdenderes für Den, welcher sich die griechi-
> sche Welt ansieht, als zu entdecken, dass die Griechen allen ihren Leiden-
> schaften und bösen Naturhängen von Zeit zu Zeit gleichsam Feste gaben
> und sogar eine Art Festordnung ihres Allzumenschlichen von Staatswegen
> einrichteten.[...] Sie nahmen jenes Allzumenschliche als unvermeidlich und
> zogen vor, statt es zu beschimpfen, ihm eine Art Recht zweiten Ranges
> durch Einordnung in die Bräuche der Gesellschaft und des Cultus' zu geben:
> ja, alles, was im Menschen *Macht* hat, nannten sie göttlich und schrieben es
> an die Wände ihres Himmels. Sie leugnen den Naturtrieb, der in den
> schlimmen Eigenschaften sich ausdrückt, nicht ab, sondern ordnen ihn ein
> und beschränken ihn auf bestimmte Culte und Tage, nachdem sie genug
> Vorsichtsmaassregeln erfunden haben, um jenen wilden Gewässern einen
> möglichst unschädlichen Abfluss geben zu können. Diess ist die Wurzel al-
> ler moralistischen Freisinnigkeit des Altherthums. Man gönnte dem Bösen
> und Bedenklichen [...] eine mässige Entladung und strebte nicht nach seiner
> völligen Vernichtung.[510]

Die Griechen haben mit der Askese nicht Verdrängung des Selbst, der Sinnlichkeit, der Trie-
be, des Begehrens und der Lüste, sondern *Einübung* in sie gemeint. Das ist so gedacht, dass sowohl der Leib, als auch die Seele „geübt" werden müssen, was durch Erziehung geschieht. Sie haben nicht darauf verzichtet, sondern sie haben gelernt, in bewusster Weise damit umzugehen. Askese ist Mittel, nicht Selbstzweck, nicht sinnliche Verleugnung, sondern Annerken-
nung und Beherrschung des Verleugneten, nicht Weltflucht, wie bei den christlichen Asketen, sondern eine Bereitschaft, sich den Verführungen des weltlichen Daseins zu stellen und zu lernen, sich massvoll zu ihnen zu verhalten. Es geht nicht darum, die Instinkte, die Trieb und die Sinnlichkeit zu opfern, sondern aufgeklärt mit ihnen umzugehen. Demzufolge ist Nietzsches Asketismus als Lehre von einem freien Umgang mit dem Begehren und den Lüsten nicht zu trennen von selbstgewählten Entbehrungen auch im Geistigen. Es geht Nietzsche darum „Etwas von der praktischen Asketik aller griechischen Philosophen" wieder zu ler-

---

[508] Vgl. FW, Viertes Buch, Nr. 290, KSA 3, 530.
[509] Vgl. GD, Streifzüge eines Unzeitgemässen, Nr. 49, KSA 6, 151.
[510] MA II, Vermischte Meinungen und Sprüche, Nr. 220, KSA 2, 473.

nen.[511] Nietzsche will die „*Asketik* wieder *vernatürlichen*",[512] d.h. er will an Stelle der Verneinung der Sinnlichkeit deren Verstärkung und an Stelle der Entsagung die selbstbestimmte Einübung in den Umgang mit unseren Lüsten setzen.

Nietzsches „Gymnastik des Willens"[513] geht auf den griechischen Wortsinn von *askesis* zurück. Das Wort askesis heisst auf Griechisch „Übung" und „Gymnasium". In der Antike steht askesis nicht für Verzichtleistung und Selbstbeherrschung von Lüsten, sondern für eine e-thisch-therapeutische Übungspraxis, die zur Erlangung von Tugend oder Glück führen soll. Die *askesis* Praxis schliesst meistens körperliche und geistige Übungen mit ein, etwa Übungen zur einfachen Lebensweise, zur Überwindung der Affekte und Begierden oder zur Selbstrelativierung. Das Ziel der *askesis* ist die Überwindung falscher Einstellungen und eine Transformation der Persönlichkeit. Im Weiteren kann der Begriff die Bildung oder Erziehung bedeuten.

Der Begriff „Gymnasium" bezeichnet im Kontext von Erziehung (*paideia*) das Ausführen von Übungen für die körperlichen und seelischen Naturanlagen nach Regeln.

Das Ziel der gymnastischen Erziehung ist eine diätische Ernährung des Leibes, damit die Seelenregionen unter Disziplin gebracht werden können. Bei Platon[514] dienen im Gymnasium durchgeführte Leibesübungen einer starken, schönen Verfassung des Körpers und ihrem Erhalt. Ihr Zweck liegt in der Tugend der ganzen Seele. Auch die Einübung geistiger Tätigkeiten findet ihren Ort im Gymnasium Platons.[515]

Nietzsche hat versucht die, *Entnatürlichun*[516]der Asketik im Christentum wieder zu versnatürlichen. Der „Asketismus" ist nach Nietzsche eine Art der Entwicklung und Kultivierung der Menschheit. In „Genealogie zur Moral" sagt er ausdrücklich, dass „das Leben der Menschen tierisch und bedeutungslos ist, wenn man vom asketischen Ideale ab[weicht]".[517] Der Asketismus der Mächtigen besteht darin, dass sie ihre Triebe sublimieren, das Chaos ihrer Leidenschaften organisieren und ihrem Charakter „Stil" geben.[518]

Nietzsche hält die Abtötung des Fleisches für eine Radikalkur. Zu ihr können nur Schwache Zufluchten nehmen, weil sie nicht die Macht haben, ihre Triebe zu beherrschen und gut zu gebrauchen. Es braucht den Kampf des Menschen gegen seine Triebe, zum Triumph der Vernunft. Anders gesagt: zur Selbstüberwindung gehört immer auch Härte gegen sich selbst, zur

---

[511]  Vgl. M, Drittes Buch, Nr. 195, KSA 3, 169.
[512]  Vgl. N, Herbst 1887 9[93], KSA 12, 387.
[513]  Vgl. Ebd., 387.
[514]  Vgl. Rep. III 403c ff.
[515]  Vgl. Gorg. 514e, Tht. 169c.
[516]  Vgl. N, Herbst 1887 9[96] KSA 12, 388.
[517]  Vgl. GM, Dritte Ab. was bedeuten asketische Ideale? Nr. 28, KSA 5, 411.
[518]  Vgl. FW, Viertes Buch, Nr. 290, KSA 3, 530.

Sublimierung des Triebs. „Sublimierung" heisst bei Nietzsche nicht Selbstüberwindung, sondern der wirkliche Vollzug der Triebüberwindung.[519] Er hat die „Sublimierung" nicht im Sinne der Verneinung des Geschlechtstriebs angesehen, sondern im Sinne von Platons Sophrosyne.[520] Man kann wie ein „Gärtner"[521] seine Triebe pflegen, um durch Askese den bewussten Umgang mit dem uns unbewusst Treibenden zu erlernen. So sollen wir uns unserer Schwierigkeiten annehmen wie ein Gärtner, der wilde Pflanzen pflegt, damit sie schöne Blüten oder Früchte tragen. Die menschlichen Triebe sollen ebenso gepflegt werden, damit daraus die grössten Errungenschaften und Freuden erwachsen können. Mit Nietzsches Worten:

> Man kann wie ein Gärtner mit seinen Trieben schalten und, was Wenige wissen, die Keime des Zornes, des Mitleidens, des Nachgrübelns, der Eitelkeit so fruchtbar und nutzbringend ziehen wie ein schönes Obst an Spalieren.[522]

Die Griechen schnitten ihre ungünstigen Triebe nicht ab, sie bearbeiteten sie wie Gärtner. Nicht nur Triebe, sondern auch menschliche Passionen können, wenn man will, in Ordnung gebracht werden. Nietzsche glaubt, dass die menschlichen Passionen sich mit der Zeit mit dem Geist verheiraten und *vergeistigen* können:

> Alle Passionen haben eine Zeit, wo sie bloss verhängnisvoll sind, wo sie mit der Schwere der Dummheit ihr Opfer hinunterziehen – und eine spätere, sehr viel spätere, wo sie sich mit dem Geist verheirathen, sich „vergeistigen".[523]

Zur Erfüllung gelangt man dadurch, indem man klug auf Schwierigkeiten reagiert, die einen zerreissen könnten. Nietzsche fordert uns zum Ertragen auf. Nur durch Ertragen und Mässigung kann man sich von der Herrschsucht der Triebe, die sich in Gestalt des Verbrechers auch als krankhafte Tyrannei offenbaren kann, befreien.[524] Obwohl die Triebbeherrschung nach Nietzsche nicht immer in unserer Macht steht, kennt er verschiedene Methoden, um die Heftigkeit eines Triebes zu bekämpfen:

- Den Anlässen zur Befriedigung des Triebes auszuweichen.
- Regel in den Trieb „hineinpflanzen".
- Übersättigung und Ekel am Trieb erzeugen.

---

[519]  Vgl. Kaufmann 1982, 253.
[520]  Vgl. Das Individuum bei Platon, in der vorliegenden Arbeit, Kap. 1.3.3.
[521]  Nietzsche hat das Wort Gärtner nicht zufällig gebraucht. Er wusste selbst, was Gartenarbeit ist, weil er als Gärtner schon Experimente gemacht hat. Nach seinem Rückzug von seinem Lehrstuhl an der Basler Universität im Jahre 1879 hegte Nietzsche den Wunsch, Gärtner zu werden. Nietzsche schreibt an seien Mutter: „Du weiss, dass ich zu einer einfachen und natürlichen Lebensweise hinneige, ich bestärke mich immer mehr darin, es giebt auch für meine Gesundheit kein anderes Heil. Eine Wirkliche *Arbeit*, welche Zeit kostet und *Mühe* macht, ohne den Kopf anzustrengen, thut mir noth" (vgl. Brief an Franziska Nietzsche vom 21 Juli 1879, SB, KSA 5, 427f).
[522]  M, Fünftes Buch, Nr. 560, KSA 3, 326.
[523]  GD, Moral als Widernatur, Nr. 1, KSA 6, 82.

- Dislocation der Kräfte (d.h. Umleitung der Energien in andere Bahnen).

- Die Schwächung und Erschöpfung seiner *gesamten* leiblichen und seelischen Organisation, gleich dem Asketen.[525]

Die vierte Methode scheint für die Sublimierung am besten geeignet zu sein:

> Man nimmt eine Dislocation seiner Kraftmengen vor, indem man sich irgend eine besonders schwere und anstrengende Arbeit auferlegt oder sich absichtlich einem neuen Reize und Vergnügen unterwirft und dargestalt Gedanken und physisches Kräftespiel in andere Bahnen lenkt.[526]

Die Sublimierung wird schliesslich durch den Willen zur Macht erklärt. Der Wille zur Macht ist nach ihm die „Lehre von der Ableitbarkeit aller guten Triebe aus den Schlimmen".[527] Es ist Nietzsches These, dass alles durch den Willen zur Macht erklärt werden kann: „Unsere Triebe sind reduzirbar auf *den Willen zur Macht*".[528] Um Macht zu gewinnen muss man alle Triebe im Sinne des Asketismus in Frage stellen. Das asketische Ideal Nietzsches strebt nach einer Vergeistigung der „Sinnlichkeit",[529] damit die Vollendung menschlicher Macht erreicht werden kann. „Die geistigsten Menschen", sagt Nietzsche ausdrücklich, sind die „*Stärksten*",[530] denn man kann nur mit dem stärksten Geist die Triebe bekämpfen.

Am Ende der Genealogie kommt Nietzsche zum Schluss, dass das menschliche Leben nur durch das „asketische Ideal" Bedeutung bekommen hat. Es würde keine Bedeutung haben, müsste man sich nicht gegen seine Frömmigkeit[531] durchsetzen.[532] Es ist immer schwierig, und macht den Menschen Angst, weil man sich am Ende einer Veränderung in einer Vereinsamung wieder finden kann. Deshalb leben gewisse Menschen mit Gewohnheiten und alten Werten, und wollen sich nicht von ihrem alltäglichen Leben entfernen.

Man sollte aber vor der Einsamkeit keine Angst haben, weil sie nach Nietzsche an sich gut, sogar eine Tugend ist.[533]

---

[524]  Vgl. M, Drittes Buch, Nr. 202, KSA 3, 176.
[525]  Vgl. M, Zweites Buch, Nr. 109, KSA 3, 98.
[526]  M, Zweites Buch, Nr. 109, KSA 3, 97ff.
[527]  Vgl. JGB, Erstes Hauptstück: von den Vorurteilen der Philosophen, Nr. 23, KSA 5, 38.
[528]  N, August- September 1885 40 [61], KSA 11, 661.
[529]  Vgl. GD, Moral als Widernatur, Nr. 3, KSA 6, 84.
[530]  Vgl. AC, Nr. 57, KSA 6, 243.
[531]  Ich betrachte die „Frömmigkeit" hier in Sinne der Religion, welche für die individuelle Entwicklung ein Lebensproblem darstellt. Jemand, der fromm ist, kann seine Triebe aus religiöser Sicht behandeln, d.h. er wird mit ihnen nicht umgehen können, sondern sie verleugnen und vernichten, weil sein Glaube es so befiehlt. Sie müssen aber überwunden werden, damit das Individuum zur Selbstbeherrschung kommen und seine Triebe unter Kontrolle bringen kann.
[532]  Vgl. GM, Dritte Ab. was bedeuten asketische Ideale? Nr. 24, KSA 5, 400ff.
[533]  Vgl. JGD, Neuntes Hauptstück: was ist vornehm? Nr. 284, KSA 5, 232.

### 3.4.2.3  Einsamkeit

Der Mensch ist das komplizierteste aller Lebewesen. Diese komplizierte Beschaffenheit kommt nicht von seinen biologischen Bedingungen, sondern sie entsteht durch seine sozialen Beziehungen. Der Mensch steht in zahllosen menschlichen Verbindungen durch Geburt, Umgebung, Erziehung, Religion und Moral. Nachdem die Gesellschaft mächtig geworden ist, hat sie versucht, die Einzelnen nach ihren Vorstellungen zu formen. Aber es gab auch Einzelne, welche man Philosophen nennt, die sich gegen diese gesellschaftliche Zwangsmacht durchgesetzt haben. Um sich vor der gesellschaftlichen Tyrannei zu schützen, haben sich die meisten in sich zurückgezogen und in der Einsamkeit gelebt. In ihrer unversöhnlichen Art des Denkens hat die Gesellschaft die Philosophen gehasst, und die Philosophen haben auch sie gehasst. Mit Nietzsches Worten:

> Wo es mächtige Gesellschaften, Regierungen, Religionen öffentliche Meinungen gegeben hat, [...] da hat sie den einsamen Philosophen gehasst: denn die Philosophie eröffnet dem Menschen ein Asyl, wohin keine Tyrannei dringen kann. [...] Dort verbergen sich die Einsamen. [...] Diese Menschen, die ihre Freiheit in das Innerliche geflüchtet haben, müssen auch äusserlich leben sichtbar werden, sich sehen lassen.[534]

Die Einsamkeit ist für die Philosophen eine Existenzform. Um ihrer Existenz willen und um sich vor der gesellschaftlichen Bedrohung zu bewahren, fliehen sie in die Einsamkeit, damit ihre Freiheit garantiert werden kann. Der Philosoph geht in „seine Freiheit und seine Einsamkeit",[535] wenn seine Existenz in Gefahr ist. Die Einsamkeit ist die letzte Heimat des Philosophen, in der er seine Ruhe finden und seinen Geist rein halten kann. Nietzsche sagt dazu:

> Denn die Einsamkeit ist bei uns eine Tugend, als ein sublimer Hang und Drang der Reinlichkeit, welcher erräth, wie es bei Berührung von Mensch und Mensch – „in Gesellschaft" – unvermeidlich-unreinlich zugehn muss. Jede Gemeinschaft macht, irgendwie. irgendwo, irgendwann – „gemein".[536]

Um sich von diesem gemeinschaftlichen *Gemeinen* zu befreien, benötigt man *Einsamkeit und Reinheit*, damit man „den Athem einer freien leichten spielenden Luft" haben kann.[537] Reinheit verlangt eine „gute Gesellschaft", in der man keine Irren und keine „krankhaften Häuser der Kultur" vorfindet.

In diesem Sinne flieht *Zarathustra* in die Einsamkeit, um sich vorzubereiten und zu erholen, damit er für spätere Lebensprobleme der Menschen eine Lösung finden kann.[538]

---

534  UB III, Schopenhauer als Erzieher, Nr. 3 KSA 1, 353ff.
535  Vgl. Ebd., Nr. 8, 412.
536  JGB, Neuntes Hauptstück: was ist vornehm? Nr. 284, KSA 5, 232.
537  Vgl. EC, Warum ich so weise bin, Nr. 8. KSA 6, 276.
538  Vgl. ZA I, von den Fliegen des Marktes, KSA 14, 65-66.

In einem Brief vom 15. 7. 1878 versteht Nietzsche die „Einsamkeit" als eine Vorbereitung zum Hellen und den Kontakt zum Leben. Die Einsamkeit ist seine geistige Zeit, in der er Fremdes abschüttelt und sich mit Energie auflädt, damit er später in der Gesellschaft als Philosoph wieder auftauchen kann:

> *Jetzt* schüttele ich ab, was nicht zu *mir* gehört, Menschen, als Freunde und Feinde, Gewohnheiten Bequemlichkeiten Bücher; ich lebe in Einsamkeit auf Jahre hinaus, bis ich wieder, als Philosoph des *Lebens*, ausgereift und fertig verkehren *darf* (und dann wahrscheinlich *muss*).[539]

Obwohl die Einsamkeit ein Leitmotiv von Nietzsches Leben und seiner Philosophie ist, hat er auch die Aufmerksamkeit auf ihre Gefahr gerichtet. Die Einsamkeit kann sowohl positive als auch negative Folgen für den Philosophen haben. Wenn er dafür nicht genug bereit ist, stellt für ihn die Einsamkeit auch eine Gift dar. Der Philosoph ist durch seine Vereinsamung gefährdet und anfällig für die „Melancholie".[540] Der Philosoph des Lebens muss das riskieren, wenn sein freier Geist sich von traditionellen Werten loslösen will. Die Losgelöstheit von traditionellen Werten, das einsame Wandern und die Unzeitgemässheit kennzeichnen Nietzsches Freigeist. Man muss die krankhafte Vereinsamung von einer Einsamkeit der Selbstfindung unterscheiden.[541] Das heisst, der Philosoph sollte mutig sein, um die Einsamkeit auszuhalten. Man sollte nach Nietzsche Herr seiner eignen Tugend bleiben, die Tugend sollte aber nicht unser Herr sein.[542]

### 3.4.2.4  Mut

Mut ist eine Tugend, die im *Zarathustra* immer wieder gelobt wird. Mut ist neben der Redlichkeit die einzige Tugend, welche ohne Einschränkung unter allen Umständen gut und richtig ist. Mut ist nach Nietzsche keine gewöhnliche Tugend, welche sich versteckt hält, sondern ein „klingendes Spiel" welches angreift. Der Mensch hat durch seinen Mut nicht nur die Tiere, sondern auch noch jeden tiefsten *Mensch-Schmerz* überwunden. Mut ist der beste Bezwinger des Todes, des Schwindels, und des Mitleids.[543] Mut ist noch wichtiger als Wahrheit, denn ohne Mut kann keine Wahrheit gefunden werden. In diesem Sinne ist Wahrheit eine Frage des Risikos und des Mutes.

Der Satz „Nichts ist wahr, alles ist erlaubt" bringt den Mut in einem unzensierten Gedanken zum Ausdruck. Dieser Gedanke ist mutig und riskant. Er ist ähnlich verwegen wie der Satz „Gott ist Tod". Mit diesen mutigen Sätzen fordert Nietzsche eine strenge und harte Art des

---

[539]  SB von Nietzsche 5, [734] 15 Juli 1878, 338.
[540]  Vgl. UB III, Schopenhauer als Erzieher, KSA 1, 354.
[541]  Vgl. Höffe 1997, 174.
[542]  Vgl. JGB, Neuntes Hauptstück: was ist vornehm? Nr. 284, KSA 5, 232.
[543]  Vgl. ZA III, Vom Gesicht und Räthsel, KSA 4, 199.

Denkens, den „Mut des Denkens",[544] damit man den Mut „zum Angriff auf seine Überzeugungen erlangen kann".[545] Um dies zu erreichen muss man dafür tapfer genug sein, wie Nietzsches Zarathustra, damit man „vor keinem Verbot Furcht zu haben"[546] braucht. Nietzsche hat in seinem „Zarathustra" den Mut des einsamen Denkers näher charakterisiert als „Einsiedler-und Adler-Muth, dem auch kein Gott mehr zusieht".[547] Diese Sätze Nietzsches besagen, dass man „Mut" haben muss, damit man sich von allen anderen moralischen und religiösen Überzeugungen befreien, und mit seinen eigenen Überzeugungen die Welt anschauen kann. Der Mut ist die grösste Errungenschaft der menschlichen Kultur. Nach Nietzsches Ansicht haben „Krieg und Mut [...] mehr grosse Dinge gethan, als die Nächstenliebe".[548] Er hat mit dem Krieg an Wettstreit und an Anstrengungen im Allgemeinen gedacht, nicht aber an bewaffnete Auseinandersetzungen zwischen Nationen. Er bewunderte die Grösse der Menschen, die für die menschlichen Errungenschaften eine grosse Rolle gespielt haben. Grösse, im Sinne von Nietzsche, schliesst überlegene Menschlichkeit mit ein.[549] Wer sind aber diese grossen Menschen, die Nietzsche bewunderte? Nietzsche Antwort lautet:

> Ich denke an Menschen wie Napoleon, Goethe, Beethoven, Stendhal, Heinrich Heine, Schopenhauer.[550]

Was bewunderte Nietzsche an Napoleon? Es waren weder die militärischen Erfolge Napoleons noch seine Kaiserkrone. Er fand in ihm vielmehr eine Art Antithese zu den deutschen „Befreiungskriegen" und zu dem wiederauflebenden deutschen Nationalismus. Napoleon hat sich nicht für eine Nation, sondern für eine ganze „Staaten-Assoziation" in Europa eingesetzt:

> Als Napoleon Europa in eine Staaten-Assoziation bringen wollte (der einzige Mensch, der stark genug dazu war!), haben sie mit den „Freiheits-Kriegen" alles vermanscht und das Unglück des Nationalitäten-Wahnsinns heraufbeschworen (mit der Consequenz der Rassenkämpfe in so altgemischten Ländern wie Europa!) So haben Deutsche (Carl Martell) die saracenische Cultur zum stehen gebracht: immer sind es die Zurückgebliebenen!.[551]

Der Napoleon, den Nietzsche bewunderte, war das „ens realissimum" oder wie Hegel ihn genannt hat, „die Weltseele", die um die Jahrhundertwende Menschen wie Beethoven und Goe-

---

544  Vgl. M, Fünftes Buch, Nr. 551, KSA 3, 321.
545  Vgl. N, Frühjahr 188, 14[159] KSA 13, 344.
546  Vgl. ZA IV, Der Schatten, KSA 4, 340.
547  Vgl. ZA IV, Vom höheren Menschen, KSA 4, 358.
548  Vgl. ZA I, Vom Krieg und Kriegsvolke, KSA 4, 59.
549  Vgl. Kaufmann 1982, 368.
550  JGB, Achtes Hauptstück: Völker und Vaterländer, Nr. 256, KSA 5, 202; N, Frühjahr 1888 15[68] KSA 13, 451.
551  N, Frühjahr 1884 25 [115] KSA 11, 43ff.

the begeistert hat.[552] Nietzsche bewunderte nicht Napoleons Tapferkeit auf dem Schlachtfeld, sondern das, was er aus sich selbst gemacht hat:

> Die Tapferkeit vor dem Feinde ist ein Ding für sich: damit kann man immer noch ein Feigling und ein unentschlossener Wirrkopf sein.[553]

Der zweite grosse Mann, den Nietzsche bewunderte, ist Johann Wolfgang vom Goethe: „Goethe ist der letzte Deutsche, vor dem ich Ehrfurcht habe".[554] Weshalb hatte Nietzsche vor Goethe besondere Erfurcht? Ihn beeindruckten seine Tapferkeit, sein Charakter und seine Sublimierung der Triebe. Goethe ist zu einem *freigewordenen Geist* geworden, weil er seine tierische Natur überwunden, das Chaos seiner Leidenschaften organisiert, und seinem Charakter Stil gegeben hat. Mit Nietzsches Worten:

> Er disciplinirte sich zur Ganzheit, er *schuf* sich. [...] Goethe concipirte einen starken, hochgebildeten, in allen Leiblichkeiten geschickten, sich selbst im Zaume habenden, [...] den Menschen der Toleranz, nicht aus Schwäche, sondern aus Stärke.[555]

Während Napoleon sich für die Einheit Europas einsetzte, bemühte sich Goethe für eine Einheit der europäischen Kultur. Es wäre nicht falsch zu sagen, dass die heutige Humanität eine Erbschaft dieser Kultur ist.[556]

Schliesslich hat Nietzsche den *Mut*, wie Ehrgeiz, Würde, Charakterstärke, Humor und Unabhängigkeit als einen Wesens zug des Lebens angesehen.

## 3.5  Erziehungsprogramm

Die Erziehung hat im Leben des Einzelnen eine grosse Wirkung. Sie kann das Leben des Individuums entweder positiv oder negativ bestimmen. Eine Erziehung, die nicht die Eigenschaften des Individuums verbessert, sondern nur den Nutzen der Gesellschaft oder der Religion anstrebt, ist eine ungenügende. Wenn die Erziehung nicht die innere Welt, sondern bloss die äussere Welt des Individuums in Betracht zieht, stellt sie für die Individualität der Person eine grosse Gefahr dar. In einem solchen unbewussten Erziehungssystem merkt man aber nicht, dass die wertvolle Individualität zerstört worden ist.

Die Erziehung im Sinne der Bildung ist nach Nietzsche immer ein langer Prozess, und dabei geht es hauptsächlich um eine bewusste Überwindung in allen Bereichen des Lebens. Das Leben wird bei ihm als Versuchsfeld, als Raum der offenen Möglichkeiten aufgefasst.

---

[552]  Vgl. Kaufmann 1982, 368.
[553]  FW, Drittes Buch, Nr. 169, KSA 3 499.
[554]  Vgl. GD, Streifzüge eines Unzeitgemässen, Nr. 51, KSA 6, 153.
[555]  Ebd., Nr. 49, KSA 6, 151.
[556]  Vgl. N. Frühjahr 1888 15 [68], KSA 13, 541. Vgl. Zibis 2007.

Die Erziehung ist für Nietzsche nicht rein theoretisch, sondern etwas, was dem Leben des Individuums dient. Sie muss auch die innere Welt des Einzelnen wie Triebe und Charakter umfassen. Sie soll Selbsterziehung sein, die ihn für das Leben vorbereitet und ihn im Leben zu einem schaffenden Experimentator macht. Ein schaffender Experimentator zu sein, heisst nicht nur Erziehung zu erhalten, sondern sich permanent zu bilden. Er soll durch seine Bildung fähig sein, alle anderen Arten der Erziehung, wie z.B. die Erziehung der Sittlichkeit zu überwinden.

Nietzsche hat gemerkt, dass zu seiner Zeit die ganze Erziehung zur Sittlichkeit gehörte. Sie verlangte, „dass man Vorschriften beobachtete, *ohne an sich* als Individuum zu denken".[557] Die individuelle Denkweise wurde unter den allgemeinen moralischen und religiösen Werten völlig aufgeweicht. Um sie wieder zu erwecken, hat Nietzsche alle damaligen Erziehungs-Systeme in Frage gestellt, und dafür sein eigenes Erziehungssystem, welches eine freie geistige Entwicklung des Individuums anstrebt, entwickelt.

Das Schaffen ist das Ziel von Nietzsches Erziehungsprogramm. Es sieht für den Menschen Grenzerfahrungen vor, damit er über die Bewältigung einer Krise zur nötigen Härte gelangt, um den Rang eines wahrhaft Schaffenden zu erlangen. Sein Erziehungsprogramm beinhaltet das Schaffen, die Kunst, den Willen zur Macht, und den Übermenschen.

## 3.5.1  Das Schaffen

Das Schaffen ist das zentrale Anliegen Nietzsches. Nietzsches Zarathustra erklärt es wie folgt: „Unschuld ist das Kind und Vergessen, ein Neubeginnen, ein Spiel, ein aus sich rollendes Rad, eine erste Bewegung, ein heiliges Ja-sagen. Ja, zum Spiele des Schaffens.[558] Beim Spiel ist das Kind produktiv und macht seine ersten Lebensexperimente, die durch seinen Willen geschehen und bei ihm Neugierde hervorbringen. Bei einem rollenden Ball entdeckt das Kind sein erstes Glücksgefühl von der Macht des *Schaffens*.

Das Schaffen ist nach Nietzsche nichts Göttliches, sondern Menschliches. Was der Welt einen Sinn verleiht, ist nicht der metaphysische Weltwille, sondern „dieses Schaffende, wollende, werthende Ich, welches das Maass und der Werth der Dinge ist".[559] Für Nietzsche ist nicht der schöpferische universelle Wille, sondern der schaffende, individuelle Wille das Agens des Schaffenden.[560] Für ihn ist nicht Finden, sondern Schaffen wichtig. Wir werden nicht durch Finden, sondern durch Schaffen zum Vorbild. Er notiert in seinem Nachlass Ende 1880:

---

[557]  Vgl. M, Erstes Buch, Nr. 9, KSA 3, 22.
[558]  ZA I, Von den drei Verwandlungen, KSA 4, 31.
[559]  Vgl. ZA I, Von den Hinterweltlern, KSA 4, 36.
[560]  Vgl. Meyer 1993, 44.

> *Uns selber machen*, aus allen Elementen eine Form *gestalten* – ist die Aufgabe! Immer die eines Bildhauers! Eines produktiven Menschen! *Nicht durch Erkenntniss, sondern durch Übung und ein Vorbild werden wir selber*! Die Erkenntnis hat bestenfalls den Wert eines Mittels!.[561]

Nach dieser Auffassung ist klar, dass nicht der erkennende, sondern der *schaffende* Mensch sein Anliegen ist. Der Mensch erscheint als die höchste kreative Potenz überhaupt, als *Gott*. Nietzsche verehrt nicht den metaphysischen, sondern den tüchtigen Menschen. Der tüchtige Mensch steht nach Nietzsche über der Natur und ist auch fähig, die „grossen Dinge" der Welt zu schaffen. Nach seiner Überlegung können die grossen Dinge des Lebens nicht von sich aus ein Sein beanspruchen, sondern nur vom tüchtigen Menschen aus. Er schreibt:

> Was nur *Werth* hat in der jetzigen Welt, das hat ihn nicht an sich, seiner Natur nach, – die Natur ist immer werthlos: – sondern dem hat man einen Werth einmal gegeben, geschenkt, und *wir* waren diese Gebenden und Schenkenden! Wir erst haben die Welt, *die den Menschen Etwas angeht*, geschaffen![562]

Nichts geht ohne das Schaffen. Die Freiheit und das Glück sind durch das Schaffen möglich. „Das einzige Glück liegt im Schaffen"[563] sagt Nietzsche in seinem Nachlass. Nach diesem Satz richtet er konsequent die Gestaltung seines Lebens und seiner Philosophie aus. So gesehen ist Glück ein Prozess des Schaffens.

Das Glück definiert Nietzsche als ein Gefühl, welches aus der Macht erwächst. Nach Nietzsche wächst dieses Gefühl nicht nur um Macht zu erlangen, sondern auch um mächtiger zu werden, bereits vorhandenen Widerstand zu überwinden.[564] Für Nietzsche ist nicht das Glück, sondern Macht, welche vom ihm als reiche und selbstgewisse Natur[565] bezeichnet worden ist, wichtig. Das Glück, nach dem alle Menschen streben, erreicht nur, wer stark ist. Die bekannte Zeile dazu aus dem Nachlass lautet: „Der Mensch strebt *nicht* nach dem Glück, sondern nach der *Macht*".[566] Wer mächtig ist, ist auch schöpferisch, und wer schafft, lässt sich nicht durch früher aufgestellte Gesetze hindern.[567] Der Schaffende braucht keine aufgestellten Regeln, weil er mächtig genug ist, um sich seine eigenen Gesetze zu geben. Denn „Schaffen ist eine Gesetzgebung", so Nietzsche.[568]

---

[561] N, Ende 1880 7 [213], KSA 9, 361.
[562] FW, Viertes Buch, Nr. 301, KSA 3, 540.
[563] Vgl. N, November 1882 - Februar 1883 4 [76], KSA 10, 135.
[564] Vgl. AC, Nr. 2, KSA 6, 170.
[565] Vgl. N, Herbst 1887 10[127], KSA 12, 528.
[566] N, Anfang 1888 12[1], Nr. 356, KSA 13, 210. In der Aufzeichnung, auf die sich diese Notiz bezieht, heisst es: „Um es zu verstehen, was Leben ist, welche Art Streben und Spannung Leben ist, muss die Formel so gut von Baum und Pflanze als vom Thier gelten". Und deren Streben zielt ab auf ein „Sich-ausbreiten, Einverleiben, Wachsen", mit einem Wort: auf „*Macht*" (vgl. N, November 1887 – März 1888 11[111], KSA 13, 52).
[567] Vgl. Kaufmann 1982, 291.
[568] Vgl. JGB, Sechstes Hauptstück: wir Gelehrten, Nr. 211, KSA 5, 145.

Der Schaffende muss auch grossen Schmerz und Leid erlebt haben, weil ohne Schmerz und Leid kein Schaffen möglich ist. Einerseits kann der Schaffende sich zwar durch Schaffen „von grossen Leiden des Lebens"[569] befreien, andererseits kann er ohne Leid und Schmerz das gewollte Schaffen nicht erreichen. Leid und Schmerz sind unabdingbare Voraussetzungen für das Schaffen[570] und ein notwendiger Bestandteil des Weges zum höchsten Glück.

Lust und Schmerz sind nach Nietzsche „Zwillinge": „[D]as Glück und Unglück sind zwei Geschwister und Zwillinge, die mit einander gross wachsen oder, wie bei euch, mit einander – *klein bleiben!*".[571] Aber das Glück liege im Schaffen, in der Produktivität des Menschen. Produktivität betrachtet Nietzsche nicht als ein Spezifikum des Menschen, sondern er ist der Ansicht, dass alles über eine schöpferische, gestaltende Kraft verfügt,[572] die er „den Willen zur Macht" nennt, weil selbst „der Wille ein Schaffender"[573] ist.

## 3.5.2 Der Wille zur Macht

Nachdem Nietzsche die ganze damalige Bildung, welche für das Leben unnötiges, falsches und oberflächliches Wissen anstrebte, in Frage gestellt hat, hat er den „Willen zur Macht" *vivisektorisch* wie ein Messer auf die Brust der Bildung gesetzt:

> Dass diese Bildung nur eine Art Wissen um die Bildung und dazu ein recht falsches und oberflächliches Wissen gewesen sei. Falsch und oberflächlich nämlich, weil man den Widerspruch von Leben und Wissen ertrug.[574]

Nietzsche meint mit Bildung die Gesamtheit der sittlichen, moralischen und religiösen Erziehung, welche das Leben des Individuums blockiert und geschwächt hat. Je mehr die Individualität abgenommen hat, desto mehr hat die „Sittlichkeit" zugenommen und die Einzelnen ohnmächtig gemacht. Diese ohnmächtigen Einzelnen haben nicht nur ihre Macht verloren, sondern sie haben sich ihrer Schwäche ergeben und sogar mit der Zeit daraus eine „Kultur der Schwächung" gemacht. Albert Camus' letzter Roman *Der Fall* ist eine gute Fallstudie darüber. Diese Schwachen haben ihre Schwäche als Wert angenommen und behaupten, dass sie besser als die anderen sind, und sie können nicht zugeben, dass sie genauso schwach und schuldig sind.[575]

Diese Schwäche wird von der Gesellschaft nicht bekämpft. Vielmehr versucht man diese durch Interpretation zu rechtfertigen. Nietzsche schreibt: „Man will die Schwäche nicht bekämpfen durch ein *système fortifiant*, sondern durch eine Art Rechtfertigung und *Moralisie-*

---

[569] Vgl. ZA II, von den drei Verwandlungen 30, KSA 4, 110.
[570] Vgl. GD, Was ich Alten verdanke, Nr. 4, KSA 6, 159.
[571] FW, Viertes Buch, Nr. 338, KSA 3, 567.
[572] Ebd., 567.
[573] ZA II, Von der Erlösung, KSA 4, 181.
[574] UB II, Von Nutzen und Nachtheil der Historie für das Leben, Nr. 10, KSA I, 325f.

*rung*: d.h. durch eine *Auslegung*".[576] Nietzsche hat konsequenterweise einzig den „Willen zur Macht" als moralisches Instrument anerkannt. Alle anderen Werte sind nach ihm *décadence*. Und er stellt fest: Die Menschheit wird immer einen Niedergang erleben, „wo der Wille zur Macht fehlt".[577]

Das Ziel, der Wille zur Macht, treibt die Menschen zum Denken an, damit sie *vivisektorisch* einen Anschlag auf ihre dogmatische Moralisierung und Gewohnheiten ergreifen können.

Der Wille zur Macht ist Nietzsches Entdeckung einer neuen Erziehungsmethode. Sie strebt nach der innerlichen Welt des Einzelnen, weil diese „innere Prozess [...] die eigentliche Bildung" ist.[578] Er hat in seinem Nachlass die Bedeutung der innerlichen Bildung besonders hervorgehoben:

> Es muss ihm eine innere Welt zugesprochen werden, welche ich bezeichne
> als „Willen zur Macht", d.h. als unersättliches Verlangen nach Bezeigung
> der Macht; oder Verwendung, Ausübung der Macht, als schöpferischen
> Trieb.[579]

Nietzsche will diese innerliche Welt der ohnmächtigen Einzelnen durch seinen „Willen zur Macht" wieder kräftigen, damit ihre Stärke fürs Leben zunehmen kann. Man kann auch seinen Willen zur Macht als neuen Ausgangspunkt der neuen moralischen Wertung des Einzelnen ansehen. Es gibt in Wahrheit keine moralischen, sozialen, und religiösen Beweggründe, weil alles menschliche Wollen einem einzigen Impuls folgt: dem Streben nach Macht.[580]

Macht ist etwas Böses, wenn sie nicht durch Vernunft unter Kontrolle gebracht wird. Nietzsche sucht nach dem „Grad der Vernunft in der Kraft",[581] d.h. die Stärke muss da sein, um den Trieb zu beherrschen, aber der Grad der Stärke soll von der Vernunft bestimmt werden. Der Wille zur Macht ist nicht als eine politische Macht gedacht, sondern als eine Macht des Selbstdenkens, welches fähig ist, sich selbst unter Kontrolle zu bringen.

---

[575]  Vgl. Camus 1968, 36.
[576]  Vgl. N, Frühjahr 1888 14 [65], KSA 13, 251.
[577]  Vgl. AC, Nr. 6, KSA 6, 172.
[578]  Vgl. UB, Von Nutzen und Nachtheil der Historie für das Leben, Nr. 10, KSA I, 273.
[579]  N. Juni- Juli 1885 36 [31], KSA 11, 563.
[580]  „Macht" fasst Nietzsche nicht im Sinne einer militärischen Aufrüstung, sondern nur im Sinn der „weltlichen Macht" oder des gesellschaftlichen Erfolgs auf. Macht versteht er nicht als sruktruelle oder institutionelle Macht, sondern als die individuelle Macht, die es erlaubt, sich Freude zu verschaffen und andere zu beinflussen. Die Formel „Wille zur Macht" heisst, mit unserer Stärke Rücksicht auf die Meinungen der Menschen zu nehmen und versuchen sie zu beeindrucken. Macht ist als aufsteigendes und absteigendes Leben und als Assimilation der fremden Überzeugungen zu verstehen. Macht besteht nicht notwendigerweise in Macht über andere, sondern primär in Macht über sich selber (vgl. N. Juni- Juli 1885 36 [31], KSA 11, 563; Wolf 2004, 178). Macht setzt bei Nietzsche Selbstdisziplin voraus. Dafür braucht man Macht, d.h. man muss seine Leidenschaften in Einklang bringen, seinem Charakter Stil geben und sich selbst erziehen.
[581]  Vgl. M, Fünftes Buch, Nr. 548, KSA 3, 318.

Im *Zarathustra*-Text wird die Bändigung der Triebe durch den Willen zur Macht als „Gehorchen"[582] beschrieben:

> Alles Lebendige ist ein Gehorchendes. [...] Dem wird befohlen, der sich nicht selber gehorchen kann. [...] dass Befehlen schwerer ist, als Gehorchen. [...] Ja noch, wenn es sich selber befiehlt: auch da noch muss es sein Befehlen büssen. Seinem eigenen Gesetze muss es Richter und Rächer und Opfer werden.[583]

Der Wille zur Macht soll nicht nur die Triebkraft jener Wesen sein, die einen Willen haben, sondern als energetischer Impuls allen Geschehens verstanden werden.[584]

Nietzsches Formel „Wille zur Macht" ist ein psychischer Grundtrieb, mit dessen Hilfe eine Anzahl verschiedener Phänomene erklärt werden können, z.B. Dankbarkeit, Mitleid und Selbsterniedrigung.[585]

Mitleid steht im Gegensatz zum Willen zur Macht und wirkt depressiv. Man verliert an Kraft, wenn man mit anderen mit leidet. Mit Nietzsches Worten:

> Dieser depressive und contagiöse Instinkte kreuzt jene Instikte, welche auf Erhaltung und Werth-Erhöhung des Lebens aus sind: er ist ebenso als *Multiplikator* des Elends wie als *Conservator* alles Elenden ein Hauptwerkzeug zur Steigerung der décadence.[586]

Die Neurotiker wollen Mitleid erregen, weil sie den Wunsch haben, *weh zu tun*. Wenn sie spüren, dass man ihretwegen leidet, dann merken sie, dass sie „doch wenigstens noch Eine *Macht zu haben*, trotz aller ihrer Schwäche: die *Macht, wehe zu thun*".[587] Obwohl Mitleid einerseits eine Vorzeigung der Schwäche ist, ist es andererseits eine Demonstration der Macht.

Nietzsche hat das Leben selbst als „Wille zur Macht"[588] definiert. Das Leben an sich hat für Nietzsche keine Bedeutung, wenn der Wille zur Macht nicht dabei ist. Im Zarathustra verdeutlicht er: „Nur, wo Leben ist, da ist auch Wille: aber nicht Wille zum Leben, sondern [...] Wille zur Macht!".[589] Das Leben kommt durch den Willen zur Macht noch stärker zum Ausdruck, weil der Wille zur Macht die Kreativität des Lebens ist. Wer sein Leben kreativ bestreitet, hat den wahren Sinn des Lebens erkannt.

Nietzsches Wille zur Macht meint „nicht eine bestimmte und festbestehende Macht, sondern eine Macht der Bewegung, Macht also als Versuch, seine Macht unter neuen Bedingungen

---

[582] Vgl. Kaufmann 1982, 291.
[583] ZA II, Von der Selbst-Ueberwindung, KSA 4, 147.
[584] Vgl. Gerhardt 2000, 351.
[585] Vgl. Kaufmann 1982, 215.
[586] AC, Nr. 7, KSA 6, 173.
[587] MA I, Zur Geschichte der moralischen Empfindungen, Nr. 50, KSA 2, 71.
[588] Vgl. JGB, Erstes Hauptstück: von den Vorurtheilen der Philosophen, Nr. 13, KSA 5, 27.
[589] ZA II, Von der Selbst-Ueberwindung, KSA 4, 149.

immer neu herzustellen".[590] Aus diesem Grund, so Nietzsche, sollte man alle organischen Funktionen auf diesen Willen zur Macht zurückführen können, und in ihm auch die Lösung des Problems der Zeugung und Ernährung finden, damit hätte man sich das Recht verschafft, *alle* wirkende Kraft eindeutig als „Wille zur Macht"[591] zu bestimmen. Nietzsche sieht im Willen zur Macht für das Individuum eine bescheidene und noch unbewusste Art einer wirkenden Kraft. Die Einzelnen können durch den Willen zur Macht frei werden von einer Übermacht der Gesellschaft. Der Wille zur Macht ist die schöpferische Potenz des Individuums, welcher ihm seine Freiheit, Unabhängigkeit, und Autonomie garantiert.[592] Der Wille zur Macht manifestiert sich nicht nur in Form des Lebens, der Politik, der Moral, der Wissenschaft und der Religion, sondern auch in der Kunst.[593]

### 3.5.3  Die Kunst

Die Kunst ist die höchste Ausdruckform des „Willens zur Macht" und nimmt darin eine Sonderstellung ein. Nietzsche fasst die Kunst bzw. den Künstler als universale Kraft und individuelle Potenz auf. Kunst ist ein Synonym für alle kreativen Tätigkeiten des Individuums. Sie ist das höchste Organ des Lebens, und vom Künstler hervorgebrachtes ästhetisches Gebilde.

Die Kunst kann sowohl physiologisch, als auch metaphysisch begriffen werden. Nietzsche spricht in seinem *Nachlass* sogar von der „Physiologie der Kunst"[594] und in der *Geburt der Tragödie* von der „Metaphysik der Kunst".[595] Mit dem Begriff „physiologisch" will Nietzsche den idealistischen Kunstbegriff vermeiden und das elementar-vitale des Kunstprozesses hervorkehren. Mit dem Begriff „metaphysisch" will er der Kunst die höchste Dignität verleihen und sie an die Stelle der bisherigen Inhalte setzen.[596]

„Metaphysisch" verwendet Nietzsche in diesem speziellen Zusammenhang im Sinne von schöpferisch und als Komplementärbegriff zu „artistisch". Nietzsche spricht im *Nachlass* von der „Artisten-Metaphysik"[597] und meint damit den philosophischen Einsiedler, den Künstler-Einsiedler und den freien Geist.[598] Nietzsche versteht den Begriff „metaphysisch" in diesem Zusammenhang nicht im Sinne der traditionalen Metaphysik, sondern als Kunst der „metaphysischen Tätigkeiten".[599]

---

[590]  Vgl. Stegmaier 1994, 39.
[591]  Vgl. JGB, Zweites Hauptstück: der freie Geist, Nr. 36, KSA 5, 55.
[592]  Vgl. N, Frühjahr 1888 14[61], KSA 13, 246ff.
[593]  Vgl. N, Frühjahr 1888 14 [71], KSA 13, 254.
[594]  Vgl. N, Mai-Juni 1888 17 [9], KSA 13, 529.
[595]  Vgl. GT, Nr. 1-24, KSA 1, 152ff.
[596]  Vgl. Meyer 1993, 70.
[597]  Vgl. N, Herbst 1888 2[124], KSA 12, 123.
[598]  Vgl. GT, Nr., 13, 17, 21. KSA 1, 88-91, 109-115, 132-140.
[599]  Vgl. N, 18881 4[21], KSA 13, 228.

Zur Zeit von „Zarathustra" definierte er die Kunst als die „eigentliche metaphysische Tätigkeit des Menschen".[600] Aber Nietzsche erblickt in der Kunst nicht nur eine „Tätigkeit", sondern auch ein „Stimulans" des Lebens. Die Kunst wird in *Fragmente vom Frühjahr 1888* „als das grosse *Stimulans* aufgefasst, als das, was ewig zum Leben, zum ewigen Leben *drängt*".[601] Es ist nicht ohne Bedeutung, dass Nietzsche die Wendung „des Lebens" mit der Wendung „zum Leben" ergänzt.[602] In dieser Verdoppelung kommt zum Ausdruck, dass die Kunst sowohl der innerste Antrieb, als auch die höchste Steigerung des Lebens ist.

Kunst ist „ein Wille zum Leben".[603] Sie ist auch „die grosse Ermöglicherin des Lebens, die grosse Verführerin zum Leben".[604] Die Kunst ist für Nietzsche diejenige Kraft, die der Willensverneinung entgegenwirkt und die Willensbejahung ermöglicht und steigert. Er formuliert es folgendermassen:

> Die Kunst als einzig überlegene Gegenkraft gegen allen Willen zur Verneinung des Lebens, als Antichristliche, Antibuddhistische, Antinihilistische, [Antiislammistische][605] par excellence.[606]

Nietzsche geht aber noch einen Schritt weiter und sagt, dass das Leben auch ein „ästhetisches Phänomen" ist. Er schreibt in der *Geburt der Tragödie*, „im Buche selbst kehrt der anzügliche Satz mehrfach wieder, dass nur als ästhetisches Phänomen das Dasein der Welt *gerechtfertigt* ist".[607] Die ästhetische Rechtfertigung der Welt ist ein Synonym für schöpferische Rechtfertigung der Welt. Nur durch das Schaffen erhalten Welt und Leben ihre Legitimation.

Nicht das Volk, sondern die „Artisten" werden von der „Tragödie" gerührt. So beschreibt Nietzsche den „Artisten": „Seine Stellung ist eine ästhetische Stellung zum Kunstwerk, die des Schaffenden".[608] In der „Fröhlichen Wissenschaft" führt Nietzsche den Gedanken weiter:

> Als ästhetisches Phänomen ist uns das Dasein immer noch *erträglich*, und durch die Kunst ist uns Auge und Hand und vor Allem das gute Gewissen dazu gegeben, aus uns selber ein solches Phänomen machen zu *können*.[609]

---

[600]  Vgl. N. Frühjahr 1883 7[7], KSA 10, 338.
[601]  Vgl. N, Frühjahr 1888 14 [23], KSA 13, 228.
[602]  Vgl. Meyer 1993, 78.
[603]  Vgl. N, Frühjahr 1888 15 [10], KSA 13, 409.
[604]  Vgl. Ebd., Mai- Juni 1888 17 [3], 521.
[605]  Zusatz von Verfasser.
[606]  N, Mai – Juni 1888 17[3], KSA 13, 521; Die Kunst ist im Islam verboten, weil sie gegen den Willlen Allahs verstösst. Der Koran verbietet es, ein Bild vom Propheten Mohammed zu zeigen oder zu tragen. Wer ein Bild von ihm malt oder in der Öffentlichkeit trägt, der wird bestraft. Der Koran verneint den „Willen des Lebens" und bejaht nur den „Willen Allahs". Das islamische Bildverbot wird aus der Schöpferkraft Allahs abgeleitet. Auf diesem Grund ist die Kunst unter diesen Bedingungen zurückgeblieben. Ein aktuelles Beispiel ist die Veröffentlichung dänischen Karikaturen über den Propheten Mohammed. Die Auseinandersetzung darüber hat einer Krise zwischen dem Westen und der islamischen Welt geführt.
[607]  GT, Versuch einer Selbstkritik, Nr. 5, KSA I, 17.
[608]  Vgl. MA I, Aus der Seele der Künstler und Schriftsteller, Nr. 166, KSA 2, 156.
[609]  FW, Zweites Buch, Nr. 107, KSA 3, 464.

Diese Auffassung zeigt uns deutlich, dass der schöpferische Mensch ein Kunstwerk ist, nicht aber Gott. Aus diesem Grund anerkennt Nietzsche nur die „Kunst" als *Stimulans* und *ästhetische Rechtfertigung* des Lebens.

Nietzsches schöpferische Kunstauffassung bezieht sich nicht auf die romantische,[610] sondern auf die apollinische[611] und dionysische[612] Kunst, die nach Nietzsche „ästhetische Werte" sind. Nietzsche versteht die Kunst nicht als „romantische" Willensverneinung, sondern als „dionysische" Willensbejahung. In der „Fröhlichen Wissenschaft" notiert er:

> Jede Kunst, jede Philosophie darf als Heil- und Hülfsmittel im Dienste des wachsenden, kämpfenden Lebens angesehen werden: sie setzen immer Leiden und Leidende voraus. Aber es giebt zweierlei Leidende, einmal die an der *Ueberfülle des Lebens* Leidenden, welche eine dionysische Kunst wollen und ebenso eine tragische Ansicht und Einsicht in das Leben – und sodann die an der *Verarmung des Lebens* Leidenden, die Ruhe, Stille [...] Erlösung von sich durch Kunst und Erkenntniss suchen, oder aber den Rausch, den Krampf, die Betäubung, den Wahnsinn.[613]

Die „dionysische Kunst" die aus der „Überfülle des Lebens" gewachsen ist, ist für Nietzsche die Kunst *katexochen*.[614] Er preist die „dionysische" Kunst als Lebenssteigerung und verwirft das „Romantische" als Lebensschwächung.

In der *Geburt der Tragödie* heisst es: „Auch die dionysische Kunst will uns von der ewigen Lust des Daseins überzeugen. Nur sollen wir diese Lust nicht in den Erscheinungen, sondern hinter den Erscheinungen suchen".[615] Die dionysische Kunst findet ihren höchsten Ausdruck in der Musik. Sie ist nach Nietzsche nicht ein Abbild der Erscheinung, sondern ein unmittelbares Abbild des Willens selbst. Diese Metaphysik der Musik ist von Schopenhauer geprägt. Nietzsche zitiert deshalb eine Schopenhauer-Passage in der *Geburt der Tragödie*:

---

[610]  Für Nietzsche ist die Romantik eine Kunstrichtung, welche in sich eine fundamentale Schwäche hat. Er bewundert nicht das romantische, sonder das klassische [d.h. Dionysische], weil „das klassische *Stark* und das romantische *Schwach* ist" (vgl. MA II, Der Wanderer und sein Schatten, Nr. 217, KSA 2, 652).

[611]  *Apollo* ist „der Gott des Masses und der Besonnenheit, der Heilung und der Sühne, der Gott des Orakels zu Delphi. Das Apollinische ist der jene Visionen hervorrufende Kunsttrieb, welcher sich zur schönen Kunst, zur Poesie ausformt. Apollinisch steht für denkend, nüchtern, hell und begrenzt. Die apollinische Kunst drängt ins vollkommene Für-sich-Sein, zur Individualität. Es ist ein Traum, eine spontane Produktion von Bildern. Sie steht für die Fähigkeit, harmonische und massvolle Schönheit zu schaffen. Das Apollinische steht für die Stärke, die Kunstwerke hervorbringt, für das „principium individuationis" (vgl. GT, I, KSA I, 28).

[612]  Das Dionysische ist Symbol für das überschäumende Leben, für die Formlosigkeit. Dionysisch meint kontinuierlich, fliessend, fühlend, rauschvoll, unbestimmt, dunkel, unendlich. Das Dionysische steht für die Vitalität, die sowohl als schrecklich und zerstörerisch als auch als regenerierend (im Nahen des Frühlings) und lustvoll-ekstatisch (durch die Analogie des Rausches) charakterisiert wird. Dionysos ist für ihn ein Symbol für jene trunkene Raserei, die alle Formen und Gesetze zu vernichten droht. Für ein unaufhörliches Sterben, das offenbar keine Grenzen mehr kennt. Das Dionysische ist die überfliessende Schaffenskraft, eine Kreativität, ein formloses Chaos ohne eine Struktur von Ordnung, Form und Harmonie (vgl. Nietzsche-Wörterbuch 1.Band. die Gruyter).

[613]  FW, Fünftes Buch, Nr. 370. KSA 3, 620.

[614]  Vgl. Meyer 1993, 85.

[615]  GT, Nr. 17, KSA 1, 109.

> Denn die Musik ist, wie gesagt, darin von allen anderen Künsten verschieden, dass sie nicht Abbild der Erscheinung, [...] sondern unmittelbar Abbild des Willens selbst ist und also zu allem Physischen der Welt das Metaphysische, zu aller Erscheinung das Ding an sich darstellt.[616]

Die Musik bestimmt nicht nur den Willen des Individuums selbst, sondern verhindert durch ihre Freude die Vernichtung des Individuums. Nietzsche verbindet mit der Musik „eine Freude an der Vernichtung des Individuums".[617] Die Musik erfrischt den Geist des Individuums und zwingt zum Denken. Dazu sagt Nietzsche:

> Hat man bemerkt, dass die Musik den Geist *frei macht*? dem Gedanken Flügel giebt? dass man umso mehr Philosoph wird, je mehr man Musiker wird.[618]

Nietzsche ist nicht nur ein Denker, sondern auch ein Dichter. Der Philosoph ist ein Artist und die Dichtung ist philosophisch. Denken und dichten gehen eine Symbiose ein. In diesem Sinne ist Nietzsches Ideal ein „Künstler-Philosoph", d.h. ein Denker, der die Welt umgestaltet, ja neu schafft. Er konstatiert: „in der ganzen Philosophie bis heute fehlt der Künstler".[619] Der Künstler sollte sich von allen falschen, dogmatischen, moralischen und religiösen Werten befreien, um einen freien Geist zu haben, damit er „Künstler seines eigenen Lebens" sein kann.

Im Gegensatz zu der dionysischen Kunst stellte Nietzsche die romantische Kunst als décadence hin. Ein Beispiel dafür war für ihn Richard Wagner: „*Wagner* ist der Künstler der décadence", weil er „*die Musik krank gemacht*" habe".[620] Wagner hat mit seiner Musik eine Schwächung des Individuums verursacht. Aber dies ist eine Dekadenz des Menschen und des Daseins. Damit kann der Mensch überhaupt kein Erlöser des Daseins werden. Der Mensch wird im Leben nur Erfolg und Macht haben, wenn er „*Verklärer des Daseins* wird, wenn er sich selbst verklären lernt".[621] Der Mensch wird sogar zum Übermenschen, wenn er als dionysische Realität, d.h. als eine zum Göttlichen hin offene Wirklichkeit in Erscheinung tritt.[622] Im *Zarathustra* ist daher nicht mehr nur „Dionysos, sondern der „Übermensch" der Verklärer des Daseins. Dionysos bleibt in den Dithyramben-Einschüben der „Zarathustra" präsent, und in Spätwerk verschwindet der Übermensch, während sich Nietzsche wiederholt auf Dionysos bezieht.

---

[616] GT, Nr. 16, KSA 1, 106. Nietzsche hat diese methaphorische Deutung der Musik später verworfen.
[617] Vgl. Ebd., 108.
[618] Vgl. WA, Turiner Brief vom Mai 1888, Nr.1, KSA 6, 14.
[619] N, Frühjahr 1888 14 [170]. KSA 13, 357.
[620] Vgl. WA, Turiner Brief vom Mai 1888, Nr. 5, KSA 6, 21.
[621] Vgl. N, Juni-Juli 1885 37[12], KSA 11, 588.
[622] Vgl. Penzo 2000, in: Ottmann 2000, 342.

### 3.5.4  Der Übermensch

Als Nietzsche begriffen hat, dass Gottesvorstellung bei den Menschen Schaden verursachte, hat er ihn durch seine philosophischen Gedanken verurteilt und „getötet":

> Wohin ist Gott? [...] ich will es euch sagen! *Wir haben ihn getödtet,* ihr und ich! Wir Alle sind seine Mörder!. [...] Gott ist todt! Gott bleibt todt![623]

Was Nietzsche „töten" will, ist nicht Gott selber im christlichen Sinne, sondern die Vorstellung von Gott in unserem Geist. Die Metapher von „Tod Gottes" bezieht sich auf allmächliche Verblassen des Christentums seit der Aufklärung. Der Mensch soll sich bewusst werden, damit er schlechte und unsinnige Erklärungen von Gott beiseite lassen und sich selbst sowie seine eigene, innerlich schaffende Kraft entdecken kann. Der Mensch muss wissen, dass er sich selber helfen muss. Mit solchen neuen Lebensperspektiven kann sich der Mensch entwickeln, sich selbst überwinden und zum Übermenschen werden.

Aber der „Tod Gottes" hat die Menschen in noch grössere Schwierigkeiten gebracht. Nietzsche musste daher ein Wesen schaffen, das seinen Platz einnehmen und für die Menschen auch eine überzeugende Kraft sein sollte. Dieses Wesen sollte biologisch gesehen den Menschen ähnlich, aber seine Mission fast göttlich sein. Nach einer grossen unerträglichen und schmerzlichen geistigen Schwangerschaft hat Nietzsche *sein Kind* zur Welt gebracht, es heisst: *Über*mensch. Dieser *Über*mensch ist nach Nietzsche ein Wesen, das im Überfluss schöpferisch ist und von diesen Überfluss abgeben muss. Er hat eine Funktion und eine Mission. Nach seiner Mission muss er die unentwickelten Menschen von ihren falschen moralischen und metaphysischen Vorstellungen befreien, damit sie von der Transzendenz ablassen zur irdischen Welt zurückfinden. Die wahre Welt ist die Welt, in der wir unmittelbar leben; sie ist fassbar, real und nicht eine jenseitige Welt, wie etwa die der platonischen Ideen.

Der *Über*mensch ist ein Lehrer, der die normalen Menschen nicht fürs Jenseitige, sondern fürs Diesseitige erzieht, und der „Erde ein[en] Sinn"[624] verleiht. Warum benötigt man Nietzsches *Über*menschen?

Der Mensch hat sich im Vergleich mit dem Affen schon überwunden und ist Mensch geworden. Aber es reicht nicht aus, er muss sich ständig überwinden, bis er zum *Über*menschen wird. Zu dieser Überwindung braucht der Mensch noch ein Vorbild: *Zarathustra*.

Nach Nietzsches Verständnis unterscheidet sich der Übermensch vom Menschen auf änliche Weise wie sich der Mensch vom Affen unterscheidet. So wie der Affe für die Menschen eine schmerzliche Scham ist, so ist es auch der Mensch für den Übermenschen.[625]

---

[623]  FW, Drittes Buch, Nr. 125, KSA 3, 480ff-481; ZA I, Vorrede, 14; FW, Viertes Buch, Nr. 343, KSA 3, 573.
[624]  Vgl. ZA I, Zarathustra's Vorrede, KSA 4, 14.
[625]  Vgl. Ebd., 14; Penzo Giorgio 2000, in: Ottmann 2000, 342.

Zarathustra unterstreicht, dass der Mensch in seinem Wesen nicht ein höheres Tier sei, sondern etwas, das überwunden werden muss.[626] Der Übermensch erscheint hier als Zarathustra, der neue Werte und eine neue Kultur verkündigt. Seine Botschaft ist nicht auf das ewige, sondern auf das endliche Leben gerichtet. Das Heil liegt nicht in der Demütigung vor Gott, sondern im Schaffen und in der Selbstüberwindung des Individuums, das sich in der aktiv betriebenen Umwertung ins Unabsehbare steigert und nur so auf eine innerlich umfassende Einstimmung mit der *Ewigen Wiederkehr*[627] rechnen kann. Zarathustra bejaht die ewige Wiederkehr und ist sogar ihr Lehrer.[628] Nietzsche schafft mit der ewigen Wiederkehr für die Menschen eine neue Transzendenz. Sie tritt nicht als eine objektive Wahrheit in Erscheinung wie z.B. die metaphysische Transzendenz, sondern als Transzendenz der Überwindung zum Übermenschen, welche an den Schaffensakt des Menschen gebunden ist. In der Rede „Von alten und neuen Tafeln" sagt Zarathustra über die Überwindung, dass nur ein Possenreisser glaubt, der Mensch könne *übersprungen* werden.[629] Der Übermensch wird nicht durch eine organische Entwicklung, sondern durch einen qualitativen Sprung erreicht. Dies ist jedenfalls die Konzeption Zarathustra. Nietzsche notiert:

> Ziel: auf einen Augenblick den Übermenschen zu *erreichen*. **Dafür** leide ich *alles.*[630]

Es geht bei Nietzsches Übermensch nicht um eine automatische, sondern um eine voluntative Entwicklung, um eine vom Willen zur Macht in immer wieder neuen spontanen Akten initiierte Entwicklung.[631] Obwohl bei Zarathustra eine Vorstellung der spontanen Schöpfung und eine blitzartige Vision des Übermenschen dominant ist, kann Zarathustra auf das Herauswachsen des Übermenschen aus einer elitären Isolation verweisen: „Ihr Einsamen von heute, ihr Ausscheidenden, ihr sollt einst ein Volk sein: aus euch, die ihr euch selber auswähltet, soll ein auserwähltes Volk erwachsen: – und aus ihm der Übermensch".[632]

Der Stoff des Menschen ist nicht so wichtig für Nietzsche, wichtig ist, dass der Mensch sich aus seiner Misere befreien und sich wie Zarathustra zum Übermenschen erheben kann. Nietzsche schreibt in *Ecco Homo*:

---

[626]  Vgl. ZA III, Von alten und neuen Tafeln, KSA 4, 249; ZA I, Vorrede, KSA 4, 14.
[627]  Ewige Wiederkehr ist bei Nietzsche das Gegenbild zu den metaphysischen Kosmologien. Eine Welt ohne Transzendenz, ohne Anfang, Ende oder Zweck, ohne metaphysischen Sinn und ethische Bedeutung. Nach seiner These wiederholt das Weltall ewig seinen Lauf. Und in diesem immer gleichen Kreislauf kommt auch der einzelne Mensch immer wieder vor, um ein bis ins kleinste identisches Leben ewige Male zu durchleben, wie ein „Stäubchen vom Staube" in der ewigen „Sanduhr des Daseins", die „immer wieder umgedreht" wird (vgl. FW, Viertes Buch, Nr. 341, KSA 3, 570).
[628]  Vgl. ZA III, Die sieben Siegel, KSA 4, 289.
[629]  Vgl. ZA III, Von Alten und neuen Tafeln, KSA 4, 249.
[630]  N, November 1882 – Februar 1883 4[198], KSA 10, 167.
[631]  Vgl. Meyer 1993, 53.

Auch über den *grossen Ekel* am Menschen ist Zarathustra Herr geworden: der Mensch ist ihm eine Unform, ein Stoff, ein hässlicher Stein, der des Bildners bedarf.[633]

Der Ausdruck „Bildner" ist ein Sinnbild dafür, dass der Übermensch im Sinne eines ständigen Schaffens verstanden werden muss. Der Übermensch ist also eine vom Menschen zu schaffende Grösse jenseits des Menschen:

> Ein höheres Wesen als wir selber sind zu schaffen, ist *unser* Wesen. **Über uns hinaus schaffen!** Das ist der Trieb der Zeugung, das ist der Trieb der That und des Werks. – Wie alles Wollen einen Zweck voraussetzt, *so setzt der Mensch ein Wesen voraus*, das nicht da <ist>, das aber den Zweck seines Daseins abgiebt. Dies ist die Freiheit alles Willens! Im *Zweck* liegt die Liebe, die Verehrung, das Vollkommensehen, die Sehnsucht.[634]

Der *Über*mensch kann auch für Nietzsche eine schaffende mobilisierende und ständig in Atem haltende Idee sein.[635] Er ist Schöpfer seiner selbst. Er bedeutet, die „*Erlösung des Menschen von sich selber*" und als „*praktisches Ziel*", „Künstler (Schaffender), Heiliger (Liebender), und Philosoph (Erkennender) in *einer Person* zu werden".[636]

### 3.5.4.1  Der Heilige

Nietzsche benutzt den Begriff „heilig" nicht im Sinne der Religiosität, sondern im Sinne des reinen Geistes, welcher uns zur Vollkommenheit trägt.[637] Er hat die Bedeutung von „Heiligkeit" vom Religiösen her umgewandelt, gibt dem menschlichen Leib die verdiente Achtung zurück. Er hat die „gewöhnliche" Heiligkeit im traditionellen Sinne als unmenschlich bezeichnet.[638]

Der heilige Mensch ist nach Nietzsche ein Mensch, der seine Lebenskraft nicht vom aussen, sondern von innen bezieht. Der Mensch ist heilig, wenn er gegen seine eigenen Triebe kämpft und sie sublimiert. Heiliger sein heisst Krieg führen „gegen Triebe und ist ein steter ‚Wechsel' von Sieg und Niederlage" im Kampf mit sich selbst. Das sind die Mittel der „Asket[en] und ‚Heilige[n]', um sich das Leben doch noch erträglich und unterhaltend zu machen".[639] Nietzsche stellt *den Heiligen* als einen Menschen dar, der seine Leidenschaften sublimiert und damit die Möglichkeit hat, sich selbst und seine Triebe zu beherrschen.

Er bewundert diesen sich im Asketismus des Heiligen dokumentierenden „Willen zur Macht".

---

[632]  ZA I, Von der schenkenden Tugend, KSA 4, 100ff. Mit der Anspielung auf das auserwählte Volk bewundert Nietzsche seine Ehrerbietung gegnüber der hebräschen Bibel.
[633]  EH, Also sprach Zarathustra 8, KSA 6, 348.
[634]  N, November 1882- Februar 1883 5[1] 203, KSA 10, 209.
[635]  Vgl. Meyer 1993, 49.
[636]  Vgl. N, Herbst 1883, 16[11], KSA 10, 501; Stegmaier 2000, 211.
[637]  Vgl. AC, Nr. 51, KSA 6, 231.
[638]  Vgl. MA II, Vermischte Meinung und Sprüche, Nr. 222, KSA 2, 475.
[639]  MA I, Das Religiöse Leben, Nr. 141, KSA 2, 134f.

Im seinem Nachlass sagt Nietzsche folgendes:

> Der *Heilige* als die **mächtigste Species** Mensch – diese Idee hat den Wert
> der moralischen Vollkommenheit so hoch gehoben.[640]

Der Heilige im Sinne Nietzsches ist wie der Philosoph ein Bewohner der „Wüste". [641] Auch er lebt „Armut", „Demuth", „Keuschheit" in einem „heitern Ascetismus". [642] Der Heilige kann sich durch Selbstbeherrschung vom Tier zum „Übermenschen" überwinden und wandeln. Er kann zum „wahrhaften *Menschen*" werden. Nur drei Arten Menschen schaffen dies: die Philosophen, die Künstler und die Heiligen. [643] Wegen der Selbstdisziplinierung und der Selbstüberwindung zählt Nietzsche den „Heiligen" zu dem Teile[644] des Übermenschen, der sich nicht nur wandelt, sondern sich auch mit seinen Mitmenschen befreundet und sie liebt.

### 3.5.4.2  Der Künstler

Nietzsche hat, wie den Heiligen, auch den Künstler als einen Teil des Übermenschen angesehen. Er hat sogar darauf hingewiesen, dass „in der ganzen Philosophie bis heute der Künstler" fehlte. Nietzsche schätzt „den Künstler" so hoch ein, weil er „Schaffender" ist und „eine feinere Witterung" hat. Anders gesagt, dass Notwendigkeit und „Freiheit des Willens" bei ihm *eins* ist. [645] Denn „der Künstler der anfangen würde sich zu begreifen, würde sich damit *vergreifen*". [646] Diese tiefgehende Künstlerauffassung hat er selbst erlebt.

Nietzsche war nicht nur ein Philosoph, sondern auch ein Künstler, der vor allem seine Gedanken, künstlerisch und philosophisch in Einklang gebracht hat. Er hat damit eine Harmonie in Sprache, Musik, Dichtung, und Philosophie geschaffen. Diese umfassende Harmonie der Gedankendichtung kennzeichnet den Gipfel seines Schaffens. Nietzsche hat sich selbst „Anbeter der Formen, der Töne, der Worte, eben darum – Künstler" genannt. [647] Nietzsche beherrschte die Sprache ebenso virtuos wie ein hochbegabter Musiker sein Instrument. [648] Es ist schwer zu sagen, ob Nietzsche mehr Musiker, Maler oder Dichter war. Sein Gedicht „Der Herbst" hat nicht nur eine lyrische, sondern auch eine musikalische und poetische Wirkung:

> Dies ist der Herbst: der – bricht dir noch das Herz!
> Fliege fort! fliege fort! –
> Die Sonne schleicht zum Berg
> Und steigt und steigt
> und ruht bei jedem Schritt.

---

[640]  N, Herbst 1887 10 [177], KSA 12, 561.
[641]  Vgl. GM, Dritte Ab. was bedeuten asketische Ideale? Nr. 8, KSA 5, 352.
[642]  Vgl. Ebd., 352.
[643]  Vgl. UB III, Schopenhauer als Erzieher, Nr. 5, KSA 1, 380.
[644]  Der Übermensch vereinigt in sich die Typen des „Heiligen", des Philosophen und des Künstlers.
[645]  Vgl. JGB, Sechstes Hauptstück: wir Gelehrten, Nr. 213, KSA 5, 148.
[646]  N, 1888 14[170], KSA 13, 357.
[647]  WF, Vorrede, KSA 3, 352.
[648]  Vgl. Riehl 1923, 25.

Was ward die Welt so welk!
Auf müd gespannten Fäden spielt
Der Wind sein Lied.
Die Hoffnung floh –
Er klagt ihr nach.
Dies ist der Herbst: der – bricht dir noch das Herz.
Fliege fort! fliege fort![649]

Dieses Gedicht zeigt uns, dass Nietzsches Sprachkunst sehr reif ist. Er hat nicht nur schöne Gedichte geschrieben, sondern auch seine Kinder „Zarathustra" und „Übermensch" erdichtet. Deshalb nennt man Nietzsche eine „polyphone" Natur und bewundert die Vielseitigkeit seines Geistes.[650]

Für Nietzsche ist jede kreative Existenz ein Künstler, wenn sein entscheidender Antrieb der Wille ist. Der Mensch kann durch seinen Willen den Lastcharakter des Daseins und den Ekel am Leben überwinden. Es ist der Wille zur Macht, der den Schaffenden antreibt. Gemint ist ein Wille, der einerseits auf die eigene Selbstverklärung hinausläuft und anderseits immer auch ein Wille zur Überwindung, zum Umformen der Welt ist. Durch den Willen können Künstler wie Nietzsche nicht nur sich selbst, sondern auch ihre vorhandenen Normensysteme in Frage stellen und prüfen. In diesem Sinne hat Nietzsche die Kunst der Moral entgegengesetzt, damit die Kreativität des Individuums sichtbar wird und die schöpferische Kraft dem Individuum einen Sinn auf Erden geben kann.

Die Kunst ist die Mutter des Lebens. Wer leben, d.h. schaffen will, muss grosse Kunst betreiben, damit er sich und auch seine eigene Welt umformen kann. Ein solch schaffender Künstler bleibt nicht in vorhandenen Normensystemen verhaftet, sondern muss sie immer wieder überschreiten.[651] Ein Künstler sollte nicht Gefangener seiner Leidenschaften sein. Die Grösse eines Künstlers sollte sich nicht an den schönen Gefühlen, sondern an der Grösse seines Stils messen:

> Dieser Stil hat das mit der grossen Leidenschaft gemein, dass er es verschmäht zu gefallen; dass er es vergisst zu überreden; dass er befiehlt; dass er *will* [...] Über das Chaos Herr werden das man ist; sein Chaos zwingen, Form zu werden; Notwendigkeit werden in Form: logisch, einfach [...] *Gesetz* werden.[652]

Der grosse Künstler soll seine Leidenschaften und seine Gefühle beherrschen und sie für seine geistige Ziele einsetzen, damit seine kreative Selbstbehauptung und Lebensbewältigung aktiviert wird und der fehlende Künstler-Philosoph in der Philosophie zum Vorschein kommt.

---

[649]  N, Herbst 1884 28 [59], KSA 11, 323ff.
[650]  Vgl. Riehl 1923, 149.
[651]  Vgl. Kaufmann 1982, 291.
[652]  N, 1888, 14 [61], KSA 13, 246ff.

Der Künstler-Philosoph darf sich nicht nur auf die Erkenntnis von Wahrheit beschränken, sondern er muss als Künstler, d.h. als Schaffender den Menschen und die Werte umgestalten. Aus diesem Grunde fasste Nietzsche den Philosophen und den Künstler, welche die Hauptteile des Übermenschen bilden, als separate Grössen auf.

### 3.5.4.3  Der Philosoph

Der Philosoph ist nach Nietzsche, ein Mensch, „der beständig ausserordentliche Dinge erlebt, sieht, hört, argwöhnt, hofft, träumt; der von seinen eigenen Gedanken wie von Aussen her, wie von Oben und Unten her, als von *seiner* Art Ereignissen und Blitzschlägen getroffen wird".[653] Der Philosoph muss nicht rein theoretisch über die Welt nachdenken, über die Probleme, die für das Leben und die Gesellschaft relevant sind.

Nietzsche hat „den Begriff *Philosoph* nicht auf den Philosophen eingeengt, der Bücher schreibt, oder seine Philosophie in Bücher bringt",[654] sondern auf den Philosophen „der [...] am stärksten das allgemeine Leid nachempfindet".[655] In diesem Sinne ist der „Philosoph" nach Nietzsche ein Mensch, „der umfänglichsten Verantwortlichkeit, der das Gewissen für die gesammte Entwicklung des Menschen hat: dieser Philosoph wird sich der Religionen zu seinem Züchtungs- und Erziehungswerke bedienen, wie er sich der jeweiligen politischen und wirtschaftlichen Zustände bedienen wird".[656]

Nietzsche sagt auch, dass der Philosoph „ein *notwendiger* Mensch des Morgen und Über-Morgens sich jederzeit mit seinem Heute in Widerspruch befunden hat und befinden *musste*: Sein Feind ist jedes Mal das Ideal von Heute".[657] Der Philosoph muss gegenüber aktuellen und gültigen Wertidealen nicht schweigsam und gleichgültig sein, sondern kritisch und kämpferisch reagieren. Nur ein derart wacher Philosoph kann das Grösste und das Schönste nicht nur erkennen, sondern auch neue Werte Schaffen. Mit Nietzsches Worten: „Erkennen ist *Schaffen*, ihr Schaffen ist eine Gesetzgebung, ihr Wille zur Wahrheit ist – *Wille zur Macht*".[658]

Die Grösse eines Philosophen besteht darin, „der Einsamste [...] der Verborgenste, der Abweichendeste, der Mensch jenseits von Gut und Böse, der Herr seiner Tugenden, der Überreiche des Willens" zu sein.[659] Der Philosoph muss zudem „Ruhe", Grösse, Sonnenlicht"[660] be-

---

653  JGB, Neuntes Stück: was ist vornehm? Nr. 292, KSA 5, 235.
654  Vgl. Ebd., Zweites Stück: der freie Geist, Nr. 39, 57.
655  N, Sommer 1872 – Anfang 1873, 19[23], KSA 7, 423. Das ist allerdings eine Notiz aus der ersten Periode, der Nietzsche später kaum zugestimmt hätte.
656  JGB, Drittes Hauptstück: das religiöse Wesen, Nr. 61, KSA 5, 79.
657  Ebd., Nr. 212, 145.
658  Ebd., Nr. 211, 145.
659  Ebd., Nr. 212, 147.
660  Vgl. MA II, Der Wanderer und sein Schatten, Nr. 332, KSA 2, 697.

sitzen. Das besagt, dass der Philosoph *erhabene*, sodann *beruhigende*, drittens *aufhellende* Gedanken haben muss, damit „alles Irdische" zur Verklärung kommen kann.[661] Die Philosophie, welche Nietzsche, als der „tyrannische Trieb selbst, der geistigste Wille zur Macht,[...]" zur causa prima"[662] bezeichnete, sollte auch bei Menschen keine Kultur der Gewohnheit werden. Mit seinen Worten:

> Ich will den Menschen die Ruhe wiedergeben, ohne welche keine Cultur werden und bestehen kann, Ebenso die *Schlichtheit* [...] *Einfachheit* und *Grösse*.[663]

Auch Nietzsche geht es um die „*Überwindung der Philosophen*", durch *Vernichtung* der Welt des Seienden.[664] Nietzsche hat zwar von der Zukunft, vom erkennenden „Philosophen", keinen Begriff.[665] Aber Nietzsches *Zarathustra* verweist in die Zukunft, in der er nicht nur den Menschen zum Übermenschen führt, sondern auch seine Rolle als konfliktlösender „Modellmensch" spielt.

## 3.6 Zarathustra als konfliktlösender „Modellmensch" in der Gesellschaft

Nach einem klassischen Vorurteil der politischen Philosophie der Neuzeit ist Politik das Mittel zur Verminderung von Konflikten.[666] Je weniger Konflikte, desto besser. Konflikte sind per se schlecht, Harmonie ist per se gut. Nietzsche und Mill sehen dies anders. Für sie gehören Streit und Konflikt zur Vitalität einer friedlichen Gesellschaft.[667] Mill war selbst Personen dankbar, die herrschende Ansichten in freier Diskussion bestritten und unter grosser Mühe etwas für uns geleistet haben, was wir selbst nicht leisten konnten:

> If there are any persons who contest a received opinion, [...] let us thank them for it, open our minds to listen to them, and rejoice that there is someone to do for us what we otherwise ought, if we have any regard for either the certainty or the vitality of our convictions, to do with much greater labour for ourselves.[668]

Nietzsches Zarathustra bestätigt Mills Auffassung, und er sagt, dass das Böse mit Bösem, nicht aber mit Gutem vergolten werden soll:

---

[661]  Vgl. Riehl 1923, 61.
[662]  Vgl. JGB, Erstes Hauptstück: von den Vorurtheilen der Philosophen, Nr. 9, KSA 5, 22.
[663]  N, Sommer 1876 17[22-26], KSA 8, 300-301.
[664]  Vgl. N, Herbst 1887 9[60], KSA 12, 367.
[665]  Vgl. N, Frühjahr - Sommer 1888, 16 [44], KSA 13, 501.
[666]  Konflikte bezeichnen allgemein einen Gegensatz, keinen unversöhnlichen Widerspruch, zwischen Personen, Ideen, Werten und Handlungen (vgl. Höffe 1997, 157). Diese Definition der Konflikte scheint für Zarathustra geeignet zu sein. Er will nicht eine „feige Versöhnung", sondern eine „mutige Unversöhnung", die das Ziel anstrebt, aus den Menschen Übermenschen zu machen.
[667]  Vgl. Wolf 2004, 198.
[668]  OL., Kap. II, 108.

> So ihr aber einen Feind habt, so vergeltet ihm nicht Böses mit Gutem: denn
> das würde beschämen. Sondern beweist, dass er euch etwas Gutes angethan
> hat. Und lieber zürnt noch, als dass ihr beschämt! Und wenn euch geflucht
> wird, so gefällt es mir nicht, dass ihr dann segnen wollt. Lieber ein Wenig
> mitfluchen![669]

Es gibt zwei Wege, um einen Konflikt zu beseitigen. Er kann entweder durch eine feige Versöhnung oder durch einen heftigen Streit in Ordnung gebracht werden. Bei der Lösung eines Konflikts sollte Widerstreit vorhanden sein, damit die gewollte Erkenntnis erreicht werden kann, was bei Nietzsches Zarathustra der Fall ist. Seine angestrebte Methode ist die Widerstreitmethode.

Zarathustra ist ein Streitkünstler. Er liebt den Streit und die Konflikte, die den Menschen Wissen verleihen. Er hat seine Feinde nicht nur geliebt, sondern er begreift sie auch als „Werth":

> Ein andrer Triumph ist unsre Vergeistigung der *Feindschaft*. Sie besteht darin, dass man tief den Werth begreift, den es hat, Feinde zu haben.[670]

In diesem Sinne ist Zarathustra ein Modell, eine Vorlage, nach der wir uns richten können.

## 3.6.1 Der Seiltänzer

Als Zarathustra in eine Stadt kam, fand er viele Menschen vor, die auf dem Markt mit Begeisterung einem Seiltänzer zuschauten. Alle waren unbeweglich und gleichmütig. Nur der Seiltänzer war tätig und bemühte sich um sein Werk. Zarathustra sprach zur Menge:

> *Ich lehre euch den Übermenschen*. Der Mensch ist etwas, das überwunden
> werden soll. Was habt ihr gethan, ihn zu überwinden? [...] Alle Wesen bisher schufen Etwas über sich hinaus: und ihr wollt die Ebbe dieser grossen
> Fluth sein und lieber noch zum Thiere zurückgehn, als den Menschen überwinden?[671]

Nach dieser Verkündigung haben sich einige in Richtung Zarathustra bewegt, aber kein grosses Interesse gezeigt und weiter die Seiltänzershow verfolgt. Zarathustra sprach weiter:

> Ihr habt den Weg vom Wurme zum Menschen gemacht, und Vieles ist in
> euch noch ein Wurm. Einst wart ihr Affen, und auch jetzt noch ist der
> Mensch mehr Affe, als irgend ein Affe.[672]

Es war nicht so einfach, diese schlafende Menschenmenge wach zu bringen. Sie waren faul und gaben sich überhaupt keine Mühe, auf Zarathustra zu hören, weil alle an die überirdische Hoffnung glaubten.

Zarathustra verkündigte aber die irdische Hoffnung. Zarathustras Stimme wurde noch lauter:

---

669    ZA I, Von Biss der Natter, KSA 4, 87ff.
670    GD, Moral als Widernatur, Nr. 3, KSA 6. 84.
671    ZA I, Zarathustra's Vorrede, Nr. 3, KSA 4, 14.
672    Ebd., 14.

> Meine Brüder *bleibt der Erde treu* und glaubt Denen nicht, welche euch von überirdischen Hoffnungen reden! Giftmischer sind es, ob sie wissen oder nicht.[673]

Waren es nicht diese überirdischen Hoffnungen, die uns überzeugt haben, dass wir das Leben und auch uns selbst verachten sollen? Wir haben aber nicht gemerkt, dass wer den Leib verachtet, auch seine Seele verachten muss.

Die Menge verlachte Zarathustra und wollte den Seiltänzer sehen. Da geschieht ein Unfall und der Seiltänzer stürzt ab. Sein Körper fällt neben Zarathustra, gebrochen aber noch nicht tot. Als er sein Bewusstsein wiedererlangt, spricht er Zarathustra an, und dieser merkt, dass er sich über das Jenseits grosse Sorgen macht. Er will ehrlich zu ihm sein und ihm die Angst nehmen:

> Bei meiner Ehre, Freund [...] das giebt es Alles nicht, wovon du sprichst: es giebt keinen Teufel und keine Hölle. Deine Seele wird noch schneller todt sein als dein Leib: fürchte nun Nichts mehr.[674]

Den Seiltänzer bedrücken die Sorgen ums Jenseits mehr als seine körperlichen Verletzungen. Wegen seiner Unwissenheit ist er in einen Konflikt geraten, aus dem er sich nicht mehr befreien kann. Zarathustra versucht mit seinem Wissen den sterbenden Seiltänzer von seinen falschen Vorstellungen abzubringen, damit er sich vom Jenseits und vom Gedanken an den Tod nicht ängstigen lässt. Am Ende ist es Zarathustra gelungen, den Seiltänzer zu überzeugen. Nachdem der Seiltänzer ihn gehört hatte, antwortete er nicht mehr, bewegte aber seine Hand, als ob er die Hand Zarathustras zum Dank suchte.

## 3.6.2  Der weise Mann

Nachdem Zarathustra den Seiltänzer begraben hat, spricht er zu sich selbst:

> Gefährten brauche ich und Lebendige, – nicht todte Gefährten und Leichname, die ich mit mir trage, wohin ich will.[675]

Mit diesen Gedanken machte er sich auf dem Weg zu einer Stadt, wo man von einem Weisen sprach, der gut vom Schlafe und von der Tugend zu reden vermochte. Als Zarathustra in die Stadt kommt, geht er zu ihm und sieht, dass alle Jünglinge vor seinem Lehrstuhl sitzen. Und der Weise spricht:

> Friede mit Gott und dem Nachbar: so will es der gute Schlaf. Und Friede auch noch mit des Nachbars Teufel! Sonst geht er bei dir des Nachts um. Ehre der Obrigkeit und Gehorsam, und auch der krummen Obrigkeit! So

---

[673] Ebd., 15.
[674] Ebd., Nr. 6, 22.
[675] Ebd., Nr. 9, 25.

> will es der gute Schlaf. [...] Sehr gefallen mir auch die Geistigarmen: sie
> fördern den Schlaf. [...] [D]er Schlaf, der der Herr der Tugenden ist.[676]

Nachdem Zarathustra den Weisen so sprechen hörte, lachte er bei sich: „Ein Narr ist mir dieser Weise [...] Seine Weisheit heisst: wachen, um gut zu schlafen".[677] Der Weise vergiftet die Jünglinge im Namen der Tugenden, die eigentlich zum Schlaf verleiten und dem Leben schaden. Er bringt die jungen Menschen von ihren Idealen und vom Leben ab und vergiftet sie durch Schlaf, der der Herr der Tugenden sei. Diese Schläfrige kannten keinen besseren Sinn des Lebens als den guten Schlaf.[678] Diese Menschen lebten in einer Welt, die „eines leidenden und zerquälten Gottes Werk" war.[679]

Zarathustra lehrte diese Menschen, nicht mehr ihren „Kopf in den Sand der himmlischen" zu stecken, sondern einen freien „Erden-Kopf, der der Erde Sinn schafft",[680] tragen zu können. Er lehrte sie, dass sie nicht an „die Tugenden des Weisen Mannes", sondern an die „Tugend der Redlichkeit", welche ihrem Leben einen Sinn gibt, glauben sollten.

Es war die Aufgabe Zarathustras, diese schläfrigen Menschen von ihren falschen Vollstellungen abzubringen. Er wollte sein Wissen nicht für sich behalten, selbst wenn diese Menschen nicht auf ihn hören wollten.

### 3.6.3  Der Jüngling

Als Zarathustra eines Tages allein durch die Berge ging, sah er einen Jüngling, der an einem Baum sass. Zarathustra sprach:

> Wenn ich diesen Baum da mit meinen Händen schütteln wollte, ich würde
> es nicht vermögen. Aber der Wind, den wir nicht sehen, der quält und biegt
> ihn, wohin er will. Wir werden am schlimmsten von unsichtbaren Händen
> gebogen und gequält. [...] Aber es ist mit dem Menschen wie mit dem Bau-
> me. Je mehr er hinauf in die Höhe und Helle will, um so stärker streben sei-
> ne Wurzeln erdwärts, abwärts, in's Dunkle, Tiefe, – in's Böse.[681]

Der Jüngling hörte Zarathustras Worte, erhob sich und rief: „ja in's Böse! [...]. Wie ist es möglich, dass du meine Seele entdecktest?".[682] Zarathustra lächelte und sprach: „Manche Seele wird man nie entdecken, es sei denn, dass man sie zuerst erfindet".[683] Der Jüngling antwor-

---

676  ZA I, Von den Lehrstühlen der Tugend, KSA 4, 33.
677  Ebd., 34.
678  Vgl. Ebd., 34.
679  Vgl. ZA I, Von den Hinterweltlern, KSA 4, 35.
680  Vgl. Ebd., 37.
681  ZA I, Von Baum am Berge, KSA 4, 51.
682  Ebd., 51.
683  Ebd., 51.

tet Zarathustra: „Was will ich doch in der Höhe? Meine Verachtung und meine Sehn-sucht wachsen mit einander; je höher ich steige, um so mehr verachte ich Den, der steigt".[684] Zarathustra bemerkte, dass den Jungling etwas quälte. Dieser beschäftigte sich mit seinen wilden Trieben, die ihn störten. Die Freiheit, die der Jüngling suchte, war Freiheit von seinen „schlimmen Trieb[en]", nicht aber von seinem Willen.[685] Der Jüngling war noch nicht fähig, seine Triebe, etwa den „Neid", unter Kontrolle zu bringen. Deshalb ist er, je höher er steigen wollte, desto mehr in einen Konflikt geraten. Man kann sich schnell in einer Krise der Konflikte finden und sich von unsichtbaren Dingen wie *Neid* „biegen" lassen, wenn man keine innerlich starken Wurzeln hat. Das Böse kommt durch Neid von Aussen und dringt in die Seele des Betroffenen wie Gift ein. Es lässt sich nicht ohne weiteres überwinden. In einem solchen Konflikt kann er nicht ein „Guter", sondern „ein Frecher", „ein Höhnender" und ein „Vernichter" werden. In einer solchen Situation kann er nicht mehr „in die Höhe" steigen, sondern wird in der Hölle untergehen. Um in die Höhe zu steigen, sollte man „Helden" wie Zarathustra nicht beneiden, sondern anstatt Neid Ambitionen haben, weiter machen, bis man Held seiner eigener Seele wird.

### 3.6.4  Der Feind

Es ist ein Wunder der Natur, dass die Menschen und auch ihre Gedanken unterschiedlich sind. Diese unterschiedlichen und unversöhnlichen Meinungen der Menschen sind für uns eine reale Chance, unserem Wachstum einen Grundbeitrag zu ermöglichen. In diesem Sinne sollten wir unseren Feinden dankbar sein, dass sie uns durch ihre unfriedlichen Gedanken in eine Diskussion zwingen. Man muss nicht nur die Gegenargumente anhören, sondern auch eigene Standpunkte einbringen und sich verteidigen, wie Nietzsches Zarathustra, der uns mahnt, tadelt, erweckt. Er bemüht sich, unsere Gedanken zu entwickeln. Er ist hart mit uns, er hat kein Mitleid, keine Toleranz, wenn er sieht, dass wir keine tapferen Gedanken haben und keinen Krieg führen können.

Er befindet sich im „Krieg" mit uns. Anders gesagt: Zarathustra ist ein Feind, mit dem eine schöpferische Auseinandersetzung möglich ist, eine Auseinandersetzung, die zum Wachstum und zur Steigerung der eigenen Persönlichkeit führt:

> Meine Brüder im Kriege! Ich liebe euch von Grund aus, ich bin und war Euresgleichen. Und ich bin auch euer bester Feind. So lasst mich denn euch die Wahrheit sagen![686]

---

[684] Ebd., 52.
[685] Vgl. Ebd., 53.
[686] ZA I, Vom Krieg und Kriegsvolke, KSA 4, 58.

Zarathustra begreift den „Krieg" in erster Linie als Mittel zum Zweck einer Kultur, welche durch Streit erreicht wird. Man muss den „Heroismus in die Erkenntnis"[687] tragen, damit die „Wahrheit" des Gedankens kritisch entwickelt werden kann.

Wenn Zarathustra sagt, dass „der Krieg und der Muth, [...] mehr grosse Dinge getan haben, als die Nächstenliebe",[688] denkt er an Wettstreit und Anstrengungen, aber nicht notwendigerweise an bewaffnete Auseinandersetzungen. Es handelt sich bei Zarathustra um den Krieg der Gedanken, nicht aber um „Krieg" um Leben und Tod. Mit seinen Worten:

> Euren Feind sollt ihr suchen, euren Krieg sollt ihr führen und für eure Gedanken [kämpfen]. Und wenn euer Gedanke unterliegt, so soll eure Redlichkeit darüber noch Triumph rufen![689]

Der Mensch wird nicht ohne Kampf und Krieg zu sich selbst finden. Dieser Krieg ist Antrieb jener Selbstüberwindung, die über den Menschen hinaus auf den Übermenschen weist.[690]

Zarathustra liebte nur den Frieden, wenn er „als Mittel zu neuen Kriegen" dient. Das heisst der Friede sollte möglichst kurz sein und den Zweck haben, einen neuen Krieg vorzubereiten. Zarathustra denkt, dass ein langer Friede die Menschen faul und gleichgültig machen würde: „Euch rathe ich nicht zur Arbeit, sondern zum Kampfe. Euch rathe ich nicht zum Frieden, sondern zum Siege. Eure Arbeit sei ein Kampf, euer Friede sei ein Sieg".[691] Diese Aussage Zarathustras besagt, dass wir uns in allen Bereichen des Lebens im Krieg befinden sollten. Nicht der Friede, sondern die Auseinandersetzung ermöglicht uns ein Wachstum.

Leider ist Nietzsche nicht immer so eindeutig; es ist nicht immer klar, ob er vom Krieg in buchstäblichen oder metaphorischen Sinne spricht.

## 3.6.5 Die Jünger

Als Zarathustra die Stadt verlassen hatte, folgten ihm viele junge Männer, die sich seine Jünger nannten. Sie wollten mit ihm gehen, aber Zarathustra wies sie ab. Seine Jünger reichten ihm zum Abschied einen Stab, an dessen goldenem Griff sich eine Schlange um die Sonne ringelte. Zarathustra fand ihn zwar schön, aber auch „unnütz. Er freute sich über den Stab und stützte sich darauf. Dann sprach er zu seinen Jüngern:

> Sagt mir doch: wie kam Gold zum höchsten Werthe? Darum, dass es ungemein ist und unnützlich und leuchtend und mild im Glanze; es schenkt sich

---

[687]  Vgl. FW, Erstes Buch, Nr. 283, KSA 3, 526.
[688]  Vgl. ZA I, Vom Kriege und Kriegswolke, KSA 4, 59; Nächstenliebe ist eine Art der Selbstflucht. Man flüchtet vor sich selbst zum Nächsten hin und wird „selbstlos". Wer zur Nächstenliebe Zuflucht sucht, ist ein Feigling und kann keinen Krieg führen und sich selbst finden. Deshalb lobt Nietzsche den Krieg, weil er Antrieb jener Selbstüberwindung, und nützlicher als Nächstenliebe ist. Nietzsche rät uns nicht zur „Nächstenliebe", sondern zur „Fernstenliebe" (vgl. ZA I, Von der Nächstenliebe, KSA 4, 79).
[689]  ZA I, Vom Krieg und Kriegsvolke, 58.
[690]  Vgl. Himmelmann 2000, 23.
[691]  ZA I, Vom Krieg und Kriegsvolke, KSA 4, 59.

immer. Nur als Abbild der höchsten Tugend kam Gold zum höchsten Werthe.[692]

Ihm wäre es lieber, anstatt durch einen solchen goldenen Griff, durch das Wissen, welches sie nicht hatten, verehrt zu werden. Zarathustra wollte nicht gebeugte Sklaven, sondern wissende Menschen vor sich sehen, die sich nicht opfern und keine Geschenke machen.

Die „schenkende Tugend" betrachtet Nietzsche als unersättlich für eine Seele, welche nicht nach Wissen, sondern nach Reichtum strebt. Zarathustra sprach zu seinen Jüngern:

> Das ist euer Durst, selber zu Opfern und Geschenken zu werden: und darum habt ihr den Durst, alle Reichthümer in eure Seele zu häufen. Unersättlich trachtet eure Seele nach Schätzen und Kleinodien, weil eure Tugend unersättlich ist im Verschenken-wollen.[693]

Man könnte sagen, dass diese „schenkende Tugend" eine Tugend der mächtigen Menschen ist. Sie ist ein Ausdruck der Fülle.

Die „schenkende Tugend" bedeutet für Zarathustra eine Form der Fülle und Persönlichkeitsstärke. Sie entspricht der Grosszügigkeit aller höheren Menschen. Macht selber ist allerdings eine Tugend, die man nicht schenken kann.[694] Der Mensch braucht in seinem Leben keinen „Stab, an dessen goldenem Griffe sich eine Schlange um die Sonne ringelte", sondern eine Erkenntnis, um die sich die Schlange des Verstandes ringelt. Der Mensch sucht immer die andren, von denen er Erkenntnis erhofft. So kann man aber nie sich selbst finden. Wie Zarathustra zu seinen Gläubigen sprach:

> Nun heisse ich euch, mich verlieren und euch finden; und erst, wenn ihr mich Alle verleugnet habt, will ich euch wiederkehren. Wahrlich, mit anderen Augen, meine Brüder, werde ich mir dann meine Verlorenen suchen; mit einer anderen Liebe werde ich euch dann lieben.[695]

Zarathustra wollte den Jüngern die Augen für ein höheres Ziel öffnen, damit sie ihn verlieren, d.h. ihn überwinden, um sich selbst zu finden. Zarathustra wollte die Menschen zum wahren Wissen führen. Er wollte aus ihnen selbstständige, „sich selbst schaffende" Wesen machen. Nun hat er aber gemerkt, dass seine Schüler von ihm abhängig geworden sind. Sie wurden zu „Jüngern". Statt ihre Selbstständigkeit zu fördern, erreichte er Abhängigkeit Jünger zu sein, heisst immer einen Meister zu verehren. Vielleicht befand sich auch Zarathustra in einem Konflikt. Er wollte den Menschen zwar Wissen bringen, aber nicht zu einem neuen „Gott" werden. Deshalb musste er sich von seinen Jüngern entfernen und seine Verehrer brüskieren.

---

[692] ZA I, Von der schenkenden Tugend, KSA 4, 97.
[693] ZA I, Von der schenkenden Tugend, KSA 4, 98.
[694] Vgl. Ebd., 98.
[695] Ebd., 101.

Er musste die „Nabelschnur" durchtrennen, um ihnen die Chance zu geben, frei denkende Menschen zu werden. Vielleicht war dies das grösste Geschenk Zarathustras. Er sagte, was er sagen musste, dann entliess er die Menschen in die Freiheit.

## 3.7  Schlussbemerkungen

Wenn ein menschliches Wesen geboren wird, besitzt es eine reine Seele und ein brillantes Gedächtnis.

Es besitzt diese wunderbare natürliche Reinheit von Natur aus und bewahrt sie, bis diese „reine Individualität" durch die gesellschaftlichen Normen und Botschaften geformt werden und es zu einem nützlichen Wesen der Gemeinschaft gemacht wird.

Bevor das Individuum auf die Erde kommt, warten auf es die bereits vorhandenen „gesellschaftlichen Botschaften". Die erste Botschaft ist eine familiäre. Sie lautet: „Wir haben dir ein biologisches Leben gegeben, und du bist wegen uns da. Deswegen bist du uns gegenüber verpflichtet, du bist abhängig von uns und musst uns gehorchen. Du musst unsere Botschaften beachten und tun, was wir von dir verlangen". Das Individuum, das sich in der Familie befindet, wird zunächst durch die „familiären Botschaften", belastet, bis es mit anderen neuen „gesellschaftlichen Botschaften" in Kontakt kommt.

Diese „gesellschaftlichen Botschaften" hat Jean-Jacques Rousseau „contrat social" genannt. Mit Rousseaus Worten:

> Chacun de nous met en commun sa personne et toute sa puissance sous la suprême direction de la volonté générale; et nous recevons en corps chaque membre comme partie indivisible du tout.[696]

In allen Bereichen des Lebens trifft das Individuum auf solche Botschaften. Obwohl es diese gesellschaftlichen Botschaften manchmal annimmt oder nicht annimmt, geht es trotzdem seinen eigenen Weg weiter. Während das Individuum alle Dinge und deren Erkenntnisse in Frage stellt, merkt es, dass es selbst von diesen gesellschaftlichen Botschaften in Frage gestellt wird. Seine Ambitionen bringen ihn bei seiner Erkenntnissuche entweder zu einer religiösen oder zur einen staatlichen Botschaft. Das Individuum denkt, dass es sich hier in einem freien Raum befindet und seine ganze Energie einbringen und Leistung vorzeigen kann. Aber wenn es seine eigenen Ideen und Meinungen in die Öffentlichkeit tragen will, wird es von der staatlichen Botschaft daran gehindert. Sie lautet: „Sie sind jung und hier in diesem Land geboren. Sie haben gegenüber ihrem Volk Aufgaben zu erfüllen und Verantwortung zu übernehmen. Deshalb müssen sie ihren Willen dem Staat unterordnen, und sich, wenn es nötig ist, dafür opfern". Oder das Individuum folgt einer „religiösen Botschaft". Ihr Befehl lautet: „Ihr armen

Gläubigen, seid nichts ohne Gott. Er ist Schöpfer und Erschaffer des Alls. Ihr solltet euch nur vor ihm beugen und gehorsam sein. Nicht das Diesseits, sondern das Jenseits ist wichtig und bedeutsam. Er ist euer Herrscher und er ist weiser als alle".

Wegen den vielen „religiösen Botschaften" lässt das Individuum seine eigene Überzeugung auf der Seite und wird ein Krieger der Glaubensbotschaften. Anders gesagt: Es ist nicht ein Verteidiger seines eigenen Glaubens, sondern ein Verteidiger fremder Inhalte, die von den „religiösen Botschaften" stammen. Ein derart schwaches Individuum verrät seine eigene Natur und richtet sich gegen sich selbst. Nietzsches sagt: „Es ist nicht der Kampf der Meinungen, welcher die Geschichte so gewaltthätig gemacht hat, sondern der Kampf des Glaubens an die Meinungen, das heisst der Ueberzeugungen".[697]

Solche Überzeugungen sind widersprüchlich und stellen eine Gefahr für die Individualität dar. Es geht hier um ein falsches erworbenes Wissen, welches es in die falsche Richtung kanalisiert. Nach Nietzsche beruhen solche Überzeugungen nicht auf gesetzlichen Grundlagen:

> Nein, es giebt kein Gesetz, keine Verpflichtung der Art, wir *müssen* Verräther werden, Untreue üben, unsere Ideale immer wieder preisgeben.[698]

Wie die Szenen von Zarathustra uns im Kapitel 7 gezeigt haben, kann man sein Leben als freier Geist selbst bestimmen, sofern man nicht den gesellschaftlichen Botschaften, sondern den Botschaften von Zarathustra in vernünftiger Weise folgt. Wenn es um das Leben und um die freie Entwicklung des Individuums geht, anerkennt Zarathustra die oben erwähnten „gesellschaftlichen Botschaften" nicht, weil er ein freier Individualist und ein Gegner jeglicher Gewohnheiten und Werte ist. Jene braucht er nicht, weil er fähig ist, seine eigenen Gesetze zu machen. Er verachtet sie als fremde Überzeugungen, die für ihn falsch und unwahr sind. Zarathustra nimmt die Überzeugungen anderer Menschen nicht ernst, sondern nur sich selbst und seine eigenen Überzeugungen, die für ihn die einzig wahren Überzeugungen sind. Er ist mächtig und herrscht in seinem Reich wie „Gott". Denn er ist „Fürsprecher des Lebens, der Fürsprecher des Leidens, der Fürsprecher des Kreises".[699] Er ist im Krieg mit seinem Feinden: Mitleid, Scham, Ungenügsamkeit, Unwissenheit, Selbstlosigkeit. Er ist auch im Krieg mit seinen Freunden, die im Leben kleine Leute bleiben, sich mit kleinen Tugenden begnügen und sich im Leben nicht überwinden wollen. Wer sich nicht überwindet, ist ein Tier und eine Scham für die Menschheit. Zarathustra verachtet solche zurückgebliebenen Menschen und liebt die grossen Verachtenden. Der Mensch ist nach ihm etwas, das überwunden werden muss. Zarathustra wird nicht ohne Kampf und ohne Krieg sich selbst finden. Dieser Krieg ist

---

[696]    Rousseau 1964, Livre I, cap. VI, 361.
[697]    Vgl. MA I, Nr. 630, KSA 2, 356.
[698]    Ebd. Nr. 629, 355.

Antrieb zur Selbstüberwindung, die über den Menschen hinaus auf den Übermenschen hinweist. Der Krieg wird permanent weitergehen, bis man Gott „getötet", sich zum *Über*menschen überwunden und zum „Gott" gemacht hat.

Gott ist nach Nietzsche nicht gut, sondern der grösste Frevel, der alle Menschen vergiftet. Deshalb hat er seinen grossen Krieg gegen ihn geführt und ihn „getötet", damit die Menschen nicht an Gott, sondern an sich selbst glauben und sich selbst vertrauen können.

Das grössere „Selbstvertrauen" kann nach Emerson „eine Revolution in allen Funktionen und Beziehungen der Menschen"[700] bewirken. In diesem Sinne soll sich das Individuum nicht auf oben erwähnten „gesellschaftlichen Botschaften", sondern auf seine eigen berufen. Diese "individuelle Botschaft" lautet nach Emerson wie folgt:

> O father, O mother, O wife, O brother, O friend, I have lived with you after appearances hitherto. Henceforward I am the truth's. Be it known unto you that henceforward I obey no law less than the eternal law. [...] I appeal from your customs. I must be myself.[701].

Nicht Gott, nicht Religion, nicht Moral, und auch nicht die gesellschaftlichen Tugenden, sondern das „Selbstvertrauen" ist die schöpferische Potenz des Individuums, welche ihm seine Freiheit, Unabhängigkeit und Autonomie garantiert.

---

[699]   Vgl. ZA III, Der Genesende, KSA 4, 271.
[700]   Vgl. Emerson, Self-Reliance, 157.
[701]   Emerson, Self-Reliance. 154ff.

# 4 Schlusswort

In dieser Dissertation bin ich nicht einer einzigen Frage oder einer einzigen Hypothese nach-
gegangen, vielmehr ging es mir darum, das Problembewusstsein der politischen Philosophie
im Spannungsfeld von Massenkultur und Massenkritik in der Antike und im 19. Jahrhundert
zu analysieren.

Die Kombination dreier Philosophen (Platon, Mill und Nietzsche) und zweier so verschiedener Epochen (Klassische Antike, 19. Jahrhundert) ist dadurch gerechtfertigt, dass sowohl Mill
als auch Nietzsche im ständigen „Dialog" mit Platon standen. Mills qualitativer Hedonismus,
seine Unterscheidung zwischen „higher" und „lower pleasures", integriert Motive der Platonischen Kritik am Hedonismus (insbesondere in seinem Dialog „Philebos"). Die Kritik an den
„niedrigen Lüsten" stellt gleichzeitig eine aristokratische Kritik der Massen dar. Nietzsche
charakterisiert seine Philosophie gelegentlich selber als „umgekehrter Platonismus", der auf
einem methodischen und ethischen Individualismus aufbaut, der es ermöglichen soll, dem
Druck der öffentlichen Meinung bzw. „Tyrannei der Mehrheit" (wie es Toqueville nannte) zu
widerstehen, ohne sich wie Platon auf eine exklusive Ideenerkenntnis zu beziehen.

Demokratie garantiert keine Weisheit. Politik wird bei Platon durch den Einfluss kompetenter
und geistig unabhängiger Individuen durch ein durch Herrschaft intellektueller Eliten, „Philo-
sophen-könige", bei Mill durch „Mehrfachwahlrecht gebildeter exzentrischer Eliten" und bei
Nietzsche durch den „Übermenschen" gemacht.

Zwischen der Platonischen und der Millschen Philosophie besteht kein so eklatanter Gegensatz, wie man auch den ersten Blick glauben möchte. Beide Philosophen berufen sich nämlich
auf die „Gesundheit der Seele". Platons perfektionistische Vorstellungen von einer Herrschaft
intellektueller Eliten, die sich Kraft des von ihnen reklamierten „höheren Wissens" dazu er-
mächtigt fühlen, die weniger Erleuchteten zur Tugend zu zwingen, setzt Mill jedoch eine ausgesprochen „modern" anmutende Theorie der Erhaltung und Förderung moralischer Vielfalt
entgegen. „Pluralismus" der Werte und Lebensformen ist für Mill keine *nolens volens* geleis-
tete Anerkennung eines faktischen Dissenses, sondern ein positives, über blosse Toleranz weit
hinausgehendes Ideal.

Mill hat Platons Philosophie Zeit seines Lebens geschätzt und man hat ihm sogar eine bei
nüchterner Betrachtung nur schwer nachvollziehbare Verwandtschaft zu seinem Denken un-
terstellt. Ein Beispiel ist Mills Behauptung auf den ersten Seiten von „Utilitarismus", der platonische Sokrates habe „die Theorie des Utilitarismus" gegen den Sophisten Protagoras im
gleichnamigen Dialog verfochten.

Die bekannteste Bezugnahme auf Platon in Mills Philosophie ist eine Adaptation des platonischen Kriteriums für die Qualität verschiedener Arten von Freude und Lust. Wie Platon geht auch Mill davon aus, dass es „Experten" gibt, die berufen sind, deren Qualität und Vorzüge zu beurteilen.

Platon hat nicht nur die Rechte der Frauen akzeptiert, sondern hat die Frauen auch für die Verteidigung der „Polis" beauftragt. In der Politeia werden Frauen mit Männern gleichgestellt. Die Frauen müssen gleich wie männliche Wächter als Wächterinnen dem Staat dienen. Mill hat im 19. Jahrhundert diese platonischen Ideen über Frauen erweitert und sich intensiv mit den Frauenrechten beschäftigt. Wie in dem Buch „On Liberty" argumentiert er auch in „The Subjection of Women" auf eine überzeugende Art und Weise, dass die Entwicklung der menschlichen Gesellschaft von der kontinuierlichen Ausweitung der Möglichkeiten zur Selbstentfaltung all ihrer Mitglieder abhängt. Mills „The Subjection of Women" zeigt uns deutlich, dass in allen Bereichen der Gesellschaft eine Gleichberechtigung der Geschlechter herrschen muss.

Die Unterschiede zwischen Platon und Mill betreffen in diesem Zusammenhang nur Details. Während es bei Platon nur einzelne „Philosophen" (Weisheitsliebenden) sind, denen die Rolle des Schiedsrichters zu gewiesen wird, ist es bei Mill die Mehrheit jener, die von den zwei qualitativ unterschiedlichen Arten von Lust die bessere erfahren haben.

Während die Platonische Erziehung auf „Belehrung" und „Überzeugungen" beruht, beruht die Millsche Erziehung auf „Einprägungen". Mill ist der Meinung, dass sich nur durch Einprägung und gezielte emotionale Verstärkung stabile Überzeugungen in den nachkommenden Generationen verankern lassen. Dass Mill der Erziehung und nicht der Belehrung die zentrale Rolle in seiner Konzeption von Aufklärung zuweist, entspricht seiner emotivistischen und nonkognitivistischen Moralauffassung. Moral kann nur in engen Grenzen gelehrt werden. Ihre adäquate Vermittlungsform ist nicht Belehrung, sondern Konditionierung.

Die Notwendigkeit der Moral ist nach Nietzsche eine „*Miss*deutung". Unter der moralischen Erziehung versteht er eine *Zähmung* des Individuums. Sie ist im Jargon von Nietzsche „Herdenmoral".

Während Platons Auffassung der Erkenntnis eine Bezugnahme auf abstrakte Ideen beinhaltet, vertreten Mill und Nietzsche eine prozessuale und prozedurale Auffassung der Erkenntnis: Erkenntnis liegt nicht allein in logischen Schlussfolgerungen, sondern vielmehr in den Erfahrungen; sie kommt nur dadurch zustande, dass möglichst viele Perspektiven durchgespielt und geprüft werden. Es gibt keine wahre und keine einzig richtige Methode. Die Wahrheit besteht nicht einfach in Resultaten der Wissenschaften, sondern in der methodischen Erzeugung und Prüfung von sog. Wahrheiten.

Die Streitkultur in der Philosophie ist eine Gemeinsamkeit von Platon, Mill und Nietzsche. Sie wird bei Platon durch Sokrates und seine Dialaktik, bei Mill durch Exzentriker und die Leidenschaft für kontroverse Debatten und bei Nietzsche durch Zarathustra und die Vorliebe für den griehischen Weltstreit (agon) repräsentiert.

Mill hat in seiner Schrift „On Liberty" ausführlich für eine zensurfreie und konfliktreiche Gesellschaft argumentiert. Mill verteidigt dort keinen faulen Frieden und keine passive Toleranz, keine Harmonie und keine kollektive Uniformität, sondern eine lebendige Streitkultur.

Nietzsches Zarathustra ist nicht nur ein Exzentriker, sondern er ist auch ein Streitkünstler. Er begreift sogar seine Feinde als „Werth".

Für Platon, Mill und Nietzsche gehören Streit und Konflikt zur Vitalität einer freien Gesellschaft. Diese drei Verteidiger der Streitkultur warnen jeder auf seine Weise vor der Selbstverneugung- und der Unterdrückung des Individuums durch eine kulturelle Dominanz der Massen. Sie glauben an die Wichtigkeit von exemplarischen und exzentrischen Individuen, die grosse Fähigkeiten haben, sei es zum Guten oder zum Bösen. Sie glauben an die Notwendigkeit von Selbstdisziplin und Selbstentfaltung.

Mill und Nietzsche kritisieren die asketischen Ideale und verwerfen die Auffassung, Entsagung und Aufopferung für ein Ideal oder für andere seien an sich wertvoll. Unbewaffnete Konflikte und offene Debatten gehören zum Wesen einer sich entwickelnden Individualität; sie bereichern und dynamisieren die gesamte Gesellschaft. Mill und mit etwas weniger Eindeutlichkeit Nietzsche lehnen bewaffnete Konflikte ab.

Das 19. Jahrhundert ist ein Zeitalter des Nationalismus. Mill hat sich für eine liberale Staatsform eingesetzt, in dem Exzentrizität ihren Freiraum haben muss. Er wusste, dass die Gesellschaft sich ohne Exzentriker nicht säkularisieren und kultivieren kann.

Im Gegensatz zu Mill hat Nietzsche jede Staatsform und jede Form des Nationalismus scharf abgelehnt, weil sie für die individuelle Entwicklung eine Gefahr darstellten. Um die Rechte des Individuums zu garantieren, hat sich Nietzsche nicht für einen in sich geschlossenen, kleinen Staat ausgesprochen. Für die Einheit Europas in der Vielfalt seiner Völker.

Nietzsche hat die Gefahr des Nationalismus durchschaut, die darin besteht, dass er die Individualität unterdrückt.. Diese Gefahr besteht heute sogar in einem noch ausgeprägteren Ausmass als zur Zeit von Nietzsche. Die Terroranschläge auf das World Trade Center in New York City und die Reaktion der USA darauf, wie etwa der „Patriot act" oder die Kriege gegen

Afghanistan und den Irak sind deutliche Beispiele für die schleichende Kontrolle und Entmündigung von Individuen.

Mit Waffengewalt können keine Konflikte gelöst werden. Ausserdem ist ein Krieg nicht nur für die Bevölkerung im betroffenen Kampfgebiet eine Bedrohung,[702] er raubt auch jenen Männern die Freiheit, die als Soldaten für eine Sache kämpfen und sterben müssen, die nicht die ihre ist. Man sollte daher Konflikte auf kluge Weise, d.h. durch die Vernunft zu lösen versuchen. In diesem Sinne haben Platon, Mill und Nietzsche die „Vernunft" ins Zentrum gestellt, damit sich das Individuum mit dieser „Waffe" gegen jegliche Konflikte zur Wehr setzen kann. Wir müssen unsere Vernunft dazu verwenden, um so gut wie wir es eben können, für ein stabiles Umfeld zu sorgen, in dem wir unsere Individualität bewahren können.

Es gibt keine Welt ohne Konflikte, keine perfekte Sicherheit. Dennoch sollte man den nachkommenden Generationen ein nutzbares philosophisches Erbe hinterlassen. Um dies zu erreichen, sollte der Mensch sich als vernünftiges Individuum im Sinne von Platon als „politischer Wächter", im Sinne von Mill als „Exzentriker" und im Sinne von Nietzsche als „Übermensch" betätigen. Nur so kann das vernünftige Individuum seine eigene Kraft erreichen, seine Mitmenschen lieben, ein „Gedankenkrieger" sein und sich gegen alle Gefahren, die seine Existenz und die Gesellschaft bedrohen, schützen.

Sowohl Mill als auch Nietzsche waren der Meinung, dass der Mensch weder von einem System noch von einem dogmatischen, religiösen Modell abhängig sein sollte. Er sollte vielmehr verschiedene Lebensformen kennen und miteinander vergleichen, um daraus Schlussfolgerungen ziehen zu können, damit er selbst bestimmen kann, was für ihn gut und schlecht ist.

Platon, Mill und Nietzsche wollen den Menschen Mut machen, ihre Festungen zu verlassen, ihre Finsternis zu überwinden und ihre eigene, innere Sonne zu entdecken, um ihre Werte selbst zu finden und erleben zu können.

---

[702] Vgl. Dazu die in zahlreichen Länder im Namen der Sicherheit getroffenen Massnahmen zur Einschränkung der individuelle, Freiheit: Guantanamo und Abu Ghraib sind die Skandalträchtig Spitze des Eis-Berges.

# 5 Bibliographie und Verzeichnisse

## 5.1 Werke Platons und seiner Schüler

*Apologie des Sokrates*: Übers. und Nachwort von Manfred Fuhrmann. (1994) Stuttgart: Reclam.

*Briefe:* Die unter Platons Namen überlieferten Briefe, in: Platon. Sämtliche Werke 1. Apologie, Kriton, Protagoras, Hippias II, Charmides, Laches, Ion, Euthyphron, Gorgias, Briefe, übers. von Friedrich Schleiermacher, hrsg. von Walter Otto, Ernesto Grassi. (1957) Hamburg: Rowohlt, 287 ff.

*Charmides*: Gr./dt., übers. und hrsg. von Ekkehard Martenes. (1977) Stuttgart: Reclam.

*Der Staat (Politeia)*: übers. und hrsg. von Karl Vretska. (1994) Stuttgart: Reclam.

*Der Staat*: gr./dt., übers. von Rudolf Rufener, hrsg. von Thomas Szlezàk. (2000) Düsseldorf: u.a.

*Der Staat: Über das Gerechte*, übers. und erläutert von Otto Apelt. (1989) Hamburg: Meiner Philosophische Bibliothek Bd. 80.

*Die Gesetze*: eingeleitet von Olof Gigon und übertragbar von Rudolf Rufener. (1974) Zürich, München: Artemis.

*Euthyphron*: gr./dt., übers. und hrsg. von Otto Leggewie. (1993) Stuttgart: Reclam.

*Gorgias*: in: Platon Spätdialoge, eingeleitet von Olof Gigon und übertragen von Rudolf Rufener.(1974) Zürich, Stuttgart: Artemis.

*Kratylos*: in: Platon Spätdialoge, eingeleitet von Olof Gigon und übertragen von Rudolf Rufener.(1965) Zürich, Stuttgart: Artemis.

*Kritias*: in: Platon Spätdialoge, eingeleitet von Olof Gigon und übertragen von Rudolf Rufener. (1969) Zürich und Stuttgart: Artemis.

*Laches*: übers. und hrsg. von Rudolf Schrastetter. (1970) Hamburg: Felix Meiner.

*Lysis*: übers. von Friedrich Schleiermacher, hrsg. von Walter F. Otto und Ernesto Grassi.(1958) Hamburg: Rowohlt.

*Menon*: übers. und hrsg. von Margarita Kranz. (2003) Stuttgart: Reclam.

*Nomoi:* Sämtliche Werke 6., übers. von Hieronymus Miller mit der Stephanus-Numerierung, hrsg. von Walter F. Otto, Ernesto Grassi, Gert Plamböck. (1957) Hamburg: Rowohlt.

*Phaidon*: übers. von Friedrich Schleiermacher, hrsg. von Walter F. Otto und Ernesto Grassi.(1958) Hamburg: Rowohlt.

*Phaidros*: übers. von Friedrich Schleiermacher, hrsg. von Walter F. Otto und Ernesto Grassi. (1958) Hamburg: Rowohlt.

*Platons Menon*: hrsg. und übers. von Reinhold Merkelbach. (1988) Frankfurt M: Athenäum

*Platon. Politeia*: hrsg. von Otfried Höffe (1997), Band 7. Berlin: Akademie.

*Protagoras*: übers. und erläutert von Otto Apelt. (1978) Hamburg: Felix Meiner.

*Sämtliche Werke: Lysis, Symposium, Phaidon, Kleitophon, Politeia, Phaidros*, übers von Friedrich Schleichermacher und hrsg. von Ursula Wolf. (2002) Hamburg: Rowohlt Taschenbuch.

*Staatsmann*: in: Platon Spätdialoge, eingeleitet von Olof Gigon und übertragen von Rudolf Rufener. (1965) Zürich, Stuttgart: Artemis.

*Symposion*: gr./dt., übers. und hrsg. von Franz Boll, neu bearb. und hrsg. von Rainer Nickel. (1998) Düsseldorf und Zürich: Artemis und Winkler.

*Timaios*: in: Platon Spätdialoge, eingeleitet von Olof Gigon und übertragen von Rudolf Rufener. (1969) Zurich, Stuttgart: Artemis.

## 5.2 *Werke Mills* (Collected Works)

CW: Mill, John Stuart (1974–2006): *Collected Works of John Stuart Mill*. Editiorial Committee F: E: L: Pristely, J. M. Robson, Vol. VII-VIII, Toronto and London: University of Toronto Press/Rutledge and Kegan.

CW: Mill, John Stuart (1974–2006): Vols, VIII: *A System of Logic Ratiocinative and Inductive*. Hrsg, John M. Robson, Einleitung von R. F. McRae, Toronto and London: University of Toronto Press/Rutledge and Kegan.

Mill, John Stuart (1974): *On Liberty*, hrsg. von Gertrud Himmelfarb, London, New York: Penguin.

Mill, John Stuart (1974): *Über die Freiheit*, übers. von Kurt Sellin, Heidelberg: Reclam.

Mill, John Stuart (1989): *Autobiography*, hrsg. von John M. Robson, London: Penguin.

Mill, John Stuart (1994): *Essais sur Tocqueville et la société Américaine*, Introduction par Patrick THIERRY, Traduction par Pierre-Louis AUTIN, Mikaél GRANDEAU, Eric MARQUER, Elise MIGNOT et Patric THIERRY, Sorbonne: Librairie Philosophique L. VRIN.

Mill, John Stuart (1994): *On Liberty, the Subjection of Women, Chapters on Socialism*, hrsg. von Stefan Collini, in: Cambridge texts in history of political thought, Cambridge: University Press.

Mill, John Stuart (1997): *Der Utilitarismus*, Stuttgart: Reclam UB 9821.

Mill, John Stuart, Harriet Taylor Mill, Helen Taylor (1991): *Die Hörigkeit der Frau*, hrsg. von Ulrike Helmer, mit einem Nachwort von Hannelore Schröder (aus dem Englischen übers. von Jenny Hirsch), Helmer: Frankfurt a. Main.

## 5.3 *Werke Nietzsches*

KSA: Nietzsche, Friedrich (1999): *Sämtliche Werke*. Kritische Studienausgabe in 15 Bänden, hrsg. von Giorgio Colli und Mazzino Montinari, München: Deutscher Taschenbuchverlag, de Gruyter.

KSB: Nietzsche, Friedrich (2003): *Sämtliche Briefe*. Kritische Studienausgabe in 8 Bänden, hrsg. von Giorgio Colli und Mazzino Montinari, München: Deutscher Taschenverlag, de Gruyter, 2. Auflage.

**Siglen der Werke von Nietzsche, Friedrich**

Werke: kritische Gesamtausgabe / Nietzsche; begründet von Giorgio Colli und Mazzino Montinari, weitergeführt von Wolfgang Müller-Lauter und Karl Pestalozzi.

| KSA 1: | Die Geburt der Tragödie, Unzeitgemässe Betrachtungen I–VI, Nachgelassene Schriften 1870–1873 |
| KSA 2: | Menschliches, Allzumenschliches I und II |
| KSA 3: | Morgenröte, Idyllen aus Messina, Die fröhliche Wissenschaft |
| KSA 4: | Also sprach Zarathustra |
| KSA 5: | Jenseits von Gut und Böse, Zur Genealogie der Moral |
| KSA 6: | Der Fall der Wagner, Götzen-Dämmerung, Der Antichrist, Ecce homo, Dionysos-Dithyramben, Nietzsche kontra Wagner |
| KSA 7: | Nachgelassene Fragmente 1869–1874 |
| KSA 8: | Nachgelassene Fragmente 1875–1879 |

KSA 9:     Nachgelassene Fragmente 1880–1882
KSA 10:    Nachgelassene Fragmente 1882–1884
KSA 11:    Nachgelassene Fragmente 1884–1885
KSA 12:    Nachgelassene Fragmente 1885–1887
KSA 13:    Nachgelassene Fragmente 1887–1889
KSA 14:    Einführung in die KSA, Werk- und Siglenverzeichnis, Kommentar zu den Bänden 1–13

## 5.4 Weitere Literatur

Anderson, Elizabeth S. (1991): *'John Stuart Mill and Experiments in Living'*, in: Mills moral, political, and legal philosophy, edited by C. L. Ten: Aldershot, Brookfield USA, Singapore, Sydney: Ash gate/Dartmouth, 165–187.

Aristoteles (1994): *Nikomachische Ethik*, übers. und Nachwort von Franz Dirlmeiyer, Anmerkungen von Ernst Schmidt, Stuttgart: Reclam.

Bain, Alexander [1882](1988): *Mills Charakter und Einfluss*, in: Über John Stuart Mills „principles, of Political Economy", hrsg. von Horst Claus Rectenwald, Wolfram Engels, Herbert Hax und Friedrich August von Hayek, Düsseldorf: Wirtschaft und Finanzen GmbH, 45.

Bartsch, Volker (1982): *Liberalismus und arbeitende Klassen: zur Gesellschaftstheorie John Stuart Mills*. Opladen: Westdeutscher Verlag, 18–88.

Bentham, Jeremy [1789](1970): *An Introduction to the Principles of Morals and Legislation*. J.H. Burns, H.L.A. Hart, eds., Methuen, London: Athlone Press.

Birnbacher, Dieter (2005): *Philosophie des Glückes*. E-Journal Philosophie der Psychologie, Düsseldorf, 3–7;14–15.

Bobonich, Christopher (2002): *Plato's utopia recast*. His later ethics and politics, Oxford: Clarendon Press.

Burckhardt, Georg E ([1913] 1981): *Individuum und Allgemeinheit in Platos Politeia*, hrsg. von Benno Erdmann, Tübingen: Max Niemeyer.

Burckhardt, Jacob (1978): *Weltgeschichtliche Betrachtungen,* hrsg. von Rudolf Marx, Stuttgart: Artemis.

Burnyeat, M. F. (1997): *Culture and Society in Plato's Republic*. Tanner Lectures on Human, Values: Harward University, 218–255.

Büschges, Günter (1989): *Gesellschaft*, in: Günter Endruweit und Gisela Trommsdorff 1989: *Wörterbuch der Soziologie*, Bd. 1 Stuttgart: F. Enke, 245–252

Camus, Albert (1968): *Der Fall*, aus dem Französischen übertragen von Guido G. Meister, Hamburg: Rowohlt Verlag.

Canto, Sperbar Monique / Luc Brisson (1997): *Zur sozialen Gliederung der Polis*, in: Otfried Höffe, Berlin: Akademie Verlag.

Christians, Ingo (2000): *Schaffen*, in Ottmann 2000: *Nietzsche-Handbuch. Leben, Werk, Wirkung*, Stuttgart und Weimar: J: B. Metzler Verlag, 317–318.

Cook, Ian (1998): *Reading Mill*. Studies in Political Theory, London: Macmillan Press, 38–60.

Emerson, Ralpf Waldo (1981) *The portable Emerson*, edited by Carl Bode in collaboration with Malcolm Cowley, London: Penguin.

Epikur (1982): *Briefe, Sprüche, Werkfragmente*, übers. von Hans-Wolfgang Krautz, Stuttgart: Reclam.

Ferber, Rafael (1984): *Platos Idee des Guten*. Sankt Augustin: Richarz.

Garcia, Pazos Manuel (2001): *Die Moralphilosophie John Stuart Mills Utilitarismus*. Marburg: Tectum.

Gassendie, Pierre: *Epikureische Physik und Ethik (Syntagmatis philosophic)*. Buch 4, Kap. II part tertia, quae est Etica, 579–599.

Gerhardt, Volker (2000) (Hg.): *Friedrich Nietzsche. Also sprach Zarathustra*, Berlin: Akademie Verlag.

Gerhardt, Volker (2000): *Individualität. Das Element der Welt*, München: Beck.

Gerhardt, Volker (2000): *Wille zur Macht*, in: Ottmann (2000): Nietzsche-Handbuch, Leben, Werk, Wirkung, Stuttgart und Weimar: J.B. Metzler Verlag, 351–353.

Graeser, Andreas (1969): *Problem der Platonischen Seelenteilungslehre*. München: Beck.

Gräfrath, Bernd (1992): *John Stuart Mill: Über die Freiheit*. Ein einführender Kommentar, Paderborn: Schöningh Verlag, 65–68.

Gray, John (1989): *Liberalisms: essays in political philosophy*. London: Routledge, 224–225.

Gray, John (1996): *Mill on Liberty. A defence*, second edition, London: Routledge, 72–73.

Himmelmann, Beatrix (2000): *Zarathustras Weg,* in: Gerhardt (2000): *Friedrich Nietzsche, Also sprach Zarathustra,* München: Akademie Verlag, 23.

Höffe, Otfried (1991): *Gerechtigkeit als Tausch*. Zum politischen Projekt der Moderne, Baden-Baden: Nomos Verlag.

Höffe, Otfried (2001): *Gerechtigkeit*. Eine philosophische Einführung, München: Beck Verlag.

Höffe, Otfried (Hrsg.) (1997): *Lexikon der Ethik*. München: Beck Verlag, 91.

Homer (1989): *Ilias*, übertr. von Hans Rupé (9. Aufl.), München und Zürich: Artemis.

Horn, Christoph und Rapp, Christof (2002) (Hrsg.): *Wörterbuch der antiken Philosophie*. München: Beck, 400–401.

Janka, Markus (2002): *Platon als Mythologe*. Neue Interpretation zu den Mythen in Platons Dialogen, Christian Schäfer (Hrsg.), Darmstadt: Wissenschaftliche Buchgesellschaft.

Kaufmann, Walter (1982): *Nietzsche: Philosoph – Psychologe – Antichrist*, aus dem Amerikanischen übers. von Jörg Salaquarda, Darmstadt: Wissenschaftliche Buchgesellschaft. Kröner Verlag.

Kersting, Wolfgang (1999): *Platons „Staat"*, Werkinterpretationen. Darmstadt: Wissenschaftliche Buchgesellschaft, 96–131.

Kippele, Flavia (1998): *Was heisst Individualisierung*. Die Antworten der soziologischen Klassiker, Opladen, Wiesbaden: Westdeutscher Verlag.

Kromphardt, Jürgen (1991): *Konzeptionen und Analysen des Kapitalismus*. Göttingen: Vandenhoeck und Ruprecht Verlag, 105–108.

Kube, Jörg (1969): *TEXNH UND APETH Sophistisches und Platonisches Tugendwissen*, Berlin: J. Guttentag Verlagsbuchhandlung.

Ladenson, F. Robert (1987): *Der Individualitätsbegriff bei Mill*, in: Claeys, Greogry (Hrsg.), Der soziale Liberalismus John Stuart Mills, Baden-Baden: Nomos Verlag, 139–156.

Levi, A.W. (1991): *The "mental Crisis" of John Stuart Mill*. Critical Assessments, edited by John Cunningham Wood, Volume I, London: Rutledge, 125.

Lyons, David (1976): *"Mill's Theory of Morality"*, in: Mills moral, political, and legal philosophy, edited by C. L. Ten: Aldershot, Brookfield USA, Singapore, Sydney: Ash gate/Dartmouth, 101–120.

MacIntyre, Alasdair (1987): *Der Verlust der Tugend*. Zur moralischen Krise der Gegenwart, aus dem Englischen übers. von Wolfgang Rhiel, Frankfurt a. M.: Campus Verlag.

Marx, Karl ([1844] 1932): *Zur Kritik der Hegelschen Rechtsphilosophie*, hrsg. von S. Landshut und J.P. Mayer, erster Bd. Leipzig: Kröner Verlag.

McCabe, Mary Margaret (1994): *Platos individuals.* New Jersey Princeton: University Press.

Meyer, Katrin (1998): *Ästhetik der Historie.* Friedrich Nietzsches „Vom Nutzen und Nachteil der Historie für das Leben", Würzburg: Königshausen und Neumann Verlag.

Meyer, Theo (1993): *Nietzsche und die Kunst.* Tübingen, Basel: A. Francke Verlag.

Mill, John Stuart (1974): *On Liberty,* hrsg. von Gertrud Himmelfarb, London: Penguin Books.

Nietzsche, Friedrich (1988): *Nietzsche, Wie man wird, was man ist,* hrsg. von Ursula Michels-Wenz, Leipzig: Insel Verlag.

Nietzsche, Friedrich (1995): *Der Antichrist, Ecco homo, Dionysos – Dithyramben.* Mit einem Nachwort von Peter Pütz, 8.Auflage, München: Goldamann Verlag.

Nietzsche, Friedrich (1996): *Der Wille zur Macht.* Mit einem Nachwort von Walter Gebhard, Stuttgart: Kröner.

Nietzsche, Friedrich (2004): *Von Wille und Macht,* hrsg. von Stephan Günzel, mit einem Geleitwort von Gianni Vattimo, Leipzig: Insel Verlag.

North, Helen (1966): *Sophrosyne.* Ithaca: Cornell University Press.

O'Neill, Onora (1996): *Tugend und Gerechtigkeit, konstruktive Darstellung des praktischren Denkens,* aus dem Englischen übers. von Joachim Schulte, Berlin: Akademie Verlag.

Ottmann, Henning (2000) (Hg.): *Nietzsche-Handbuch, Leben, Werk, Wirkung.* Stuttgart und Weimar: J. B. Metzler Verlag.

Penzo, Giorgio (2000): *Übermensch.* In: Ottmann (2000): *Nietzsche-Handbuch. Leben, Werk, Wirkung,* Stuttgart und Weimar: J. B. Metzler Verlag.

Perles, Hugo (1973): *Lexikon der Platonischen Begriffe,* übers. von Apelt. Bern, München: Francke.

Platon (1957): *Nomoi.* Sämtliche Werke 6. übers. von Hieronymus Miller mit der Stephanus-Numerierung, hrsg. von Walter Otto, Ernesto Grassi, Gert Plamböck, Hamburg: Rowohlt.

Platon (1969): *Timaios,* in: *Platon Spätdialoge,* eingeleitet von Olof Gigon und übertragen von Rudolf Rufener, Zürich, Stuttgart: Artemis Verlag.

Platon (1974): *Gorgias,* in: *Platon Spätdialoge,* eingeleitet von Olof Gigon und übertragen von Rudolf Rufener, Zürich, Stuttgart: Artemis Verlag.

Platon (1978): *Protagoras,* übers. und erläutert von Otto Apelt, Hamburg: Felix Meiner.

Platon (2000): *Der Staat (Politeia),* übers. von Rüdiger Rufener, Hrsg. von Thomas Szlezàk, Düsseldorf: Artemis & Winkler.

Riehl, Alois (1923): *Friedrich Nietzsche, Der Denker und der Künstler.* 8. Auflage, Stuttgart: Fr. Verlag.

Riley, Jonathan (1998): *Mill on Liberty.* Roudledge Philosophy Guide Book, London: Roudledge.

Rinderle, Peter (2000): *John Stuart Mill.* München: Beck.

Rousseau, Jean-Jacques (1964): *Du Contrat Social ou Princip du droit politique.* Édition publiée sous la direction de Bernard Gagnebin et Marcel Raymond, Œuvres complètes, vol. III, p. 361, Genève: Gallimard Verlag.

Rudolph, Enno (1991): *Odyssee des Individuums.* Zur Geschichte eines vergessenen Problems. Stuttgart: J.B. Metzler.

Ryan, Alan (1974): *J. S. Mill by Alan Ryan.* London: Routlege.

Safranski, Rüdiger (2000): *Nietzsche.* Biographie seines Denkens, Frankfurt a. M.: Fischer Verlag.

Sidgwick, Henry (1907): *The Methods of Ethics.* Foreword by John Rawls, 7. Aufl. Neudruck Indianapolis/Cambridge: Hackett Publishing Co, 41ff.

Simmel, Georg (1984): *Grundfragen der Soziologie, Individuum und Gesellschaft*. 4., unveränd. Aufl., Berlin ; New York: de Gruyter, 74–75.

Smith, G.W. (1998): *Enlightenment Psychology and Individuality: the Roots of J.S. Mill's Conception of the Self*. In: John Stuart Mill's social and political thought, critical Assessments, edited by G. W. Smith. Canada, New York: Rutledge, 131.

Stegmaier, Werner (1994): *Nietzsches ‚Genealogie der Moral'*. Darmstadt: Wiss. Buchges. Verlag.

Stegmaier, Werner (2000): *Anti-Lehren*. Sezene und Lehre in Nietzsches Also sprach Zarathustra, in: Gerhardt (2000) Friedrich Nietzsche, Also sprach Zarathustra, München: Akademie Verlag, 211.

Szlezák, Thomas A. (1993): *Platon lesen*. Stuttgart-Bad Cannstatt: Frommann Holzboog (Legenda 1).

Tocqueville, de Alexis (2001): *Über die Demokratie in Amerika*, hrsg. von J. P. Mayer, Stuttgart: Reclam.

Tongeren, Paul (1989): *Die Moral von Nietzsches Moralkritik*. Studie zu „Jenseits von Gut und Böse", Band 209, Bonn: Bouvie Verlag.

Vlastos, Gregory (1981): *Platonic Studies*. 2 ed. Princeton: University Press.

White, Nicholas (2002): *Individual and conflict in greek ethics*. Oxford: University Press.

Wolf, Jean-Claude (1992): *John Stuart Mills Utilitarismus*. Ein kritischer Kommentar, Freiburg, München: Alber Verlag, 45.

Wolf, Jean-Claude (1993): *Utilitarismus, Pragmatismus und kollektive Verantwortung*. Freiburg i. Br: Herder, 25.

Wolf, Jean-Claude (2004): *Zarathustras Schatten*. Freiburg: Academic Press.

Xenophon (1980): *Erinnerungen an Sokrates*, hrsg. von Peter Jaerisch, Tübingen: Heimeran.

Zakaras, Alex (2007): *John Stuart Mill, Individuality and Participaory Democraxy*, in: J.S.Mill's poitical thought, A Bicentennial Reassessment (2007), edited by Nadia Urbaninati and Alex Zakaras, New York: Cambridge University press, 216.

Zibis, Alcxander Maria (2007): *Die Tugend des Mutes, Nietzsches Lehre von der Tapferkeit*, Würzburg: Königshausen & Neumann

## *5.5 Verzeichnis der Abkürzungen*

A.  Mill John Stuart [1873](1989): *Autobiography*, hrsg. von John M. Robson, London: Penguin.

AC.  Nietzsche Friedrich [1888](1999): *Der Antichrist*, hrsg. von Giorgio Colli und Mazzino Montinari, München: Duetscher Taschenbuch Verlag de Gruyter.

Apol.  Platon (1994): *Apologie des Sokrates*, übers. und Nachwort von Manfred Fuhrmann, Stuttgart: Reclam.

Charm.  Platon (1977): *Charmides*. gr./dt., übers. und hrsg. von Ekkehard Martenes, Stuttgart: Reclam.

CW.  Mill John Stuart (1974-2006): *Collected Works of John Stuart Mill*, Toronto and London: University of Toronto Press/Rutledge Keagen.

Euthyph  Platon (1993): *Euthyphron*. gr./dt., übers. und hrsg. von Otto Leggewie, Stuttgart: Reclam.

FW.  Nietzsche Friedrich [1882](1999): *Die fröhliche Wissenschaft*, hrsg. von Giorgio Colli und Mazzino Montinari, München: Deutscher Taschenbuch Verlag de Gruyter.

GD.  Nietzsche Friedrich [1889](1999): *Götzen–Dämmerung*, hrsg. von Giorgio Colli und Mazzino Montinari, München: Duetscher Taschenbuch Verlag de Gruyter.

GM.       Nietzsche Friedrich [1887](1999): *Zur Genologie der Moral*, hrsg. von Giorgio Colli und Mazzino Montinari, München: Duetscher Taschenbuch Verlag de Gruyter.

Gorg.     Platon (1974): *Gorgias*, in: *Platon Spätdialoge*. Eingeleitet von Olof Gigon und übertragen von Rudolf Rufener, Zürich, Stuttgart: Artemis Verlag.

GT.       Nietzsche Friedrich [1872/1878](1999): *Die Geburt der Tragödie*. Hrsg. von Giorgio Colli und Mazzino Montinari, München: Duetscher Taschenbuch Verlag de Gruyter.

H.        Nietzsche Friedrich [1888/89](1999): *Ecco Homo*, hrsg. von Giorgio Colli und Mazzino Montinari, München: Duetscher Taschenbuch Verlag de Gruyter.

HF.       Mill John Stuart; Harriet Taylor Mill; Helen Taylor [1869](1991): *Die Hörigkeit der Frau*, hrsg. von Ulrike Helmer, mit einem Nachwort von Hannelore Schröder (aus dem Engl. von Jenny Hirsch), Helmer: Frankfurt am Main.

JGB.      Nietzsche Friedrich [1886](1999): *Jenseits von Gut und Böse*, hrsg. von Giorgio Colli und Mazzino Montinari, München: Duetscher Taschenbuch Verlag de Gruyter.

Krat.     Platon (1965): *Kratylos*, in: Platon Spätdialoge, eingeleitet von Olof Gigion und übertragen von Rudolf Rufener, Zürich, Stuttgart: Artemis.

Krit.     Platon (1969): *Kritias,* in: Platon Spätdialoge, eingeleitet von Olof Gigon und übertragen von Rudolf Rufener, Zürich und Stuttgart: Artemis.

KSA.      Nietzsche, Friedrich (1999): *Sämtliche Werke*. Kritische Studienausgabe in 15 Bänden, hrsg. von G. Colli/M. Montinari, München: Deutscher Taschenbuch Verlag.

KSB.      Nietzsche, Friedrich (2003): *Sämtliche Briefe*. Kritische Studienausgabe in 8 Bänden, hrsg. von Giorgio Colli und Mazzino Montinari, München: Walter de Gruyter.

La.       Platon (1970): *Laches*, übers. und hrsg. von Rudolf Schrastetter, Hamburg: Felix Meiner.

Lg.       Platon (1957): *Nomoi*. Sämtliche Werke 6, übers. von Hieronymus Miller mit der Stephanus-Numerierung, hrsg. von Walter Otto, Ernesto Grassi, Gert Plamböck, Hamburg: Rowohlt.

Lys.      Platon (1958): *Lysis*, übers. von Friedrich Schleiermacher, hrsg. von Walter F. Otto und Ernesto Grassi, Hamburg: Rowohlt.

M.        Nietzsche Friedrich [1881](1999): *Morgenröte*, hrsg. von Giorgio Colli und Mazzino Montinari, München: Duetscher Taschenbuch Verlag de Gruyter.

MA I.     Nietzsche Friedrich [1886](1999): *Menschliches, Allzumenschliches I*, hrsg. von Giorgio Colli und Mazzino Montinari, München: Deutscher Taschenbuch Verlag de Gruyter.

MA II.    Nietzsche Friedrich [1886](1999): *Menschliches, Allzumenschliches II*, hrsg. von Giorgio Colli und Mazzino Montinari, München: Deutscher Taschenbuch Verlag de Gruyter.

Men.      Platon (1988): *Menon*, hrsg. und übers. von Reinhold Merkelbach, Frankfurt M: Athenäum.

N.        Nietzsche Friedrich [1869/1889](1999): *Nachgelassene Fragmente*, hrsg. von Giorgio Colli und Mazzino Montinari, München: Deutscher Taschenbuch Verlag de Gruyter.

Nik.Eth.  Aristoteles (1994): *Nikomachischen Ethik*, übers. und Nachwort von Franz Dirlmeier, Stuttgart: Reclam.

OL.       Mill John Stuart [1859](1974): *On Liberty*, hrsg. von Gertrud Himmelfarb, London, New York: Penguin.

Phad.     Platon (1958): *Phaidon*, übers. von Friedrich Schleiermacher, hrsg. von Walter F. Otto und Ernesto Grassi, Hamburg: Rowohlt.

Phdr.     Platon (1958): *Phaidros*, übers. von Friedrich Schleiermacher, hrsg. von Walter F. Otto und Ernesto Grassi, Hamburg: Rowohlt.

Prot.       Platon (1978): *Protagoras*, übers. und erläutert von Otto Apelt, Hamburg: Felix Meiner.

Rep.        Platon (1989): *Der Staat, Über das Gerechte*, übers. und erläutert von Otto Apelt, Hamburg: Meiner Philosophische Bibliothek Bd. 80.

Rep.        Platon (2000): *Der Staat (Politeia)*, übers. von Rüdiger Rufener, hrsg. von Thomas Szlezàk, Düsseldorf: Artemis & Winkler.

SW.         Mill John Stuart [1869](1994): *The Subjection of Women*. Chapters on Socialism, hrsg. von Stefan Collini. In der Reihe, Cambridge texts in the history of political thought, Cambridge: University Press.

Symp.       Platon (1998): *Symposion*. gr./dt., übers. und hrsg. von Franz Boll, neu bearb. und hrsg. von Rainer Nickel, Düsseldorf und Zürich: Artemis und Winkler.

Ti.         Platon (1969): *Timaios*, in: Platon Spätdialoge, eingeleitet von Olof Gigon und übertragen von Rudolf Rufener, Zürich, Stuttgart: Artemis.

UB.         Nietzsche Friedrich [1873/1876](1999): *Unzeitgemässe Betrachtungen*, hrsg. von Giorgio Colli und Mazzino Montinari, München: Duetscher Taschenbuch Verlag de Gruyter.

Ut.         Mill John Stuart [1861](1997): *Der Utilitarismus*, Stuttgart: Reclam.

W.          Nietzsche Friedrich [1888](1999): *Der Fall Wagner*, hrsg. von Giorgio Colli und Mazzino Montinari, München: Deutscher Taschenbuch Verlag de Gruyter.

WM.         Nietzsche Friedrich [1888](1996): *Der Wille zur Macht*. Mit einem Nachwort von Walter Gebhard, Stuttgart: Kröner.

Xen.        Xenophon (1980): *Erinnerungen an Sokrates*, hrsg. von Peter Jaerisch, Tübingen: Heimeran.

ZA.         Nietzsche Friedrich [1883/1885](1999): *Also sprach Zarathustra*, hrsg. von Giorgio Colli und Mazzino Montinari, München: Deutscher Taschenbuch Verlag de Gruyter. I: Erster Teil, II: Zweiter Teil, III: Dritter Teil, IV: Vierter Teil.

Zur Zitierweise der einzelnen Autoren:

Platon: Rep. 507b= bedeutet: Politeia, Seite 507, Anschnitt b.

Mill: OL., I. 12. 71= bedeutet: On Liberty, I. Kap., 12. Abschnitt, Seite 71.

Nietzsches: GD, Nr.43, KSA 6, 144. Es wird zuerst die Stelle im entsprechenden Werk angegeben (z.B.: GD= Götzen-Dämmerung) und dann die Referenz in der kritischen Ausgabe KSA 6 (=Kritische Studienausgabe, Band 6).

herausgegeben vom Interdisziplinären Institut für Ethik und Menschenrechte der Universität Freiburg i. Ue. unter der Leitung von
*Jean-Claude Wolf – Beat Sitter-Liver – Adrian Holderegger*

Lieferbare Titel:

Band 1
**Adrian Holderegger (Hrsg.)**
*Ökologische Ethik als Orientierungswissenschaft.*
Von der Illusion zur Realität
244 Seiten. (1997)

Band 2
**Klaus Peter Rippe (Hrsg.)**
*Angewandte Ethik in der pluralistischen Gesellschaft.*
388 Seiten. (1999)

Band 3
**Czeslaw Porebski (Hrsg.)**
*Lohnt es sich, moralisch zu sein?*
Studien zur Wirtschaftsethik
96 Seiten. (2000)

Band 4
**Jean-Claude Wolf (Hrsg.)**
*Menschenrechte interkulturell.*
252 Seiten. (2000)

Band 5
**Martin Flügel**
*Umweltethik und Umweltpolitik.*
Eine Analyse der schweizerischen Umweltpolitik aus umweltethischer Perspektive
164 Seiten. (2000)

Band 6
**Jean-Claude Wolf**
*Ethik und Politik ohne Gewissheiten.*
166 Seiten. (2002)

Band 7
**Jean-Claude Wolf**
*Egoismus und Moral.*
72 Seiten. (2007)

Band 8
**Peter Mosberger**
*Das Metier der Moralphilosophie.*
156 Seiten. (2003)

Band 9
**Beat Sitter-Liver**
*Gerechte Organallokation.*
186 Seiten. (2003)

Band 10
**Jean-Claude Wolf**
*Zarathustras Schatten*
Studien zu Nietzsche
224 Seiten. (2004)

Band 11
**Jean-Pierre Wils (Hrsg.)**
*Die kulturelle Form der Ethik*
Der Konflikt zwischen Universalismus und Partikularismus
156 Seiten. (2004)

ACADEMIC PRESS FRIBOURG